IOD·创新引领
科技城市实践与能力评价

IOD-Practice and Capability Evaluation of Innovation Oriented Tech Cities

鑫创科技 · 著

中国经济出版社
CHINA ECONOMIC PUBLISHING HOUSE
·北 京·

图书在版编目（CIP）数据

IOD·创新引领　科技城市实践与能力评价／鑫创科技著.
—北京：中国经济出版社，2020.9

ISBN 978－7－5136－6265－9

Ⅰ.①I…　Ⅱ.①鑫…　Ⅲ.①城市发展战略-研究
Ⅳ.①F291.1

中国版本图书馆 CIP 数据核字（2020）第 147705 号

选题策划　汪　京
责任编辑　葛　晶
责任印制　马小宾
封面设计　任燕飞

出版发行　中国经济出版社
印 刷 者　北京艾普海德印刷有限公司
经 销 者　各地新华书店
开　　本　710mm×1000mm　1/16
印　　张　16.75
字　　数　221
版　　次　2020 年 9 月第 1 版
印　　次　2020 年 9 月第 1 次
定　　价　78.00 元
广告经营许可证　京西工商广字第 8179 号

中国经济出版社　网址 www.economyph.com　社址 北京市东城区安定门外大街 58 号　邮编 100011
本版图书如存在印装质量问题，请与本社销售中心联系调换（联系电话：010－57512564）

编委会

PREFACE
|序|

2020 年，是我国“十三五”规划的收官之年，也是全面建成小康社会的决胜之年。今年年初，突如其来的新冠疫情对经济社会发展造成了严重冲击，全国上下在党中央的坚强领导下，坚定信心、同舟共济，在较短时间内筑起抗击疫情的巍峨长城，将各种影响降至最低。从全球范围来看，此次疫情凸显我国独特的政治和制度优势、雄厚的经济基础和巨大的市场潜力。在疫情向全球蔓延的背景下，中国率先恢复了经济和社会各项活动，并通过多种渠道为全球抗击疫情做出了重大贡献。

当前，全球新一轮科技革命和产业变革加速演进，颠覆性技术不断涌现，正在重塑世界竞争格局、改变国家力量对比，创新驱动已经成为各国实现经济再平衡、打造国家竞争新优势的核心战略。特别是在此次疫情的影响下，全球产业链、价值链和供应链受到巨大冲击，全球治理体系加速重构，以疫苗研发为代表的全球协同创新呈现新特征、迈入新时代。为赢得发展主动权，培育新的经济增长点，持续提升经济发展的质量和效益，我国已将创新驱动提升为国家发展战略，并视创新为引领发展的第一动力。伴随着需求端的消费升级以及供给端的区块链、人工智能、大数据和物联网等新兴技术的逐渐成熟，我国正在加速进入产业互联网时代，从根本上改变人们的生产和生活方式。

为更好地落实创新驱动发展战略，推动科技创新与新型城镇化深度融合，让创新成为城市发展的主动力，加速释放城市发展新动能，为地方经济发展贡献增量效益，鑫苑集团从 2016 年开始就思考如何助力我国的新型城镇化建设和创新能力提升。为此，我们携手清华五道口金融学院和中咨高技术咨询中心等国家级智库平台持续开展理论研究，并结合鑫苑的产城业务不断进行探索和实践。

依托于鑫苑集团在科技产业领域的巨大投入和多年深耕，旗下鑫创科技专注于科技城市运营，并在较短时间内取得了快速发展。鑫创科技坚持“科技服务城市发展、城市带动科技应用、科技与城市智慧融合”的开发理念，提供科技城市规划—投资—建设—运营一体化服务，具备产业研究、产业规划、产业招商、产业投资和产业运营的全链条产业服务能力，打造可持续发展的创新型城市。鑫创科技确立的科技城市发展模式（Innovation Oriented Development，IOD），是以创新为主动力的区域经济发展模式，是解决城市群和都市圈产业、城市、人才、资本融合发展的有效路径，并在实践中不断得到验证。

鑫创科技高度关注国际国内两个市场、两种资源，构建了“海外创新中心—科技加速器—国内科技城市”的全链条孵化体系，全面融入全球创新网络，加速聚合国际优质资本和高端创新要素，在中国国内载体空间加速、落地和成长，推动国际先进技术在中国产业化实现价值增值，促进双方合作共赢。目前，鑫创科技已经在英国、美国、爱尔兰、日本、新加坡、以色列等全球创新高地设立了海外科技中心；国内主要布局在京津冀、粤港澳大湾区、长江经济带、成渝城市群、中原城市群等区域的核心城市，事业版图已遍布北京、上海、天津、广东、浙江、湖北、四川、陕西、湖南、河南和山东等地，并已在郑州、大连、湖州、佛山、上海等地相继成功落地科技城市产品。

本书是在《IOD · 创新引领 科技城市发展模式研究》基础上出版的第二本专著，是针对 IOD 模式持续研究的成果。本书深化了 IOD 模式的理论体系，并结合大量的理论文献和实践案例对科技城市的创新能力进行了量化评价，从中发现我国创新结构的区域特征和影响要素，为更好地打造科技城市、推广 IOD 模式提出了思考和启示性建议。本书是鑫苑在产城运营领域理论与实现相结合的重要成果之一，期望持续的研究成果输出，能够为地方发展高科技、培育新产业乃至建设创新型城市贡献绵薄之力。

“逐步成为国际化科技地产生态的引领者”是鑫苑人的愿景，更是鑫苑人不断努力的方向。鑫苑在创新探索中与时俱进，锐意前行，持续嬗变，不断地以高品质的产品和服务反哺社会，这是我们作为企业矢志不渝的崇高理想。刚刚过完 23 岁生日的鑫苑，正处于年轻有为的青壮年发展阶段，作为朝气蓬勃的鑫苑人，我们愿与业界同人一道，共同推动中国的经济发展和产业转型升级。

鑫苑集团董事长　张勇

2020 年 5 月 29 日

CONTENTS

目 录

第一章 IOD模式从理论到实践

IOD（Innovation Oriented Development）模式即科技城市发展模式，因其创新发展、持续演进等特性，业界对其内涵、特征、构成要素等基本理论体系尚未达成共识。深入研究国内外创新型城市的发展历程与特点，并结合区域经济发展实践案例，有助于我们不断加深对IOD模式的理解和认知。

在基于已有研究的基础上，本章归纳并进一步深化了IOD模式的内涵、特征、要素和空间系统，介绍和分析了国内外政府和机构在科技创新助力区域发展方面的实践做法和先进经验。

第一节　内涵与特征

一、内涵

IOD 模式是以创新为主动力的区域经济发展模式，是解决城市群和都市圈产业、城市、人才和资本融合发展的有效路径。

具体来看，IOD 模式是一种国际协同创新引领的科技城市开发模式，是在中国以人为核心的新型城镇化和创新驱动发展战略指引下，以发展现代科技服务业为先导，打造全球高端协同创新平台，深度融入开放性创新 2.0 全球网络，持续驱动科技场景迭代应用，系统构建创新型产业生态圈，营造科技人才专属宜居宜业环境，实现“引才、引智、引资”，推动科技与城市的智慧融合，造福居民美好生活，实现国际协同创新、区域产业引领和城市迭代升级的一种新型城市综合开发和持续运营模式。

从 IOD 模式与科技城市的关系来看，我们认为，IOD 模式是区域经济发展模式，科技城市是 IOD 模式的落地形态。从某种意义上讲，只要是一定区域内涵盖产、城、人、文一体化发展的形态，且创新在区域发展中占有绝对主导地位，都可以认为是 IOD 模式下的科技城市形态。根据这一基本理念，小到产业园区、特色小镇，大到开发区，甚至是我们比较熟悉的符合行政区划的城市，都可以成为潜在的科技城市范畴。

二、特征

作为一种新型城市形态，科技城市具备强烈的时代特征。科技城市通常拥有一流的大学或科研机构，具有丰富的科技资源、强大的创新能力与显著的产业优势。科技进步的影响力对科技城市的社会经济发展具有决定性的引领作用，科技发展和科技成果产业化对科技城市周边的广大区域也会产生辐射影响。随着新一轮技术革命在全球各地的扩张，特别是大量高新技术企业的兴起和产业集聚，新时期的科技城市成为以高新技术产业为主，同时拥有生活、服务等城市配套功能的全新城市。世界上比较有代表性的科技城市包括韩国的大田、美国的得克萨斯州首府奥斯汀、加拿大的渥太华等。通过研究这些创新型科技城市的发展历程及特点可以发现，典型的科技城市具有创新性、系统性、内生性、可持续性、集聚性和开放性等六大特征。①

（一）创新性

科技城市是一个国家或地区甚至全球的新知识、新产品和新技术的产生中心，是科技创新机构集聚、创新活动发生频繁的区域，同时，其创新文化发达、创新氛围浓郁，因而创新性是其最根本的特征。

这种创新性首先表现为城市发展观念和发展模式的创新，包括科技创新、制度创新、管理创新、商业模式创新、业态创新和文化创新。其中，科技创新是科技城市创新的核心表现形式。

（二）系统性

科技城市是一个多层次、多功能、多目标的立体动态系统。科技城市的社会经济系统是由众多子系统构成的，包括城市创新、城市管理、城市环境、

---

① 鑫创科技. IOD・创新引领 科技城市发展模式研究［M］. 北京：中国经济出版社，2019.

城市交通、城市生产、城市消费等方面的子系统，各子系统之间彼此影响，互相协调，保持着科技城市的稳定有序运行。

科技城市是一个由各种科技创新资源在空间上集聚、在时间上协调运转而建立的城市系统，既有行政机构之类的硬性机构，又有创新行为主体及其互动构成的软组织；既存在产业链条的直接关联，又存在人脉和关系网络，让科技城市自主形成了系统的自适应、自组织的功能和效果。

（三）内生性

科技城市的发展模式主要是依托于自身的资源和能力而形成的“内生式发展模式”，由城市内部的发展动力来推动科技城市发展。这些内生要素包括人力资本、社会资本、文化资本、智力资本、环境资本、自然资本和城市资本等，能够帮助科技城市建立起以自身科创资源为基础、以科技创新为强大驱动力的城市经济发展模式。

（四）开放性

科技城市的科技创新主体除了本地的企业、高校与研究机构外，还拥有大量慕名而来的域外以及国际级的公司和研发机构。

在全球化以及市场开发竞争的背景下，科技城市必须与国际同步，吸取国际优质科创资源和力量，以保持同步甚至领先的创新动力。科技城市的流量经济，就是以科技城市自身的平台效应和资源条件，将外部的人力、物力、知识、资本等资源要素吸引聚集过来，将之重组、整合，融入科技城市创新体系之中，进一步促进科技创新能力和产业升级发展，并将持续增强的科技创新氛围和竞争能力发散到周边区域，带动周边区域共同发展。因此，科技城市就必须坚持全球化和开放性，让技术、人才、知识、资本以及先进管理经验等要素快速流动起来，进一步完善政产学研金等创新主体以及用户市场的运行组合方式，最终实现系统性的科技城市创新效应。

（五）集聚性

随着科技城市的发展，其影响力和吸引力不断增强，会有越来越多的高校、政府或企业研发机构以及科技人才、研发配套设备及服务等科创资源向区内集聚。因此，高科技产业和科创企业的集聚是科技城市的重要特征。多领域的科技产业集群，尤其是知识密集型产业，按产业规律在区内聚集，同步带动了各行业的科技创新人才的集聚，而专业创新人才之间的交流和思想碰撞又会进一步激发他们的创新热情，加速新创意和新科技的产生。

（六）可持续性

科技城市是一种新型的城市发展模式，具有可持续发展的特征。一是经济可持续，科技城市能创造稳定的就业岗位和财富产出；二是社会可持续，科技城市能够确保社会的和谐稳定；三是环境可持续，科技城市会建立起绿色环保、协调稳定的生态系统；四是生活可持续，科技城市会发展健康有活力的城市精神文明和文化事业；五是治理可持续，科技城市由政府和城市主体共同制定城市发展的决策。

科技城市的可持续性，既是它的核心特征，也是它的发展目标。科技城市的可持续发展需要科技作为支撑。科技进步有助于推动城市节能降耗，实现社会、环境、治理等可持续发展。可以说，科技创新是科技城市可持续发展的技术保障。

第二节　构成要素

科技城市的创新体系为城市创新提供了新的样本和可能，它将传统的线性创新模式，转变成创新主体之间相互作用的网络状的、非线性的结构模式，这对于创新活动的开展更加有利。

全球协同创新驱动的科技城市的创新系统由主体要素和环境要素组成。科技创新的主体要素由企业、高校及科研机构、政府、金融机构以及科技中介机构等跟创新相关的要素组成；科技创新的环境要素由科技基础设施、制度环境、市场环境和城市宏观经济基础等构成。在创新过程中，各要素相互支持、相互影响。

一、科技创新的主体要素

（一）企业

以企业为主体，以城市主要产业及由企业间竞合关系为纽带而建立起来的高度专业的分工协作产业集群是科技创新的主要载体。在科技城市创新系统中，产业集群的定义是以主导企业为核心，由合作伙伴、供应商和经销商等构成的支撑企业和辅助企业所组成的企业集群，它们是科技创新的主体。

中国管理科学学会会长张国有曾指出："我国经济已由高速增长阶段转向高质量发展阶段，企业要完成的是从'数量追赶'转向'质量追赶'，从'规模扩张'转向'结构升级'，从'要素驱动'转向'创新驱动'的转型，这些都对管理学者提出了极大的挑战。"①

值得注意的是，有不少人对企业创新存在误解。"大部分认为创新就是搞科研，这是完全错误的。"清华大学技术创新研究中心主任、经济管理学院教授陈劲认为，"创新必须重视科研，但是创新不能只有科研或者只有技术。创新缺乏长期规划，研发创新体系管理不当，人才与文化建设没有跟上都是大问题。帮助企业理解创新，帮助企业战略与创新对接，帮助企业设计和研发创新体系，是非常重要的"。

① 李艳. 企业创新，仅研发新技术还远远不够［N］. 科技日报，2018－7－9.

进入 21 世纪，企业创新从封闭式创新阶段，到开放式创新阶段，再到嵌入/共生式创新阶段，企业创新模式不断升级（见图 1－1）。其中，封闭式创新局限于企业内部，强调建立内设研发机构进行自研，创新驱动力来自需求与科研的“双螺旋”作用；开放式创新广泛获取来自企业外部的创新源，强调产学研协同以及政府、企业、大学与科研院所的“三螺旋”作用；而嵌入/共生式创新的企业创新行为更加重视资源整合与共生发展，进一步体现为产学研用的“共生”关系，以及政府、企业、大学与科研院所和用户的“四螺旋”作用，其中用户体验成为核心部分。

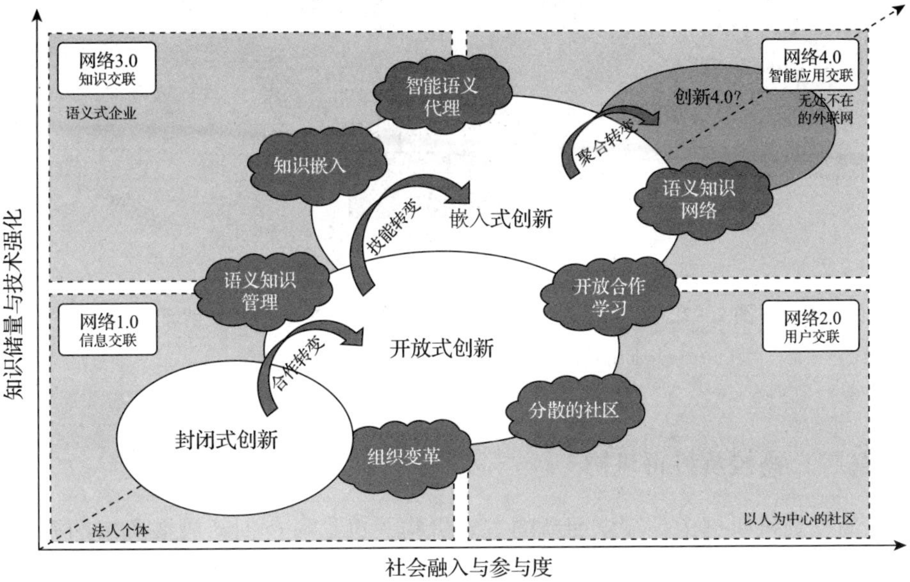

图 1－1　企业创新模式的演化历程

资料来源：Journal of Innovation Economics & Management，2011：55－92.

著名科技公司小米科技正是凭借多维度的创新生态系统构建，开启了小米科技自己的企业创新 3.0 模式（见图 1－2）。小米科技以三大创新生态系统构建了“创新生态帝国”，对科技、服务和文化的融合创新形成全面支持。小米科技的技术生态系统包括“MIUI + 硬件 + 米聊”，可以为用户提供完美的解决方案；知识生态系统包括“创意设计+产品研发+用户体验”，能够有力推动商业模式的创新和产学研用“四螺旋”创新；产销生态系统包括“芯片+代工+直营电商”，可以高速获得市场上最新型号的芯片等部件。

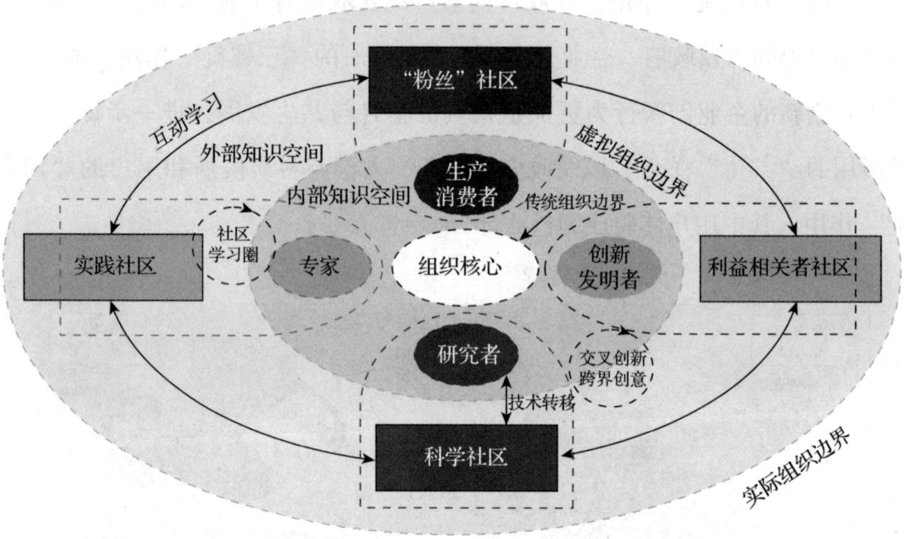

图1－2　小米科技企业创新3.0模式——嵌入/共生式创新

资料来源：Journal of Innovation Economics & Management，2011：55－92.

（二）高校及科研机构

高校及科研机构是知识创新的主导机构，也是科技创新成果产出的源头，是科技创新的核心。高校及科研机构承担着两项主要职责：一是通过专业教育来实现知识的产生和扩散，利用知识获得解决问题的方法，从而加强城市管理；二是通过培训、咨询等途径提供创新的经验知识，培养技术人才，成为科技城市的创新源头和人才宝库。

大学、职业学校以及各类培训机构共同构成了城市创新的主要知识载体，其中，具有创新性的大学是最重要的知识创新主体。

科研机构包括独立法人科研机构和企业研发机构两大类。企业研发机构实际上是企业的一个功能部门，其从事的科技创新活动服务于企业的技术和产品创新需求。独立法人科研机构的功能主要包括科学研究、成果转化和文化创新。

当前，促进高校及科研机构科技成果向市场转化已成为我国创新驱动发展的关键任务。世界知识产权组织（WIPO）的最新数据显示，我国 2019 年申报国际专利的数量高达58 990件，首次超过美国（57 840件），跃居全球第一位，其中高校及科研机构专利数量也在不断攀升。在国家科技成果转化"三部曲"和地方成果转化条例的出台和各级政府的大力推动下，高校及科研机构科技成果转化取得了实际成效。成果转化典型成功案例层出不穷、多元转化模式不断涌现、全过程转化链条不断完善、转移转化组织机制日趋成熟。下一步，如何切实把成果转化的思想融入政府决策中，把成果转化的导向根植到实际研发中，把成果转化的服务覆盖到创新全链条中，是当前深度落实国家科技成果转化"三部曲"的核心与关键。

但是总体看来，我国高校及科研机构科技成果转化仍然存在着一些亟待突破的问题。一是政府放与管之"难点"，中央下放快、地方干预多。一方面，国家"介入权"下放快，难以全面掌握成果转化实际情况。另一方面，地方政府行政干预多，造成技术市场秩序紊乱等问题。二是全链条转化政策之"盲点"，成果转化链前端政策尚属空白。科技成果的管理与转化必须渗透到每一个环节。然而目前，我国高校及科研机构科技成果尚未做到全流程管理，造成了我国高校及科研机构科技成果前端环节的不当处置和后端环节的国资流失。与此同时，我国高校及科研机构也忽视了科技成果的全流程转化。

合理设计高校知识产权管理和转移转化部门的职能与权限，是推动高校科技成果转移转化的重要一环。发达国家高校通过设立技术转移办公室（TTO）来开展技术转移转化工作，作为推进科技成果转化的主要手段。20 世纪 80 年代以来，以斯坦福大学等为代表的高校技术转移办公室，在知识产权规划与管理、科技成果转移转化等方面发挥了巨大作用。

世界知名大学主要考核其校内 TTO 发明公开数和专利授权数、许可/转让专利的数量和收入、衍生公司开办数量及企业研发投入。指标主要采取存量指标与增量指标相结合、数量指标与经济指标相结合的方式，但更重视绝对值指标的考核。值得注意的是，世界知名大学一般不考核 TTO 的盈利状况。比如斯坦福 OTL，其在盈利方面长期处于亏损状态，但校方只提出保持盈亏平衡的要求。

对于科研机构来说，我们以美国国家实验室技术转移联盟（FLC）为例，来介绍一下其技术转移转化机制。

始建于 20 世纪 70 年代的美国国家实验室技术转移联盟，以促进国家实验室科技成果向产业领域转移为使命，目前已成为全美 343 家国有科研机构科技成果转移转化的核心平台。

为有序协调遍布全美的 343 家成员单位，FLC 建立了以执行委员会为核心的三级网络化管理机制。第一层：执行委员会，负责确定联盟发展目标和方向，决定年度预算，主席、副主席、财务官和秘书由政府选派，由工业界、学术界、州政府和地方政府以及国家实验室专家组成咨询委员会，同时在华盛顿设置联络员，对接美国联邦政府在科技领域的立法和政策。第二层：六大区域分部，FLC 按地域划分成六个区域分部，并由区域协调员负责主管本区域内的 FLC 技术转移工作的开展。第三层：机构和个人会员，个人会员主要由各个国家实验室的代表构成，是国家实验室和 FLC 间的主要联系人，在 FLC – business 数据库中随时更新实验室的有关情况，向 FLC 提交技术转移成功案例或协议样本，提名年度技术转移成就奖获奖人等。

在运行高效的组织架构的基础上，为加快联邦资助的研究和创新成果从实验室推向市场，FLC 将其核心任务集中于“宣传、指导和促进技术转移”，一直把帮助国家实验室与产业界的技术需求建立对接作为其中心使命。

FLC 充分发挥准官方平台的优势，多方式、多途径、多维度提升国家实验室技术转移能力、推进技术转移成效。一是“显性化”实验室的能力和成果；二是促进“供”与“需”的对接；三是培育技术转移“中间力量”；四是促进技术转移立法和政策更新。

（三）政府

政府是城市的设计者，负责制定城市定位和经济发展规划，开展体制创新、机制创新、政策创新和管理创新等全方位创新管理工作，创建优良的政治环境、经济环境和创新制度环境。政府以产业政策服务于城市的技术创新系统，以科技政策服务于城市的知识创新系统，以金融政策服务于投融资系统，以科技扶持政策服务于科技成果转移转化，以文创政策服务于城市精神文明发展，引导社会文化发展方向。

从世界范围看，在硅谷的诞生和发展、纽约和伦敦由国际经济中心向科技创新中心转型、慕尼黑由传统工业向智能工业升级，以及印度班加罗尔等创新城市的兴起中，政府均扮演了重要的角色。一是政府是科技创新的直接投入者；二是政府制定发展规划蓝图，是推动科技创新发展的必要力量；三是政府作为创新优惠政策和法律法规的制定者，是保护创新投入及产出的重要支撑。

（四）金融机构

金融机构和资本市场的支持为创新成果最终实现产业化提供了资本保障，有利于促进城市的科技创新和经济增长。金融机构对本地企业、高校及科研院所进行贷款或投资，建立机构间合作网络，能够强力支持其科技创新活动，提高科技城市的知识和技术储备增速。

科技创新各阶段存在的风险各不相同，需要金融机构提供有针对性的金融支持。科技创新前段的基础研究和应用基础研究是以政府财政支持为主，科技创新后段的商业化阶段是以企业投资和银行支持为主，中段的小试、中试以及应用研发则同时需要企业、风险投资、政府资金等多方支持。来自金融机构的大力支持，是科技创新顺利实现商业化的重要保障。因此，为了实现科技城市的建立和发展，应大力创新金融机构管理体制，积极设立各类创新发展基金，努力完善创投市场。

着重发挥金融功能支持科技创新，一直以来都是欧美等国推动科技发展的重要举措。早在20世纪，欧洲一些国家以及美国、日本、韩国、以色列等国就开始从政府引导、银行业务创新、资本市场建设以及风险投资发展等多个维度，对科技创新给予大力扶持。

1. 金融机构的体制机制、产品和服务创新

科技银行的出现是金融机构体制机制创新的典型案例。不同于一般的商业银行，科技银行只服务于科技型中小企业，主要为企业的技术转移、产品研发、试验等具有创新内涵的业务提供融资服务。

最具代表性的科技银行是1983年成立的美国硅谷银行。硅谷银行具有清晰的战略定位，重点支持生命科学、计算机、软件等领域的科技型企业。硅谷银行与创投、评估等外部机构合作，增强了对企业发展前景的认知和判断能力，大大降低了信贷风险。硅谷银行持续进行金融创新来控制风险和损失，如重点支持获得风投资金支持的企业，提供知识产权质押贷款，针对不同发展阶段的企业提供差异化的金融产品等。

2. 多层次资本市场的重要性

美国资本市场是世界上规模最大、层次最丰富的市场，各种类型的科技型企业几乎都能在那里获得融资支持，为美国成为世界技术创新中心提供了重要支撑。

被誉为“美国新经济的摇篮”的纳斯达克市场，吸引了美国90%以上具有高成长性的企业在此上市，对促进美国IT、软件、生物等新兴技术的发展产生了巨大作用。现在，纳斯达克市场包括全球精选市场、全球市场和资本市场三个层次，其中资本市场是小型股市场，对上市企业的要求相对较低。

此外，韩国的科斯达克市场，以及德国、西班牙等欧洲国家的中小企业贷款证券化（SMESec）融资工具同样具有借鉴意义。

3. 风险投资是资本市场的有益补充

风险投资具有两大作用，一是促进科技创新行为，二是完善资本市场结构。在美国，政府推出多种政策和计划来推进风险投资市场的发展，但并不出手直接干预，是典型的“官助民营”模式。例如，第二次世界大战后美国政府发布的“小企业投资公司计划”。同时，美国风险投资产业的繁荣发达也与有限合伙制的组织形式、风投机构的专业投资能力以及资金来源多元化有重要关系。

以色列集中了世界大量的风投机构，人均风投资金超过美国，位列世界第一。以色列政府大力发展风投行业，并将风投作为推进国家经济改革的重要途径。政府通过创新风投扶持政策，建设良好的市场环境，推动风投行业与国际接轨等方式，吸引国际风投机构进入以色列。这些鼓励国际风险投资行业发展的措施，进一步加速了以色列科技企业的国际化发展。

我国科技金融行业的快速发展始于 2006 年国务院发布《国家中长期科学和技术发展规划纲要（2006—2020 年)》。通过一系列的科技金融试点工作，如建立科技银行、鼓励银行开展科技小额贷款业务、设立北京中关村示范区等，我国的科技金融服务开启了创新发展之路。

经过十几年的飞速发展，我国的风险投资行业已今非昔比，目前已经成为世界第二大风险投资市场。著名投资人解学成认为：“在新兴领域，会有越来越多的相关创业公司、上市公司出现，进而为风投带来投资机会。此外，中国的移动互联网比国外发展得更快，技术更成熟，5G 催生的大量设备更新和产品技术升级估计在未来几年将产生较多投资机会。”我国的医疗保健、生命科技和教育等行业，以及人工智能和其他应用范围较广泛的创新科技将持续吸引大量风投资金涌入。

从整个风投市场看，大中型科技企业在科技创新成果转化和产业化阶段能够获得较好的金融支持，小型科技企业在技术研发和成果转化阶段主要依靠自有资金，但由于缺乏地方性金融政策的支持，后期产业化融资之路困难重重。我国的金融体系仍存在一些不足，尤其在匹配科技创新融资需求方面差距较大。

（五）科技中介机构

科技中介机构是科技城市创新体系的重要组成部分，面向社会提供技术传播、科研成果评估和转化、科技资源配置、创新策略和管理咨询等专业化服务，是桥接科技城市创新主体的纽带，是优化创新资源配置的助推器，使创新资源溢出和流动更便捷。与官产学研相关的各类科技中介机构是科技城市的重要创新主体，拥有完善的中介服务体系是塑造科技城市的必要条件。

科技中介机构包括三大类功能主体。一是直接帮助创新主体进行技术创新的机构，主要包括生产力促进机构、创业服务机构、工程技术研究中心等；二是向创新主体提供科技、管控、市场等咨询服务的机构，主要包括各类科学技术咨询和评估机构、科技项目招投标机构、知识产权机构等；三是促进科创资源合理配置的机构，包括技术转化机构、人才中介机构、科技产权交易机构等。

德国的科技中介机构种类多，服务范围大，主要包括评估和监管科技项目、信息咨询、职业培训、技术转移等。比较著名的科技中介机构有德国联邦工业合作研究会（AIF）、SIGNO 技术平台、史太白技术转移中心（STC）等。

德国联邦工业合作研究会（AIF）成立于 1954 年，为企业共同研究项目和政府资助项目提供资金支持，主要对德国中小企业进行资金支持。目前加入 AIF 的行业协会已有 100 多个，代表了约 5 万家中小企业。AIF 的主要任务是遵从工业界和技术上的考虑，把一批公共资金用于工业界的合作研究。之所以由 AIF 而非政府部门来做这件事，是出于工业利益优先这个原则的考虑。应用研究项目虽然面向中小企业，但由于其研究的集体性质，研究课题往往关注某一行业，致力于这个行业技术水平的提高，而不是个别企业的利益。目前已有超过5 000家中小企业受惠于 AIF 的工作。

我国科技中介服务机构近年来发展迅速，取得了一定成就，但在技术、信息、市场以及自身运作模式上，同欧美国家相比仍存在很大差距，无法满足我国科技事业快速发展的需要。一是科技中介服务机构中，私营性质的较少，官办性质的较多。官办科技中介服务机构由政府管理并提供拨款，市场化程度较低，未能建立现代企业制度，同时利用政府权力垄断行业资源，形成与私营科技中介服务机构的不公平竞争，造成资源配置不合理。二是科技中介服务机构的专业人才极度缺乏。科技中介服务机构是知识密集型行业，合格的从业人员应同时具备科技、经济、管理、法律、知识产权等方面的专业知识，有涉外业务的，还要了解国际规则，能够用外语进行业务沟通。在我国绝大部分科技中介服务机构中，员工大多学历较低，工作经验较少，距离高素质复合型人才的差距较大。三是科技中介服务相关的法律法规不健全，行业协会作用未充分发挥。目前，我国尚未出台规范科技中介运营的专门性法律，缺乏行业准入标准和资质认证，使得我国科技中介服务机构良莠不齐，服务不规范，收费不合理。我国科技中介行业协会因行政独立性较差以及协会组织结构、员工素质等方面的问题，未能充分发挥促进各创新主体之间交流与合作的作用。

二、科技创新的环境要素

（一）科技基础设施

应用于创新及其相关活动的硬环境，即科技基础设施，包括电力、土地、医疗、通信平台、信息高速公路、科研设施、各种类型的技术开发中心和教育培训所需的基础设施等。其为新知识、新技术的产生和外溢提供了基本的物质保障。

（二）制度环境

科技创新活动所必需的制度环境，包括国家对创新系统建立和完善所设计的政策和规则，如知识产权保护、法律法规等正式制度，还包括基于地域特征所具有的非正式制度，如社会准则、价值观、风俗习惯等非正式制度。此外，必须要有规范化和适宜的制度，以平衡各方利益，从而降低交流障碍。同时，政府可以通过对集体行为的规范和合作报酬机制的设定平衡企业间的利益，达到企业间在合作中的互惠互利①。制度环境作为标准化结构和游戏规则的制定者，使合作、知识溢出和转移更方便。

（三）市场环境

市场环境是整个科技城市创新系统的基础支撑，包括要素市场和产品市场两个因素。它对整个城市经济体系的有效运行起到关键的作用。市场需求是企业创新的原动力，企业时刻感受到来自市场竞争的压力，其创新活动一定是以满足市场需求、开拓新市场进而获取利润为目的开展的。营造良好的科技创新环境，基础是营造良好的市场环境，形成优胜劣汰的市场机制，让市场做创新的检验场。

（四）城市宏观经济基础

城市的宏观经济表现决定了城市科技创新系统的发展阶段和发展进程，对城市科技创新系统的发展和演化具有重要的作用。

科技城市的核心内涵是以城市内部科技创新要素为支撑，推动形成城市

① 孙红兵. 城市创新系统的动力、能力和绩效研究［D］. 昆明：昆明理工大学，2011.

持续创新能力，实现建立在城市经济增长和经济增长方式转变的基础之上的城市可持续发展①。值得注意的是，城市创新能力对社会经济的影响是一个长期的过程，城市社会经济发展水平是过去长期创新和社会经济发展的结果，并不是当期创新直接的绩效。一个城市的社会经济发展水平越高，所能提供的创新资源就会越多，它的创新能力就会越高，支撑城市创新的能力就越强，创新能力的提高反过来又会促进城市经济社会的发展，这是一个良性循环的反馈过程。

第三节　创新空间

一、城市创新空间系统的相关概念

创新就是建立一种新的生产函数，即企业对生产要素和生产条件重新组合并引入生产体系。② 从创新价值链的视角将创新过程分为研发创新、经济转化两个阶段，其中大学和科研机构是研发创新阶段的主体，企业是经济转化阶段的主体。在城市层面，创新资源主要在城市的核心区、专业化功能区集聚，呈现层级性与网络化特征，政府、科研机构、企业等主体在其中各自发挥作用。

城市创新空间是科技城市聚集创新活动的场所，是以研发、创意、设计、孵化、交流等知识经济为主导，以大数据、物联网、人工智能等高精尖创新产业为核心的场所。城市创新空间里集聚了科技城市创新所需的知识、人才、技术、资金、政策等各种创新资源，一些高端研发机构、大学创新中心、重

① 杨冬梅. 创新型城市的理论与实证研究［D］. 天津：天津大学，2006.

② 曾鹏. 当代城市创新空间理论与发展模式研究［D］. 天津：天津大学，2007.

点实验室、科技龙头企业、创新创业企业、企业孵化器等创新主体机构在这里驻扎，从事技术研发、产品研发、创意设计、商业创新等工作，并且定期或不定期举办各项高端论坛、前沿技术交流会、创意新品首发会、商业合作洽谈会等活动。

城市创新空间系统是一种特殊的系统，是空间、经济、社会、文化的实体，是各种硬件物质要素、软件机制要素、文化要素集聚的综合体。城市创新空间系统是科技城市的创新核，不断为科技城市注入新的发展动力；城市创新空间系统也是科技城市建设的重要抓手，对科技城市的发展具有试点、示范、引领等作用。因此，城市创新空间系统不仅包含科技城市硬件物质形态的创新要素，还包括经济、社会和文化等活动形态的创新要素。科技城市创新空间系统各创新要素之间的组织模式不是简单的高技术产业相关硬件设施的功能组合，而是包括空间形态、产业结构、创新机制和创新文化精神等创新要素，并且这些创新要素之间相互作用所形成的一个完整的创新体系。

二、城市创新空间系统的分类

城市创新空间系统的类型众多，按照不同的分类标准可以划分成不同的类型。城市创新空间系统整合了科技企业、教育机构、创业者、学校、医疗等一系列资源要素，上述资源要素由交通体系、新能源、数字科技、咖啡厅等作为连接和支撑。城市创新空间系统有多种创新方向，如生命科学（纳米技术、成像技术、医疗机器人技术等）、文化创意（工业设计、建筑设计、新媒体等）；城市创新空间系统有多种存在形式，包括研究园、科学园、技术园、科学城、高技术密集区等。

从创新价值链的角度，城市创新空间系统可以划分为研发创新类型和经济转化类型两大基本类型。研发创新类型，主要是开展基础研究为主的科学城，如德国海德堡基因研究中心、日本筑波科学城、俄罗斯新西伯利亚科技城等。经济转化类型，主要是发展高技术及其产业为主的科技园，如英国剑桥科技园、美国硅谷、北京中关村科技园和上海张江高科技园等。①

从城市空间布局的角度，城市创新空间系统可以划分为支柱核心类型、城区再造类型和科技园区类型三大基本类型。

支柱核心（Anchor Plus）类型又称“锚+”类型，主要位于城市中心区或次中心区，如费城大学城、坎布里奇市肯戴尔广场（Kendall Square）、圣路易斯市中心、匹兹堡大奥克兰社区、亚特兰大中心区等。该类型的发展模式是大型化、多功能（Mixed-use）化，它围绕城市中主要的“锚机构”，在支柱型创新机构周边形成混合功能开发区，集聚了创新资源相关企业、延伸企业、商业化创新衍生企业、创业者等。② 马萨诸塞州坎布里奇市肯德尔广场的爆发式成长，主要依赖于附近的麻省理工学院和麻省总医院等“锚机构”；费城大学城主要依赖于宾夕法尼亚大学、德雷塞尔大学和大学城科学中心等机构；圣路易斯市中心主要依赖于华盛顿大学、圣路易斯大学和巴恩斯—犹太医院等机构；匹兹堡的奥克兰市中心依靠卡内基梅隆大学和匹兹堡大学医学中心；亚特兰大市次中心依靠乔治亚理工大学；底特律市次中心依靠快速贷款公司、亨利·福特卫生系统、韦恩州立大学等。

城区再造（Re-Imagined Urban Areas）类型又称“重塑城市区域”类型，一般临近历史悠久的老城区或旧工业区，如旧金山 Mission 海湾区域、波士顿南岸区域、布鲁克林海军码头造船厂、西雅图南湖联合区域等。该类型凭借其悠久的历史建筑遗存、便捷的交通体系、毗邻高租金的城市中心等优势，能够吸引和集聚一批先进的创新研究机构和科技创新型企业。老城区或旧工业区内的工业区或仓储区往往正处于转型升级的新阶段，以科技创新为主导的发展模式为这里的转型提供了一条新路径。西班牙巴塞罗那的智慧低碳示

① 高丽娟．论创新空间的特征及分类［J］．决策与信息（下旬刊），2016（10）：7－8．
② 上海科创中心．创新区的崛起：美国创新的新地理［Z］．2014．

范城市是全欧洲最大的工业城市重建项目，把 19 世纪期间属西班牙工业化重镇的波布雷诺区完全融入巴塞罗那知识经济型创新技术革命。该项目的改造包括 320 万平方米的新商务楼、4 000个住宅单位、11.4 万平方米绿地，催生了媒体、电子信息、医疗技术研发和能源开发等多个产业发展。该项目将老工业区改造成为富有活力和环境优美的城市创新空间，聚焦了大量科技公司、研发机构、培训基地和科技交流中心等，同时大量的居民社区、学校、医院等生活设施和绿色公园遍布其间。

科技园区（Urbanized Science Park）类型又称“城市化科学园区”类型，一般位于城市近郊区或城市远郊区域，如北卡罗来纳州创新三角区、斯坦福大学研究园及硅谷、威斯康星麦迪逊大学研发园区、弗吉尼亚大学研发园区、亚利桑那大学科技园等。该类型往往与城市中心相互隔离，通过提高空间密度注入新的商业形态（如零售、餐馆、酒店等新功能），为企业创新提供更加广阔的空间。北卡罗来纳州创新三角区经过数年的研究认识到，孤立依赖汽车的环境（是指由于远离市中心，故需要依靠汽车来到达园区）已不再是刺激创新和吸引年轻人才的最佳条件。2012 年，北卡罗来纳州创新三角区发布未来 50 年战略规划方案，促进远郊科技园区的城市化发展，集中布局建筑与基础设施，新增充满活力的中心区，以及1 400多户居住建筑和零售中心，建设连接洛利杜罕都会区和相关大学的轻轨线，从而避免以往依赖轿车的隔离性环境。

三、城市创新空间系统的功能

随着知识经济兴起，城市功能开始由传统的生产、制造和服务功能逐渐转向以知识、信息和技术为主的科技创新功能上。城市创新空间系统的核心功能是科技创新，科技创新又指向产业、社会、文化等各个领域，因此城市创新空间系统主要包括四大功能，分别是科技创新功能、产业促进功能、社会优化功能、文化引领功能。

科技创新功能包含了科学研究和技术开发两个层面。科学研究是技术创新的源头，城市创新空间是城市科学研究的主阵地，拥有先进的研究平台、稳定科研资金、大量高端人才、良好的学术氛围等。城市创新空间往往代表着科学研究的国际前沿，吸引世界各地优秀科技研发人才，能够向社会不断地输出科技研究成果。技术创新是产业转型升级的关键，城市创新空间是技术创新要素集聚高地，拥有良好创新创业文化氛围，集聚巨头科技企业、研发机构、创新科技企业、创新创业企业等。城市创新空间的科技企业活跃度高，创业人才、创新管理人才、专业技术人才、风险投资者等也十分的活跃，新技术、新产品、新产业不断产生和发展。

产业促进功能包括对传统产业的结构调整、新兴产业的培育、夕阳产业的淘汰等几个方面。对传统产业的改造，主要体现为向价值链两端的延伸，即打造自主品牌和提升自主研发能力，有步骤地向价值链高端过渡。关键是要注重特色产业链的构筑，以此为主导塑造产业集群，增强国际市场的竞争力。对高新技术产业的提升，重视关键技术的创新研发，同时要建立有效引进国外高新技术的机制，多层次建设高新技术企业孵化网络体系。要加快发展科技中介和咨询业，构建高新技术产业服务支撑体系。对创意产业的培育，加强对创意产业的研究宣传，培育新型的产业观念和创新意识；重点扶持适合本地的特色产业，形成品牌效应；打造创意产业园区，发挥示范带头作用；注重创意人才的引进和培养。对现代服务业的重视，创新财税政策体系，营造有利于现代服务业发展的环境；创新产业发展政策，支持高附加值行业发展；创新人才引进政策，为现代服务业发展奠定基础；重视知识产权的保护，营造良好产业运行的法治环境；重视信息技术的应用，推进信息服务体系建设。

社会优化功能是支持知识型社会、学习型社会的形成发展。城市创新空间系统承担的社会功能包括学习功能、社区服务功能、社会保障功能等，为大学、研究机构、居民等创造一个适合科研、交流、休闲、居住的社会环境。学习功能方面，城市创新空间要做到学习资源全面开放，教育设施共享，为城市居民创造便捷、高效、轻松的学习环境，并通过学习型社区的建设，推动城市“大教育”的发展。社区服务功能方面，城市居民在年龄、职业、收入、家庭、生活等方面具有独特性，城市创新空间要增加个体之间、个体和群体之间、个体与社区之间的互动机会。社会保障功能方面，城市创新空间的社会保障要在城市社会保障制度的总目标之下进行，给予城市创新空间根据自身需要补充保障项目的权力，构建政府、企业、公益组织共同参与的合作机制。

文化引领功能是指城市创新空间对城市文化有着引领和示范的作用。一方面，城市创新空间需要建立竞争的文化，竞争让城市更有活力和更加积极，竞争文化氛围的打造需要发挥政府、企业、大学等各方力量。另一方面，城市创新空间需要建立宽容的文化，创新需要在宽松自由的氛围中进行，宽容文化让城市居民更加愿意探索创新和怀疑批判，有利于形成城市多元化的创新思维和价值观。

第四节　创新实践

从世界范围来看，欧美日等全球领先国家和地区以及包括我国在内的不少新兴经济体，都在积极打造适应本地区发展的创新生态体系。科技创新和产业发展是现代化城市发展的核心，无论是发达国家还是新兴经济体，都为加速本国科技创新和产业创新提出了一系列创新性举措。

一、国际实践篇

为全面提升本国科技和产业核心竞争力，抢占未来竞争制高点，发达国家和地区已探索建立了以新型创新载体为关键节点的协同创新网络和科技/产业创新生态系统。美国政府先后投资建设了 14 家制造业创新中心；英国政府近年来创建了 11 个“弹射中心”；德国弗劳恩霍夫应用研究促进协会已成为目前世界上最高效的技术转移源泉之一和强大的创新驱动力；法国“卡诺研究院网络”已成为法国国家科技创新体系的重要组成部分和欧洲最重要的应用型科研机构组织体系；荷兰应用科学研究组织已发展成为全球最大的合同研发机构之一。①

（一）从美国“国家制造业创新网络”到“美国制造”计划

2012 年，美国政府宣布由联邦政府投资 10 亿美元打造一个由全国范围内相互联系的制造业创新中心组成的“国家制造业创新网络”（NNMI），旨在打通基础研究和产业化链条，解决基础研究和商业化之间“死亡之谷”问题，提升美国制造业创新能力，激发美国经济新活力。2014 年，“国家制造业创新网络”计划正式启动，2016 年更名为“美国制造”计划（Manufacturing USA）。“美国制造”计划 2019 年 9 月发布的最新年度报告显示，该计划的成员组织多达1 900多个，2018 年开展了 475 个重大研发合作项目，利用 1.83 亿美元联邦基金吸引了州政府和私人投资 3.04 亿美元，并对超过 20 万名工人、学生和教育工作者提供了先进制造知识和技能培训。

1. 功能定位

创新中心的主要作用是解决基础研究和市场化之间的隔阂，促进科技成果转化和市场化应用。创新中心定位为全球领先的区域性技术中心和服务中

① 工科所. 主要发达国家创新载体运营研究［J］. 工业科技研究，2017（4）.

心，向本地初创企业和中小企业开放共享设施，帮助其开发新技术，加快技术成果转移转化，促进跨领域技术创新。同时，创新中心也作为“教学工厂”提供劳动技能培训。①

2. 建设进度

从2012年“国家制造业创新网络”计划实施以来，美国政府成立并运行着14家国家制造业创新中心（见表1－1）。

表1－1　14家“美国制造”创新中心

成立时间	名称	英文简称	地点	发起单位	主要主持单位
2012.8	美国制造创新中心	America Makes	俄亥俄州	多部门联合发起	国防制造及加工中心
2014.2	未来轻量化材料创新中心	LIFT	密歇根州	国防部	爱迪生焊接研究所等
2014.2	数字制造和设计创新中心	DMDII	伊利诺伊州	国防部	UI LABS
2015.1	电力美国创新中心	Power America	北卡罗来纳州	能源部	北卡罗来大学
2015.6	先进复合材料制造业创新中心	IACMI	田纳西州	能源部	田纳西大学
2015.7	集成光子制造创新中心	AIM Photonics	纽约州	国防部	纽约州立大学研究基金会
2015.8	美国柔性混合电子制造业创新中心	NEXTFLEX	加利福尼亚州	国防部	NESTFLEX联盟
2016.4	美国先进功能纤维制造创新中心	AFFOA	马萨诸塞州	国防部	MIT

① 工科所. 主要发达国家创新载体运营研究［J］. 工业科技研究，2017（4）.

（续）

成立时间	名称	英文简称	地点	发起单位	主要主持单位
2016. 12	清洁能源智能制造创新中心	Smart Manufacturing	加利福尼亚州	能源部	智能制造联盟（SMLC）
2016. 12	先进再生制造创新中心	ARMI	新罕布什尔州	能源部	先进再生制造研究所公司（ARMI）
2017. 1	先进机器人创新中心	ARM	宾夕法尼亚州	国防部	美国机器人公司（American-Robotics）（由卡内基梅隆大学成立的非营利机构）
2017. 3	过程强化部署快速推进中心	RAPID	纽约州	能源部	美国化学工程师协会（AIChE）
2017. 3	生物制药创新中心	NIIMBL	特拉华州	商务部	美国生物有限公司（USA Bio LLC）
2017. 5	节能减排创新中心	REMADE	纽约州	国防部	可持续制造创新联盟（SMIA）

资料来源：工科所．主要发达国家创新载体运营研究［J］．工业科技研究，2017（4）．

3. 聚焦领域

美国“国家制造业创新网络”实施期间，创新中心聚焦于起步阶段到商业化之前的创新活动，已完成实验室原型制造，但还未实现市场化的规模生产。主要聚焦领域包括：一是制造过程，如增材制造、聚合物加工工艺等；二是先进材料，如碳纤维复合材料、光能发电或集成电路所需新型材料；三是使能技术（使其他工艺能够运行的技术），如智能制造基础设施和关键技术研究；四是产业化环节，如优化医疗设备或材料的工艺过程，低成本新工具、未来汽车或航空航天制造技术研究等。①

与“国家制造业创新网络”强调提升制造业创新能力不同，“美国制造”

① 工科所．主要发达国家创新载体运营研究［J］．工业科技研究，2017（4）．

计划更强调技术创新的商业化。"美国制造"计划不管是领域选择，还是机构在创新链的布局，均呈现一些新变化、新特点。一是更加强调通过创新实现本土化制造。特朗普政府更强调通过技术创新恢复本土制造能力，带动更多就业。二是更加强调满足军民融合等重大战略需求。美国先进再生制造创新中心研究的生物组织构建及制造技术，一方面可为负伤士兵制造新皮肤、血液制品和器官，另一方面也可改善民众的健康状况。① 美国先进功能纤维制造创新中心正在研究新一代光纤通信系统，不仅可提高秘密军事行动的安全性和隐蔽性，还可用于民用的建筑物搜索和救援。三是更加强调利用科研机构平台打造创新生态。"美国制造"计划希望构建一个政产学研共同参与的创新生态系统，使得创新技术的鉴别和路线选择更符合市场需求（见图 1 – 3）。

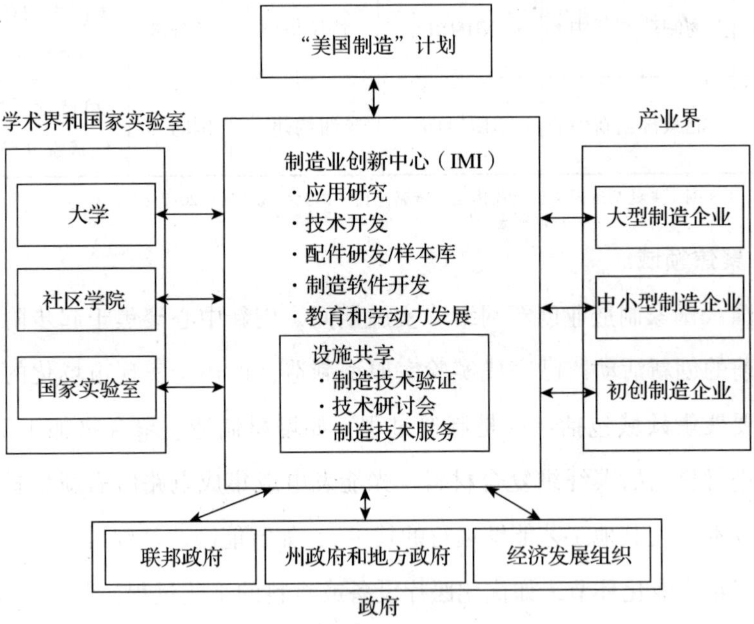

图 1 – 3 "美国制造"计划创新生态系统

资料来源：工科所. 主要发达国家创新载体运营研究［J］. 工业科技研究，2017（4）.

---

① 朱焕焕，陈志. 从"国家制造业创新网络"到"美国制造"［J］. 全球科技经济瞭望，2019，34（2）.

4. 资金来源

创新中心的资金采用联邦政府投入与配套资金（联邦政府引导各级地方政府、制造企业、研究型大学、社区学校等投资）相结合的方式，联邦政府的投资比重不高于 50%。例如，美国制造创新中心获得了联邦政府和非联邦政府机构各5 500万美元的投资；数字制造和设计创新中心获得了联邦政府7 000万美元和非联邦政府机构 1. 06 亿美元的投资。

联邦政府投入资金主要用于创新中心成立初期（7 年以内）的实物产品投资，如设备采购和载体购置等。随着创新中心运营逐渐成熟，创新中心将通过收取会费、提供收费服务、提供合同研究或产品试制、收取 IP 使用费等多种灵活方式来自主筹措资金，实现创新中心的可持续发展。

（二）英国“弹射中心”

2008 年全球金融危机后，经济低迷的英国将科技创新作为实现经济复苏的主要出路。2010 年 10 月，英国首相卡梅伦宣布，英国政府将投资 2 亿英镑建立一系列“弹射中心”（Catapult Centres），旨在促进科技成果转化，加快打造科技与经济紧密结合的科技创新体系。自 2013 年至 2019 年 6 月期间，各“弹射中心”累计参与了2 260项学术合作项目和12 379项产业合作项目，管理价值超过 10 亿英镑的研究项目和示范项目，参与了 491 项国际项目，支持了4 389家中小企业发展，2019 年该计划参与人员达4 100人。

1. 功能定位

弹射中心是非营利性机构，拥有先进技术和装备，定位于消除科技成果与产业化之间的鸿沟，解决技术成熟度（Technology Readiness Level，TRL）4 ~6 级进度的问题（见图 1 –4）。弹射中心通过整合现有创新资源来促进科技成果转移转化。

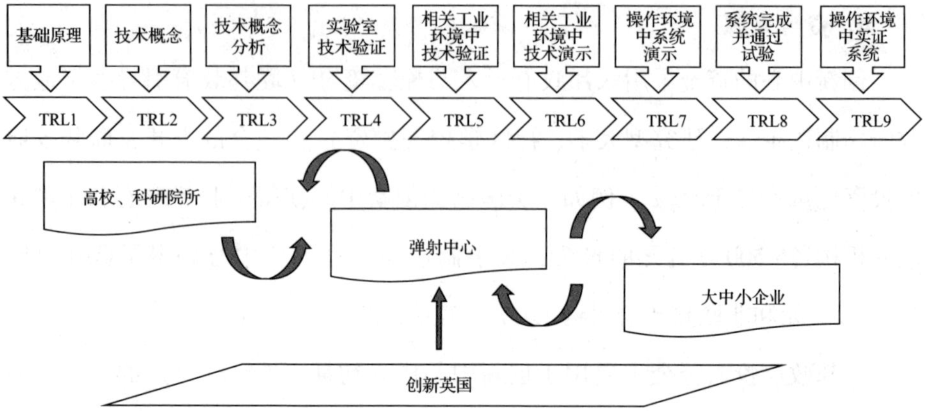

图 1-4　英国基于技术成熟度的弹射中心组织定位

资料来源：工科所. 主要发达国家创新载体运营研究 [J]. 工业科技研究，2017 (4).

弹射中心承担着五项主要任务。一是成为世界领先的科研中心；二是促进企业获得世界领先的知识和技术；三是与企业协同研发应用项目，满足企业需求；四是举办创新活动，推动企业与科研机构的需求对接和协同发展；五是提供多层次技能培训，提高企业和科研机构雇员的技能水平。

2. 总体布局

英国弹射中心网络建设分为三个阶段。第一阶段是初期建设阶段，持续在英国境内布局建设弹射中心。第二阶段要建立知识网络，以每个弹射中心为基点，吸引不同规模的企业开展跨领域合作，促进产学研合作，建立多维连接的知识网络，形成新型科技创新体系。第三阶段要融入国家创新体系。一方面是加强弹射中心与其他科研组织、创新中心以及高校的技术转移办公室（TTO）有效结合，发挥更具影响力的中介作用，另一方面是促进弹射中心与英国现有的创新举措相结合，并积极对接欧盟创新项目。

3. 建设进度

弹射中心重点发展新兴技术领域，目前已在 9 个重点领域 30 多个城市建立弹射中心，重点领域包括细胞与基因疗法、化合物半导体应用、物联网、数字化、能源系统、高价值制造、医药研发、海洋可再生能源、卫星应用等。

弹射中心采用区域协同运行的模式。目前，数字化、精准医疗、卫星应用等三个弹射中心都建立了多处区域中心。其中，数字化弹射中心由位于伦敦、桑德兰、北爱尔兰、布莱顿和约克的 5 个区域中心组成网络。

4. 资金来源

弹射中心的资金主要来自企业合同收入、公共或私营机构资助的合作研发收入以及政府补助投资，三类资金比重大致相当。企业合同研究资金和合作研发项目资金是竞争性收入，主要用于人力成本和启动项目。政府补助投资的资金主要用于基建和设备购置，每年对每个弹射中心投入 500 万 ~ 1 000 万英镑，投资周期不超过 10 年。

5. 运作机制

弹射中心采取“政府 + 企业”的管理模式，政府部门负责监管和设定目标，企业负责独立运营。英国政府机构创新英国（Innovate UK）负责制定各弹射中心的发展目标，其下设的咨询监督委员会负有监管责任。每个弹射中心都是非营利性独立法人实体，其董事会以及执行管理团队负责自主运营。弹射中心特别重视通过 IP 转移或授权的形式推动其研发成果产业化。

（三）德国弗劳恩霍夫应用研究促进协会

德国弗劳恩霍夫应用研究促进协会（FhG）成立于 1949 年，是德国四大主要科研机构之一，也是欧洲最大的从事应用研究的科研机构。截至 2019 年 1 月，FhG 在德国国内拥有 72 个研究所和独立研究机构和26 600名科研人员和工程师，年度科研经费达 26 亿欧元。FhG 一直是德国和欧洲最活跃的专利申请者之一，2018 年申请专利 612 件，累计申请6 881件，德国授予 FhG 的专利总数为3 272项。2018 年，FhG 签署新许可协议 384 项，有效许可合同总数达到2 515项，年度授权费收入达 1. 09 亿欧元。

1. 功能定位

FhG 承担着五项主要任务。一是应用技术研发，包括样品的开发和优化、生产工艺的开发与优化等。二是促进科技成果产业化，包括新技术推广、产品中试及规模化生产的技术支持。三是提供检验检测、认证等服务。四是为政府和企业提供技术和信息咨询服务，包括技术评估、可行性报告、产业发展分析等。五是服务中小企业，包括为中小企业开发新技术新产品提供融资服务等。

2. 聚焦领域

FhG 聚焦健康、安全、能源、通信、交通和环境等六大领域，具体开展 ICT、生命科学、微电子、表面科学和光子、产品工艺、材料组件、国防安全等 7 个学科的技术研究和开发。

3. 组织架构

FhG 是联盟形式的组织结构，下设 7 个学部，学部下设算法和科学计算研究所、应用信息技术研究所、应用光学和精密机械研究所等 74 个研究所。

协会管理机构由会员大会、理事会、执行委员会、学术委员会和高层管理者会议等组成。

4. 资金来源

与英国弹射中心相似，FhG 的资金也主要来自三个渠道，分别是企业合同收入、政府或私营机构资助的研究项目收入以及德国各级政府赞助。前两个渠道的资金为“竞争性资金”，约占资金总额的 70%，主要用于产业应用研究，为企业提供技改、产品开发或者生产管理等科研服务。最后一个渠道的资金是“非竞争性资金”，约占 30%，德国联邦教育和研究部（BMBF）和各州政府按 9:1 的比例承担该笔费用，主要用于支持未来科技产业发展的前瞻性研究和基础研究。

（四）法国“卡诺研究院网络”

20世纪七八十年代，在法国经济增速逐渐放缓的情况下，法国政府开始重视推动产学研合作。2006年，法国政府发布《研究法案》(*Law for Research*)并发起“卡诺计划（Carnot Initiative)”，力图减少公共科研机构与产业界的隔阂，加快技术创新与成果转化。“卡诺计划”将符合标准的法国公共科研机构纳入体系，逐步形成了卡诺研究院网络。现在，卡诺研究院网络已成为法国国家科技创新体系的重要一环，也是欧洲影响力较大的应用型科研机构体系。“卡诺计划”官网数据显示，“卡诺计划”汇集了18%的法国公共实验室工作人员（3万名研究人员，9 600名博士)，承担了50%的法国公共实验室和工业界之间的合同研发项目。

1. 功能定位

卡诺研究院网络的主要功能定位是促进公共科研机构与企业合作，加快先进创新成果到企业转化的进程。卡诺研究院网络负有三大任务，一是为企业提供技术支持，二是为企业提供专利申报、成本核算等专业服务，三是形成内部网络结构，便于按企业需求调动跨学科的研发资源。

2. 总体布局

卡诺研究院网络的发展历经了三个阶段。第一阶段从2006年到2009年，有33个公共科研机构获得卡诺认证成为卡诺研究院，认证有效期为4年。第二阶段从2011年到2015年，共有34家卡诺研究院获得认证，认证有效期调整为5年。第三阶段从2015年开始，共有39家卡诺研究院获得认证。目前卡诺研究院网络就是由法国境内的这39家卡诺研究院组成，它们主要是法国知名的高校实验室和国家科学研究院系统（CNRS）等公共科研机构。

3. 聚焦领域

为解决法国当前面临的能源短缺、公共卫生服务不足和通信技术相对落后等问题，卡诺研究院网络主要聚焦能源和交通、环境、化工、医疗服务和营养健康、信息通信技术以及软科学等应用型领域。

4. 资金来源

卡诺研究院网络的研究资金有三大来源渠道。一是来自政府和企业合作研发项目的合同收入，2018 年的直接合同收入高达 7.44 亿欧元。二是来自直属上级机构的拨款，卡诺研究院都是来自现有的公共科研机构，因此可以从直属上级部门继续获得资金拨款。三是来自卡诺研究院网络的管理机构——法国科研署的资金支持，每年对整个卡诺研究院网络的支持力度可达上亿欧元。为了鼓励卡诺研究院支持产业发展，法国科研署分配的资金与企业合同收入密切相关，为上一年合同收入的 20%，如果合同收入主要来自中小型企业，那么该资金配比最高达到 30%。

（五）荷兰应用科学研究组织

荷兰应用科学研究组织（TNO）成立于 1932 年，是荷兰最大的应用技术研究组织，也是全球著名的合同研发机构之一。TNO 是独立的非营利科研机构，不属于政府、大学或某个公司，主要从事技术研发和应用，以及相关标准、法律法规的制定，是连接学术与产业的桥梁。目前，TNO 拥有约5 000名员工，其中2 600名为科研人员，年度科研经费达 6 亿欧元。

1. 功能定位

TNO 的使命是，用知识赋能人民，用创新提高产业竞争力，用科技造福社会。其主要开展以下四项工作。一是以市场为导向，开展应用技术研发，促进学术界与产业界合作，加速科研成果产业化。二是提供一系列科技服务，如委托技术研发、标准制定、检验检测、企业孵化、市场信息咨询、项目评估等。三是对政府提供产业规划、产业政策制定等相关服务和决策支持。四是开展国际合作与交流活动，在技术研发、产业咨询、检测认证等方面加强与外国政府、企业和公共科研机构之间的合作。

2. 聚焦领域

TNO 聚焦于 10 大社会领域的应用研究，包括人工智能，国防、安全和防卫，能源传输，工业，建筑、基础设施和海事，循环经济与环境，健康生活，交通运输，信息通信技术和战略分析与政策等。

3. 组织架构

TNO 的管理机构由监事会、国防研究委员会和执行董事会组成，负责 TNO 的日常运营管理。管理机构下设 10 大业务集团，分别负责 10 大研究领域的具体业务。监事会负责监督管理委员会和提供政策建议。国防研究委员会负责决策国防研究的相关政策。执行董事会负责 TNO 日常管理，包括组织的日常运营和事务管理，设有 CEO、CFO、COO、CSO 等职位。

4. 项目运营

TNO 接受企业、政府或基金等机构的委托研究项目，也可以与它们开展合作研发。研究项目包括提高产品性能，排除生产故障或提升生产工艺等。

TNO 的一部分研发资金来自政府、基金等，另一部分来自企业、社会组织等合作伙伴。

TNO 的一项重要业务是技术转让服务。TNO 制定了技术转让相关计划，并组建了技术转让团队，该团队人员包括创业、投资、商业许可、项目管理等领域的专家。为了拉近技术与市场之间的距离，TNO 建立了企业家和投资人数据库，同时与其他应用技术研究机构积极开展技术转化项目的广泛合作。

二、国内实践篇

经过半个多世纪的发展，我国虽然建成了门类齐全、独立完整的制造业体系，并积累了较强的产品和技术基础，但传统的制造业创新体系已难以适应新形势下的经济社会发展需要，亟须在三个方面实现转变：一是打造新型创新链，实现自主创新取代技术引进；二是打造新型产业链，实现全产业链创新取代单个技术产品突破；三是打造创新生态系统，实现产业跨界协同创新环境的营造取代单一企业局部创新环境的改善。①

在总结借鉴国际领先科技城市发展经验的基础上，结合区域发展战略和产业发展规律，我国也开展了一系列创新性的科技城市发展模式探索。例如，在产学研协同创新方面，提出了制造业创新中心建设工程；在区域城市协同发展方面，提出了"一带一路"建设、京津冀协同发展、长江经济带发展、粤港澳大湾区建设、长三角一体化等区域的国家级发展战略；在创新空间多元化发展方面，推进载体多元化发展，如经开区、高新区、自贸试验区、国别园、大学科技园、特色小镇、创新综合体等。

（一）产学研协同创新

2016 年，我国政府提出实施制造业创新中心建设工程，要求围绕重点行业转型升级和新一代信息技术、智能制造、增材制造、新材料、生物医药等领域创新发展的重大共性需求，形成一批制造业创新中心，重点开展行业基础和共性关键技术研发、成果产业化、人才培训等工作。建设制造业创新中心旨在聚集产业创新资源，发挥已有各类创新载体的作用，瞄准制造业创新链和供应链的薄弱环节及共性难题，促进科技成果转移扩散和首次商业化，最终形成以制造业创新中心为核心节点的制造业创新体系，支撑我国制造强国建设。

经过四年时间的探索，制造业创新中心建设稳步推进，国家先后出台了《制造业创新中心建设工程实施指南（2016—2020 年）》（以下简称《实施指南》）、《关于完善国家制造业创新体系，推进制造业创新中心建设的指导意见》（以下简称《指导意见》）、《省级制造业创新中心升级为国家制造业创新

① 工业和信息化部. 制造业创新中心建设工程实施指南，2016.

中心条件》（以下简称《升级条件》）等指导性文件，制造业创新中心建设的顶层设计和政策体系逐步完善。

1. 功能定位

国家制造业创新中心是一种国家级创新平台，是在充分利用现有创新资源和载体的基础上，加强协同创新，以解决制造业创新发展重大需求为目标，由企业、科研院所和高校、行业机构等各类创新主体自主结合而成的具有独立法人资格的新型创新载体。

制造业创新中心主要开展以下五项工作。一是加强产业前沿和共性关键技术研发。二是促进技术转移、成果转化和商业化应用，提升科技创新对产业发展的战略支撑。三是多种方式培养制造业创新人才。四是为企业提供研发试验、测试认证和技术转移等公共服务，鼓励企业创新发展，支撑制造业实现大众创业万众创新。五是积极开展国际交流与合作，开展项目合作，引进高水平技术和团队。①

2. 重点任务

《指导意见》进一步要求制造业创新中心要整合创新资源，建立共享机制，发挥溢出效应，打通技术开发到转移扩散到首次商业化应用的创新链条，形成制造业创新驱动、大中小企业协同发展的新格局，具体包括 8 大重点任务：一是开展产业前沿及共性关键技术研发，突破产业链关键技术屏障和共性技术供给瓶颈，支撑产业发展；二是建立产学研协同创新机制，依托现有或新组建的产业技术创新联盟，形成成果共享、风险共担的产学研协同创新机制；三是加强知识产权保护运用，建立知识产权管理制度，加强关键核心技术和基础共性技术知识产权战略储备；四是促进科技成果商业化应用，探

① 国家制造强国建设战略咨询委员会. 中国制造 2025 蓝皮书（2017）［M］. 北京：电子工业出版社，2017.

索建立以市场化机制为核心的成果转移扩散机制；五是强化标准引领和保障作用，组建标准推进联盟，研制关键技术标准，主导和参与国际标准制定；六是服务大众创业万众创新，利用“互联网+”，为企业提供信息服务，加速创意孵化和技术成果产业化；七是打造多层次人才队伍，建立和完善人才培训服务体系，为制造业发展提供多层次创新人才；八是鼓励开展国际合作，加强国际科技创新信息的跟踪、收集、分析，通过多种形式开展联合研发。①

3. 建设目标

制造业创新中心包括国家制造业创新中心和省级制造业创新中心。《实施指南》《指导意见》等文件先后对制造业创新中心的建设提出了具体目标。对于国家制造业创新中心，要求到2020年，形成15家左右国家制造业创新中心；到2025年，形成40家左右国家制造业创新中心。对于省级制造业创新中心，《指导意见》提出在有条件、综合实力较强的地方，建成一批省级/区域制造业创新中心，作为国家制造业创新中心的支撑和补充。通过建设国家制造业创新中心和省级制造业创新中心，形成以两级创新中心为核心节点的多层次、网络化制造业创新体系，突破重点领域共性关键技术，加速科技成果商业化和产业化，优化制造业创新生态环境，提升国家制造业创新能力。

4. 建设布局

国家制造业创新中心建设要求高标准、唯一性，按照要求每个领域内只建设1家国家制造业创新中心，最大限度汇聚创新资源、瞄准改变行业竞争规则的新技术、新产业、新模式和新业态，重点突破行业共性关键技术。

《升级条件》明确了国家制造业创新中心建设领域，提出了22个未来创新中心重点建设升级的领域，具体如下：一是战略必争领域，包括新一代信

---

① 工业和信息化部. 关于完善制造业创新体系，推进制造业创新中心建设的指导意见（工信部科〔2016〕273号）［Z］. 2016-8-19.

息光电子、印刷及柔性显示、机器人、轻量化材料及成型技术与装备、燃气轮机、高档数控机床、稀土功能材料、传感器、集成电路先进工艺、工业信息安全、先进复合材料等领域；二是竞争优势领域，包括智能语音、石墨烯、深远海海洋工程装备等领域；三是深化两化融合领域，包括数字化设计与制造、智能网联汽车、工业云制造、工业大数据等领域；四是民生保障领域，包括高性能医疗器械、资源循环利用、医药高端制剂与绿色制药、先进功能纤维等领域。

自 2016 年第一个国家制造业创新中心——国家动力电池创新中心组建以来，截至 2020 年 5 月，工信部已批准成立 16 个国家制造业创新中心，具体名单见表 1－2。

表 1－2　16 个国家级制造业创新中心

序号	城市	名称
1	北京	国家动力电池创新中心
2	西安	国家增材制造创新中心
3	武汉	国家信息光电子创新中心
4	广州	国家印刷及柔性显示创新中心
5	沈阳	国家机器人创新中心
6	上海	国家集成电路创新中心
7	上海	国家智能传感器创新中心
8	武汉	国家数字化设计与制造创新中心
9	北京	国家轻量化材料成型技术与装备创新中心
10	株洲	国家先进轨道交通装备创新中心
11	北京	国家智能网联汽车创新中心
12	洛阳	国家农机装备创新中心
13	苏州	国家先进功能纤维创新中心
14	包头	国家稀土功能材料创新中心
15	无锡	国家集成电路特色工艺及封装测试创新中心
16	深圳	国家高性能医疗器械创新中心

资料来源：鑫创科技产业研究院整理。

5. 组织运行

组织架构方面，制造业创新中心以“公司＋联盟”的形式组建，依托公司建立现代企业制度，有责权明晰的董事会和经营管理团队，实现企业化运行。同时，制造业创新中心要建立技术专家委员会作为内部咨询机构。技术专家委员会由来自学术界、企业界和政府委派的专家组成，负责研判行业发展重大问题并筛选确定研究方向。运行机制方面，制造业创新中心应明确各类主体的责权，形成产学研用协同的创新机制。建立完善市场化运营、成果转移扩散、知识产权协同运用等机制，最终实现自负盈亏、自我发展。

（二）区域协同发展

2013 年 11 月，党的十八届三中全会将“一带一路”上升为国家战略。2015 年 4 月，中共中央政治局会议审议通过《京津冀协同发展规划纲要》，标志着准备一年多的京津冀战略顶层规划出炉，并自此进入实质落地时期。2014 年 9 月，国务院印发《关于依托黄金水道推动长江经济带发展的指导意见》，“长江经济带”作为重大战略在国家层面得以正式确立，2016 年 9 月，《长江经济带发展规划纲要》正式印发。2018 年 11 月 5 日，习近平主席在首届中国国际进口博览会开幕式上提到，支持长江三角洲区域一体化发展并上升为国家战略。2019 年 2 月 18 日，国务院发布《粤港澳大湾区发展规划纲要》。至此，我国的五大区域发展战略体系正式建立。

整体来看，五大区域发展战略都有“发展”和“互联互通”等核心主题，“一带一路”更侧重于国际合作，其他四大战略都有“一体化”的核心要求，但又各有侧重。

1. “一带一路”建设

“一带一路”是“丝绸之路经济带”和“21 世纪海上丝绸之路”的简称，最早在 2013 年 9 月和 10 月我国建设“新丝绸之路经济带”和“21 世纪海上丝绸之路”的合作倡议中提出。从国际层面看，“一带一路”将推动亚欧非大陆65个国家和地区开展更大范围、更高水平、更深层次的区域合作。通过“一带一路”，中国将深度融入世界经济体系，承担更多大国责任义务。从国内层面看，“一带一路”对国内相关区域和城市制定了明确的发展规划和分工，与其他的国家区域发展战略相辅相成。① 从战略意义上看，“一带一路”不仅是一个区域经济发展战略，更是肩负着推动中国式全球化的历史使命。

截至2019年3月，合作伙伴方面，已有125个国家和29个国际组织与中国签署了173份“一带一路”方面的合作协议。经贸合作方面，截至2018年底，中国企业对沿线国家直接投资超过900亿美元，在沿线国家完成对外承包工程营业额超过4 000亿美元。对外投资方面，截至2018年底，与沿线国家货物贸易累计超过6万亿美元，对外直接投资超过900亿美元。资金融通方面，中国人民银行与世界银行集团下属的国际金融公司等多边开发机构开展联合融资，截至2018年底已累计投资100多个项目，覆盖70多个国家和地区。中国出口信用保险公司累计支持对沿线国家的出口和投资超过6 000亿美元。

2. 京津冀协同发展

“京津冀协同发展”最早由习近平主席于2014年2月提出，其主要目的是疏解非首都核心功能。进入21世纪后，北京市人口激增，交通拥堵严重，城市功能驳杂臃肿。而京津冀三地地理位置相接，人文历史渊源深厚，优势产业互补性强，拥有一体化融合发展的根基，由此“京津冀一体化”战略适时推出。京津冀协同发展，既有利于解决北京“大城市病”，又有利于带动环首都区域整体发展。

2017年4月1日，中共中央、国务院决定设立雄安新区。2018年11月，

① 和君咨询朱文奇团队. 新区域经济协调发展战略解读［J］. 城市开发，2019（20）.

中共中央、国务院明确要求以疏解北京非首都功能为“牛鼻子”推动京津冀协同发展。截至2019年底，我国的19个国家级新区中，雄安新区是唯一一个不在直辖市的副省级新区。

“京津冀协同发展”主要聚焦四个方面：疏解北京非首都核心功能，调整优化城市布局和空间结构，构建现代化交通网络系统，扩大环境容量生态空间。

3. 长江经济带发展

“长江经济带”发端于20世纪80年代提出的“长江产业密集带”的概念。2016年9月，《长江经济带发展规划纲要》正式印发，要求以长江黄金水道为依托，发挥上海、武汉、重庆的核心作用，带动长江流域及周边地区高速、高质量发展。①

长江经济带东起长三角冲积平原，连接东海海岸线，西至云贵高原，与缅、老、越三国交界，跨越中国11个省（直辖市），国土面积205.24万平方千米，占全国国土面积的21%。从经济要素禀赋来看，长江经济带沿线的天然优势和后天基础，都奠定了其不可替代的战略地位和巨大的增长潜力。长江经济带的航运具有运输成本低、运输能力强、占地少、能耗低、污染小等特点，自东向西较均匀地分布着不少经济实力较强、产业特色突出、科教创新基础良好、城市文化吸引力很强的节点城市。

长江经济带依托长江黄金水道，通过三大城市群——长三角城市群、长江中游城市群和成渝城市群的优势互补、协同发展，带动区域整体发展。长江经济带战略主要聚焦五个方面的工作：一是以创新驱动产业转型升级；二是推动新型城镇化发展进程；三是打造东西双向、海陆统筹的对外开放新格局；四是推进一体化市场建设；五是提升区域整体的基础公共服务水平。

① 和君咨询朱文奇团队. 新区域经济协调发展战略解读［J］. 城市开发，2019（20）.

4. 粤港澳大湾区建设

粤港澳大湾区是粤港澳自贸区的升级版，包括广东的九个市（广州、深圳、珠海、东莞、惠州、中山、佛山、肇庆、江门），连接香港、澳门，区域上看是辐射珠三角，地理位置上看该区域是对外开放的高地。从经济基础看，大湾区覆盖全国经济最发达的珠三角城市群，不到 1% 的土地和 5% 的人口创造了全国 13% 的经济体量，同时拥有全球最大的海港群和空港群，战略提出之际便对标三大世界级湾区，增长潜力巨大。目前以港珠澳大桥为代表的基础设施互联互通，已经取得了一定成效，未来在产业升级上，除了目前的优势产业制造业，还将向服务业等附加值更高的产业迁徙，增长潜力巨大。

粤港澳大湾区战略侧重开放和国际合作。同时，它也是“创新制度实验区”，为海峡两岸今后的融合发展提供制度借鉴。粤港澳大湾区的战略目标是成为与美国纽约湾区、旧金山湾区和日本东京湾区并列的世界四大湾区，致力于打造一个充满活力的世界级城市群，一个引领全球的国际科技创新中心，一个内地与港澳全方位融合发展的示范区，一个宜居宜业宜游的优质生活圈。①

5. 长三角一体化发展

1990 年，民盟在报送中央的《关于建立长江三角洲经济开发区的初步设想》中首次提出“长三角一体化发展”的概念。一直以来，长三角区域是我国经济社会发展的重要引擎，其地理范围到 2018 年基本确定为以上海为龙头、以周边 34 个城市为主体构成的大型城市群。2018 年，《长三角地区一体化发展三年行动计划（2018—2020 年）》正式发布。

长三角城市群处于东亚地理中心和西太平洋的东亚航线要冲，是“一带一路”与长江经济带的重要交汇地带，在国家现代化建设大局和全方位开放

---

① 和君咨询朱文奇团队. 新区域经济协调发展战略解读［J］. 城市开发，2019（20）.

格局中具有举足轻重的战略地位。长三角地区是我国经济最发达、人口最集中、区域消费能力最强的地区，对标全球，依然是消费和发展潜力最大的城市群之一。

长三角一体化发展的战略目标是将长三角城市群建设成面向全球、辐射亚太、引领全国的世界级城市群。其主要聚焦六个方面的工作：一是构建符合资源环境承载能力的城市格局；二是以创新驱动区域经济转型升级；三是完善网络基础设施建设；四是推动城市之间的生态共建和环境共治；五是深度融入全球经济体系；六是建立创新一体化发展的体制机制。

（三）创新空间多元化发展

1. 经开区和高新区

经济技术开发区是中国最早在沿海开放城市设立的以发展知识密集型和技术密集型工业为主的特定区域，后来在全国范围内设立，实行经济特区的某些较为特殊的优惠政策和措施。经济技术开发区既着眼于产业发展的规律又着眼于区域发展规律。从发展模式看，增加区域经济总量是其直接目标，以外来投资拉动为主，产业以制造加工业为主。我国第一个国家级经济技术开发区是 1984 年 9 月 25 日经国务院批准建立的大连经济技术开发区。截至目前，我国经国务院批准建设的国家级经开区达到 219 家。

高新技术产业开发区则更多着眼于产业发展规律，指建立发展高新技术的产业开发区。高新技术产业在发展初期需要政府的扶植加以培育，科技部对于“高新区”的介入甚至都细化到了产业的指导目录，也就是说，哪个地方的高新区应重点发展何种产业，都有着明确的规定。我国第一个国家高新区是 1988 年 5 月 10 日经国务院批准建立的北京市新技术产业开发试验区，即中关村科技园区的前身。截至目前，我国经国务院批准建立的国家高新区达到 168 家。

一般而言，一个城市先有“经开区”后有“高新区”，经开区主要承担迅速做大经济总量的任务，而高新区承担的是发展新兴产业、优化产业结构的任务。

但随着中国经济全面步入新常态的新阶段，如今来看，很难再把两者严格区分，走向融合、走向统筹发展，将是一个发展趋势。中国城市经济学会副会长、中国社会科学院城市发展与环境研究所原所长牛凤瑞表示，近年来，随着我国经济转型，自贸区等开放高地日益增多，原来的经开区面临要素成本上升、资源约束等新挑战和困难。截至 2019 年初，全国至少有 12 个经开区和高新区等进行了不同程度的合并，包括：上海高新区和浦东区合并，广州开发区、高新区、出口加工区和保税区四区合一，重庆高新区与经开区（含出口加工区）合并到北部新区，苏州高新区和虎丘区合并，青岛高新区和开发区合并，南京高新区和浦口区合并，天津经济技术开发区与中心商务区合并等。

另外，随着我国持续扩大开发，国际间经贸关系更加紧密，一批新型园区——国际产业合作园逐步在对外开放程度较高、营商环境较好的经开区（或高新区）内建立起来。国际产业合作园是指以特定的国家和地区为产业合作重点，以特定的外商投资意向和偏好进行基础设施建设和生活配套，突出国际（地区）特色，实现高端项目聚集和特色产业的形成。合作园对于区域的贡献主要表现在加快集聚高质量外资项目，深化推进创新能力开放合作，并进一步打响园区品牌影响力。目前，发展较好的国际产业合作园有新加坡杭州科技园、中意宁波生态园等。研究这些合作园发现，合作园的建设大都以两国政府或省级政府的合作为基础，在政府国际合作平台的支持下开展工作。通过两国政府、园区、企业三层次的合作，在区内实现两国间产能分工合作和高端项目集聚。

2. 自贸试验区

自由贸易试验区（Pilot Free Trade Zone，PFTZ）是指在主权国家或地区的关境以内划出特定区域，提供比世贸组织有关规定更加优惠的贸易和投资政策，准许外国商品豁免关税自由进出。自由贸易试验区实质上是采取自由港政策的关税隔离区。从狭义上说，它仅指对进口原料等货物豁免关税的地区，类似出口加工区。从广义上说，它还包括自由港和转口贸易区。①

截至2019年8月，我国先后批准设立了18个自贸试验区，形成了全国布局协调、陆海统筹的开放态势，启动了我国新一轮对外开放格局。18个自贸试验区虽然处于不同发展阶段，但总体上看，各自贸试验区的目标产业集聚度不断提高，围绕产业链上下游创新成果丰富，对周边辐射带动效果明显。

3. 大学科技园

大学科技园是指以具有较强科研实力的大学为依托，将大学的综合智力资源优势与其他社会优势资源相结合，提供高校科技成果转化、科创企业孵化、创新创业人才培养、产学研深度合作等服务的载体平台。②

大学科技园的核心理念是服务于大学科技成果转化和科技企业孵化。1951年，美国斯坦福大学建立了世界上第一个大学科技园——斯坦福研究园，即现在的硅谷。从此，大学科技园在世界各地生根发芽，快速发展。1988年，东北大学国家大学科技园的建立开启了我国大学科技园的建设历程。为进一步提高高校社会服务水平，2000年11月，科技部、教育部颁布了《国家大学科技园管理试行办法》。

我国的大学科技园按资质可分为国家大学科技园、省级大学科技园和区域大学科技园三类。随着科技、教育体制改革的不断深化，我国大学科技园的发展取得了显著成效。目前，我国的大学科技园已经进入稳步发展阶段，

---

① 唐少清，陈俊荣，谢茜. 基于开放经济新体系的自贸试验区创新发展研究［J］. 中国软科学研究会2019年中国软科学文集，2020.

② 贾宝勤. 国家（地区）层面的产学研合作发展模式比较［J］. 陕西国防工业职业技术学院学报，2011，21（1）.

规模和实力不断壮大，转化了一批具有自主知识产权的科技成果，造就了如北大方正、清华紫光等一批知名高新技术企业。

目前，国内发展较好的国家大学科技园集中于北京、上海、西安等地，其中，清华科技园入园企业已超过1 000家，销售收入超过400亿元；北京航空航天大学国家大学科技园的多项科技成果在科技园内实现了产业化；中国人民大学创办的文化科技园，销售收入和利税仅次于清华科技园；西安交通大学国家大学科技园，形成了西安交大校办产业的“聚集效应”，西安交大的一批集团公司和名牌企业先后入园，发展势头良好。

同时，我国的大学科技园也存在一些问题，制约了进一步发展。例如，缺乏兼具技术和市场两方面能力的复合型人才，风投企业和资金都跟不上发展需求，管理理念和方式不够开放、科学，科技中介服务机构缺失等。

4. 科技小镇

科技小镇是在特色小镇的基础上演化而来的，是特色小镇的一个分类，它的特点是强调科技创新，积极引入前沿科创项目，具有科技创新、科创孵化、未来体验和科技产业化的功能。[①] 科技小镇的发展方向是以高科技新兴产业为主导，通过打造集城市会客厅、国际创新综合体、科技应用示范区、高科技产业园区、城市品质配套等功能为一体的小镇，构建全球协同的创新型产业生态。可以说，科技小镇是以创新创业的理念、包容开放的态度与针对性的企业扶持政策和优美的环境为特色的一个崭新的区域经济发展模式，是目前由要素驱动向创新驱动经济发展模式转化、推动新型城镇化建设及实现城镇一体化的重要实践及创新举措。

科技小镇一般由企业主导调配多方资源，联合政产学研机构共同开发建设运营。纵观我国目前做得较好的科技小镇运营商，其发展模式虽有差异，

---

① 尚学峰，刘小青. 建设科技小镇的广东路径［J］. 广东科技，2017（9）.

但普遍都非常重视小镇的产业发展。例如，产业新城运营商华夏幸福，在产业规划和产业招商方面都投入重金打造专业的产业规划研究团队和招商团队；招商蛇口依托招商局集团强大的品牌和资源优势，通过先期导入集团内部的金融资源和产业资源来吸引其他产业资源入驻，从而形成产业集聚；碧桂园选择与产业龙头企业结盟，形成核心产业群，构建高新产业共享平台。[①] 相比前三者，鑫创科技则专注于科技城市运营，通过构建"海外创新中心—国内科技加速器—科技城市载体"全链条孵化体系，全面融入全球创新网络，加速聚合和导入国际优质资本和创新要素，以"基金+基地+产业"的模式推动国际先进技术快速实现本地产业化，助力区域实现科技迭代创新和产业转型升级。

目前国内建设比较成熟的代表性科技小镇主要有上海枫泾科创小镇、杭州云栖小镇、余杭梦想小镇、成都菁蓉创客小镇、萧山机器人小镇、郑州中原创客小镇等。

① 廖振峰."产城融合"新路径："科技小镇"的大布局［J］. 房地产导刊，2018（2）.

第二章 科技城市创新能力研究原则与思路

科技城市创新能力的研究和评价是一项系统性工作，需要遵循一定的原则和规律开展，在研究的架构设计、体系的构建、指标的选取、指数的合成及应用等方面，都需要有严密的理论基础和丰富的实践案例作为支撑。

本章详细阐释本书开展研究的基本原则，确定指导思想并搭建研究体系。

第一节　基本原则

一、研究的指导原则

当前，我国经济发展的宏观环境正在发生深刻变化，特别是受突发新冠疫情的影响，长期积累的一些深层次问题加速显现，但同时也激发了一些新兴业态和模式加速成长。城市，作为社会经济活动的承载主体，是我国产业转型和消费升级的主战场；科技城市是科技与城市智慧融合的必然产物，是国家创新驱动发展战略落地的重要载体，是区域经济发展的核心增长极。

本研究以《国家创新驱动发展战略纲要》的指导思想和 2015 年中央城市工作会议的指示精神为总指导原则，充分考量中国经济由高速增长阶段转向高质量发展阶段这一历史背景，高度关注科技创新对生产和生活的深层次改变，通过构建符合时代发展要求的评价体系和使用相对成熟、科学有效的评价方法，助力中国特色国家创新体系和高水平创新型国家建设，推动经济社会发展动力实现根本转换。

二、体系的构建原则

构建评价指标体系是开展科技城市创新能力评价工作的关键环节之一。针对科技城市的内涵与特征，并结合 IOD 模式的落地与实践，在构建科技城市创新能力评价指标体系的过程中，应该遵循以下 4 个原则。

第一，系统性原则。科技城市是一个综合概念，创新能力是其竞争力强弱的核心表征之一，且创新与科技城市各构成要素的融合度更深、范围更广。因此，在衡量创新能力的过程中，既需要衡量产业的技术创新水平，也要衡量经济社会的整体创新能力，还需要衡量科技与生产和生活的协同共融。

第二，可比性原则。指标的选择必须充分考虑到不同城市在产业结构、自然条件等方面的差异，尽可能选取具有共性的综合指标，并且代表不同经济含义、不同量纲的指标，在经过无量纲化处理后，可以相互比较。考虑到总量指标和特殊指标的可比性有一定局限，指标选择尽量采用均量指标和普适性指标。

第三，可量化原则。要求所选择的指标应充分考虑到数据的可获得性和指标量化的难易程度，定量与定性相结合，既能全面反映科技城市的创新能力，又能最大限度地利用统计资料和有关规范标准，采取各种直接的或间接的计算方法加以量化，否则就会失去指标本身的含义和使用价值。①

第四，可扩展原则。指标的选取要突出现阶段城市发展的战略导向，构建出符合五大发展理念、创新型国家建设等新形势新要求的指标体系。同时，由于受统计指标、数据来源等多种因素制约，建立评价指标体系不宜过分强调它的完备性。对于暂时无法纳入本评价体系的指标，要根据实际需要和是否可获取，逐渐补充和完善。

三、指标的选取原则

指标的选择，首先应根据科技城市的基本内涵和创新的渗透领域，确

---

① 罗文，徐光瑞．中国工业发展质量研究［J］．中国软科学，2013（1）．

定评价指标体系的基本框架和主要内容，并按内在逻辑要求选择具有代表性的指标。同时，以指标数据的可获得性为前提并保证评价结果的客观性，指标数据应全部来源于政府部门发布的统计年鉴或权威机构发布的研究报告等。

第二节　研究思路

一、研究范围

基于我们对 IOD 模式下的科技城市的理解，并结合数据的可获得、可量化、可比性等要求，我们以科技部和国家发改委支持建设国家创新型城市的 78 个城市为选择目标城市依据，① 从中选取省会和副省级城市共计 29 个，并加上 4 个直辖市，本书的评价科技城市范围包括北京、天津、石家庄、太原、呼和浩特、沈阳、大连、长春、哈尔滨、上海、南京、杭州、宁波、合肥、福州、厦门、南昌、济南、青岛、郑州、武汉、长沙、广州、深圳、南宁、海口、重庆、成都、贵阳、昆明、西安、兰州、乌鲁木齐，共 33 个城市。从区域分布来看，33 个城市中，东部地区共 14 个，占 42.4%（2018 年东部 10 省 GDP 总量占全国 52.6%）；中部地区有 6 个城市，占 18.2%（2018 年中部 6 省 GDP 总量占全国 23.0%）；西部地区有 9 个城市，占 27.3%（2018 年西部 11 省 GDP 总量占全国 18.3%）；东北地区有 4 个城市，占 12.1%（2018 年东北 3 省 GDP 总量占全国 6.2%）。这 33 个城市基本都是所在区域的人才、技术和资本的聚集地区，具有较强的代表性（见表 2 – 1）。

---

① 中国科学技术信息研究所. 国家创新型城市创新能力评价报告 2019 [R]. 北京：中国科学技术信息研究所，2019 – 12.

表 2－1　科技城市评价标的所属区域

区域	城市	数量占比	GDP 占比*
东部地区	北京、天津、石家庄、上海、南京、杭州、宁波、福州、厦门、济南、青岛、广州、深圳、海口	42.4%	52.6%
中部地区	太原、合肥、南昌、郑州、武汉、长沙	18.2%	23.0%
西部地区	呼和浩特、南宁、重庆、成都、贵阳、昆明、西安、兰州、乌鲁木齐	27.3%	18.3%
东北地区	沈阳、大连、长春、哈尔滨	12.1%	6.2%

注：* 为 2018 年城市所在省份 GDP 之和占全国比重。

需要强调的是，选取以城市作为研究标的，一方面考虑到城市层面的数据质量较好、统计体系较完善；另一方面主要考虑到所有发展较好的科技城市形态，不论是园区还是开发区，都会对所在城市的经济发展和科技进步起到重要的推动作用，如北京的中关村、上海的张江园区等，其发展好坏，最终都会体现在城市发展的指标数据上。

二、指导思想

为深入贯彻落实党的十九大精神，加快建设创新型国家并发展成为世界科技强国，本书以《国家创新驱动发展战略纲要》的指导思想和 2015 年中央城市工作会议的指示精神为统领，以构建科技城市创新能力评价指标体系为途径，以科学监测我国科技城市的发展质量、准确评价城市创新实力与潜力为目标，助力中国特色国家创新体系建设，为城市更好带动经济社会发展提供理论与实践相结合的参考建议。

三、研究框架

评价指标体系的构建需要认真研究、不断尝试，并在实践中逐步完善，必须在明确科技城市内涵的基础上，选取能够反映现阶段我国科技城市创新发展水平和能力的指标。通过对数据进行处理，并对初步测算结果进行分析与验证，然后根据验证结果再对评价指标体系进行必要的修改和调整，确立适合我国经济社会发展所处阶段的评价指标体系，最终用于科技城市的创新能力评价（见图2－1）。

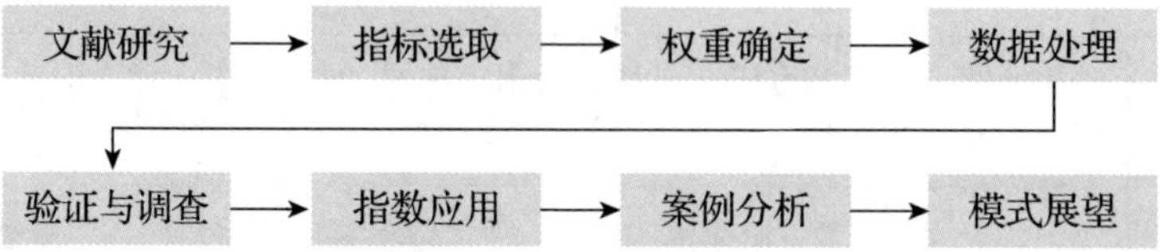

图2－1　科技城市创新能力研究思路

资料来源：鑫创科技产业研究院整理。

1. 文献研究

根据国内外的理论研究与实践案例，深入解读国家、区域、城市或者开发区等各种主体创新能力的评价指标和评价方法，通过比较不同指标与方法的适用性，找到共性与差异。

2. 指标选取

首先应根据科技城市的基本内涵和创新能力的基本特征，确定评价指标体系的基本框架和主要内容，并按照内在逻辑要求选择重要且有代表性的指标组成初步的评价体系。在初步确定的评价体系的基础上，按照系统性、可比性、可量化和可扩展四个原则，选取具体评价指标。为保证评价结果的准确性和客观性，本书所需数据全部来源于国家统计局、科技部等政府部门发布的统计年鉴以及权威机构发布的研究报告。

3. 权重确定

科技城市创新能力评价的权重确定采用主客观综合赋权法。其中，主观赋权法选用德尔菲法，客观赋权法选用变异系数法，这样的处理方式不仅能够充分挖掘数据本身的统计意义，也能够充分利用数据指标的经济意义。结合已有研究成果和本书研究目的来看，主客观综合赋权法能够相对客观、公正、科学地反映各指标所占权重，具有较高的可信度。

4. 数据处理

首先计算无法直接获取的二级指标，如研发经费投入强度、万人发明专利授权量等。将所有指标进行无量纲化处理，利用无量纲化数据和确定的权重，加权求和得到科技城市的创新能力总指数。计算分类指数时，应首先将每类指标的权重进行百分制处理，然后再加权求和，以便于横向比较。

5. 验证与调整

指标体系确定后，对目标城市的创新能力进行试评。利用试评结果对科技城市创新能力进行比较，并结合科技城市的实际情况，发现评价指标体系存在的问题，对部分指标进行修改和调试，直至形成相对科学和全面的评价指标体系。

6. 指数应用

利用调整后的评价指标体系，对目标城市的科技创新能力进行评价。通过分析评价结果，发现目标城市在发展过程中已形成的竞争优势以及存在的现实问题，并据此提出促进科技城市创新能力提升的对策建议。

7. 案例分析

通过评价指标体系的构建与测算应用，结合科技城市的典型案例，对国内外的先行示范区进行创新源头、创新转化、创新产出和创新环境等维度的剖析，用发展成效诠释 IOD 模式下科技城市的创新能力建设经验，并提炼出一些可供借鉴的启示。

8. 模式展望

全书通过从理论到实践的全面研究，对 IOD 发展模式进行分析和展望，以便于更好地服务于经济发展、创造社会价值。

第三章 IOD模式下科技城市创新能力评价指标体系

评价一个城市的创新能力，有助于科学、客观地认知城市创新能力所处的阶段和地位，有助于更好地提升城市的创新能力，乃至进一步推动城市及所在区域的经济社会发展。

本章主要研究国内外权威的创新能力评价指标体系以及智慧城市评价指标体系，为构建“科技城市创新能力评价指标体系”提供参考。

第一节　国际创新能力评价指标体系

伴随国际创新浪潮快速兴起，很多组织和机构先后制定多种针对创新能力或竞争力的评价指标体系，对国家或经济体的创新能力进行评价。这些指标体系中最为著名、受到关注最多的有世界知识产权组织联合其他工商业界制定的《全球创新指数报告》，世界银行发布的《全球知识经济指数》，欧盟创立和实施的《欧洲创新记分牌》等。此外，科技创新已经在国内外区域经济发展历程中扮演着越发重要的角色。因此，一些地区与园区开始重视区域创新体系的建设，并纷纷建立创新指数体系，跟踪、测度和评价区域创新体系的绩效，为区域创新发展战略指明方向。典型的成果主要有硅谷创新指数、创意指数、全球创新城市评价体系等。

一、世界知识产权组织：全球创新指数（GII）①

全球创新指数由联合国专门机构世界知识产权组织、康奈尔大学、欧洲工商管理学院及其他工商业界合作伙伴共同发布，用来衡量全球各经济体的创新能力，分析创新能力的差异，为适用于发达国家和新兴国家的创新建立

① 康奈尔大学，欧洲工商管理学院，世界知识产权组织 . 2018 年全球创新指数：世界能源，创新为要［R］. 2018－07－10；康奈尔大学，欧洲工商管理学院，世界知识产权组织 . 2019 年全球创新指数：世界能源，创新为要［R］. 2019－07－24.

了广阔的视野。全球创新指数体系对创新能力的评价主要是从投入和产出两个方面进行。该指标体系分制度、人力资本和研究、基础设施、市场成熟度、商业成熟度 5 个输入量，以及知识和技术输出和创新输出 2 个输出量共 21 个方面 81 项指标（见表 3 – 1）。该评价已经成为全球范围内国家或地区间创新能力比较的重要尺度，每次发布的全球创新指数都会引发众多机构的解读和研究。全球创新指数指标体系的变化，也从某种程度上反映了全球范围内创新格局的变化，对今后建立国家或区域创新能力评价具有指导作用和借鉴意义。

表 3 – 1　全球创新指数评价指标体系

一级指标	二级指标	三级指标
制度	政治环境	政治、法律、运营或安全风险指数、公共服务的质量、政策制定和实施（5 个）
	监管环境	凝聚力、法制评估、裁员成本（3 个）
	商业环境	开办企业和解决破产的难易程度（2 个）
人力资本和研究	教育	基础教育和中学教育（2 个）
	高等教育	入学率、创新部门学生比例、大学生入境和调动（3 个）
	R&D	研究人员数量、研发总支出在 GDP 中的占比、全球研发公司前三位平均支出、QS 高校排名（4 个）
基础设施	ICT	ICT 的普及率、利用率、政府在线服务以及公民在线参与（4 个）
	通用基础架构	平均发电量、设备采购、资本形成总额在 GDP 中占比等（5 个）
	生态可持续性	能源使用效率、环境绩效指数、环境管理体系（3 个）
市场成熟度	信贷	获得信贷的措施等（5 个）
	投资	保护少数投资者的难易程度以及交易水平（2 个）
	贸易、竞争和市场	平均关税、GDP、经济对创新的影响（3 个）

（续）

一级指标	二级指标	三级指标
业务成熟度	知识工作者	研发支出占比等（4个）
	创新联系	研发合作普遍性等（5个）
	知识吸收	高科技进口占比等（5个）
知识和技术输出	知识创造	发明创新成果等（5个）
	创新影响	平均劳动力增加生产力等（5个）
	知识传播	高科技出口占比等（4个）
创新输出	无形资产	商标申请数等（4个）
	创新产品及服务	创新和经济创新输出的代理、文化和创新服务出口（4个）
	在线创造力	对维基百科的年均编辑量等（4个）

资料来源：世界知识产权组织等发布的《2019年全球创新指数：世界能源，创新为要》。

2019年7月24日，世界知识产权组织在印度新德里发布《2019年全球创新指数》。该排名为129个经济体提供了详细的创新指标，涵盖的所有经济体占世界人口的91.8%，占世界GDP的96.8%。瑞士已连续九年位居榜首，而瑞典则上升至第二的位置。中国连续第四年保持上升势头，排在第14位，较上年上升3个位次，在领先的创新国家中稳稳占据一席之地。根据新发布的指数，前10名分别是瑞士、瑞典、美国、荷兰、英国、芬兰、丹麦、新加坡、德国、以色列。中国是中等收入经济体中唯一进入前30名的国家，并在本国人专利数量、高技术出口净额及本国人工业品外观设计数量等多个领域体现出明显的创新实力。

二、世界银行：全球知识经济指数（KEI）

全球知识经济指数由世界银行发布，分经济和体制机制、技术人员、有效创新系统、信息与通信技术基础建设 4 个维度 12 个指标。该指数致力于帮助样本国家建立利用知识经济增强国家竞争力、促进经济和国民财富增长的实施战略，使样本国家可在世界知识经济中处于有利地位。其中，经济和体制制度是用以鼓励有效利用现有知识和新知识并促进企业家精神的蓬勃发展；受过良好教育的技术人员，可以很好地创建、共享和使用知识；公司、研究中心、大学、顾问和其他组织的有效创新系统，可以利用不断增长的全球知识库，吸收和适应当地需求，并创造新技术；信息和通信技术（ICT）可以促进有效地创建、传播和处理信息。①

三、世界经济论坛：2019 全球竞争力报告（GCI）②

世界经济论坛从 1979 年开始就对每个国家的竞争力进行评判，是目前国际上从事竞争力评价最著名的报告之一。2019 年 10 月，世界经济论坛发布了《2019 全球竞争力报告》。过去 40 年里，世界经济论坛一直对各经济体的竞争力进行对标分析。此次报告采用全球竞争力指数 4.0（GCI4.0），包括 12 项主要竞争力因素：制度、基础设施、信息通信技术采用、宏观经济环境、健康、教育和技能、产品市场、劳动力市场、金融体系、市场规模、商业活力与创新。这 12 项主要竞争力因素又细分为 103 个具体指标，每项指标采取 0～100 分的计分制度，反映实际经济与理想状态（又称“竞争力前沿”）之间的差距。2019 年度表现最突出的经济体是新加坡，全球竞争力指数得分达到 84.8 分，比上年提高了 1.3 分。它在基础设施、健康、劳动力市场等方面均排名第一，成为本年度最具竞争力的经济体。相比之下，美国跌落至第二名，而中国香港、荷兰和瑞士分列第 3、4 和 5 位。

---

① https://wenku.baidu.com/view/839e45574ad7c1c708a1284ac850ad02df80077d.html.

② World Economic Forum. The Global Competitiveness Report 2019 [R]. 2019-10.

四、欧盟：欧洲创新记分牌（EIS）①

大部分欧洲国家都是先行的发达经济体，向来高度重视创新，欧盟专门设立了创新表现评价体系，用以维持欧盟的创新领先性。该评价体系包括“创新晴雨表调查”“欧洲创新记分牌（创新联盟记分牌）”和“区域创新记分牌”等。这其中，“欧洲创新记分牌”是通过计算综合评价指数（SII）对国家的创新能力进行排名。欧洲创新记分牌研究涵盖了包括罗马尼亚、英国、法国、芬兰、挪威和瑞士在内的欧盟25个成员国，另外还包括美国、日本、加拿大等非欧盟但创新能力突出的国家。

2019年6月，欧盟委员会发布《2019欧洲创新记分牌》（*European Innovation Scoreboard* 2019）报告。EIS 2019遵循2018年版的方法论，以区分4种主要指标类型和10个创新维度，总共采用了27种不同指标（见表3－2）。年度欧洲创新记分牌对欧盟成员国和选定第三国的研究和创新绩效及体系的相对优势和劣势进行了比较，并评估各国需要集中精力以提高创新绩效的领域。EIS2019报告显示，欧盟的创新绩效继续稳步增长，预计在不久的将来会有进一步的提高，但欧盟内部的发展仍然不平衡。与上年相比，欧盟已经超越美国，但持续落后于韩国、日本与加拿大，而预计未来几年内，差距将越来越大。相比于巴西、俄罗斯等国家，欧盟创新能力仍然领先。丹麦、芬兰、荷兰和瑞典是创新领导型国家，创新绩效远高于欧盟平均水平。

---

① 杜雅萍．国内外创新能力评价体系研究［J］．科技风，2018（24）；程如烟，姜桂兴，蔡凯．欧洲创新评价指标体系变化趋势：基于对《欧洲创新记分牌》的分析［J］．中国科技论坛，2018（05）；European Commission. European Innovation Scoreboard 2019［R］．2019－06；石河子科技．欧盟发布《2017欧洲创新记分牌》报告［R］．2017（04）．

表 3-2　2019 欧洲创新记分牌评价指标体系

一级指标	二级指标	三级指标
框架条件	人力资源	新的博士毕业生、25~34 岁受过高等教育的人口、终身学习人口（3 个）
	有吸引力的研究系统	国际科学共同出版物、引用最多的 10% 出版物、外国博士生（3 个）
	创新友好环境	宽带覆盖、机会驱动的企业家精神（2 个）
投资	财政支持	公共部门的研发支出、风险资本支出（2 个）
	企业投资	商业部门的研发支出、非研发创新支出、提供技能培训（3 个）
创新活动	创新者	具有产品或流程创新和具有营销或组织能力的中小企业、内部创新（3 个）
	联系	与他人合作的创新型中小企业、公私合营、公共研发的私人共同出资（3 个）
	知识资产	PCT 专利申请、商标申请、设计应用（3 个）
影响	就业影响	从事知识密集型活动、快速增长企业的创新部门就业（2 个）
	销售影响	中高科技产品出口、知识密集型服务出口、销售新产品和新公司产品（3 个）

资料来源：欧盟委员会发布的《2019 欧洲创新记分牌》。

五、波特等：国家创新能力指数（NICI）①

2002 年，波特等人构建了国家创新能力指数，主要是从体制与政策评价的角度研究创新能力的变化。波特认为，国家创新能力是一个国家作为政治和经济实体不断产生创新的潜力，而这种创新一定是具有商业价值的。国家

① 中国科技开发院. 中国科技创新景气指数（深圳南山指数）研究报告［J］. 中国经济信息，2011（23）：11.

创新能力不仅体现已有的技术创新能力和水平，而且也反映出一个国家或地区为打造激发创新活力的发展环境所具备的基础条件、所进行的资本投入和所实施的政策措施。

波特的国家创新能力指数主要包括 5 类指标：科学与工程人力、创新支持政策、集群创新环境、创新要素联系、公司创新战略和行动。这些指标主要从创新人才、创新环境、创新战略等层面，综合考虑了科学家、工程师、产权保护、关税成本、R&D 补贴、创新资源间连接程度、企业独特产品和服务的竞争优势等细分领域。

六、罗伯特 · 哈金斯协会(RHA)：全球知识竞争力指数(WCKI)①

知识竞争力是指创造新的概念、思想、工艺流程和产品，并且把它们转化为经济价值和财富的能力及才能。它不仅包括提出新创意的能力，还包括开发其经济价值的能力。全球知识竞争力指数由总部位于英国的智库罗伯特 · 哈金斯协会提出。自 2002 年起，该协会开始发布《全球知识竞争力指数年度报告》。该报告的评价对象选取的是全球 125 个主要城市为中心的地区，计算这些地区的知识竞争力指数，并据此排定名次。亚太知识竞争力指数是该指数的一个板块，是在国际竞争力中心的支持下，由上海市软科学基地——上海知识竞争力与区域发展研究中心以及国际竞争力中心亚太分中心（Asia and Pacific Unit，APU）共同完成的，自 2010 年开始发布。② 如表 3 – 3 所示，全球知识竞争力指数评价指标体系由包括与人力资本、知识资本、金融资本、区域经济产出、知识可持续性等有关的 19 个指数组成。

---

① Huggins R, Izushi H, Davies W, et al. World Knowledge Competitiveness Index 2008 [R]. United Kingdom: Centre for International Competitiveness, 2008.

② 罗守贵，罗津，张珺涵，等 . 2018 亚太知识竞争力指数报告 [J]. 华东科技，2018 (11).

表 3-3 全球知识竞争力指数评价指标体系

一级指标	二级指标	三级指标
人力资本	知识部门与就业	生物化学技术、ICT 制造业、汽车与高科技机械工程、仪器仪表和电机、高科技服务业（5 个）
	经济活动率或参与率	—
	高水平活动参与率	—
知识资本	研发投资	—
	研发支出	—
金融资本	一级企业对私募股权的可利用性	风险资本、初创企业投资（2 个）
区域经济产出	劳动生产率	部门组成、劳动力技能、创新投资、市场竞争、经济活动、失业率（6 个）
知识可持续性	未来知识投资	人均小学和中学教育公共支出、人均高等教育公共支出（2 个）
	国家 ICT 基础设施	每百万居民安全的服务器、每千名居民的网络主机、宽带覆盖（3 个）

资料来源：罗伯特·哈金斯协会发布的全球知识竞争力指数。

七、澳大利亚创新研究机构 2 Think Now：全球创新城市评价体系①

2 Think Now 是澳大利亚的一家创新研究机构，从 2006 年起，该机构一直致力于创新型城市评价研究。该指标体系反映出，创新的原始动力不是来自科技，而是基于文化，真正具有创新力的城市一定具有深厚的文化土壤，以及具备良好的教育、研究和开发基础，并且与其他市场形成紧密联系的网络。

① 中国科学技术发展研究院研究员武夷山．2 Think Now 的创新型城市评价指标体系，http：//blog. sciencenet. cn/blog-1557-945710. html.

这也从另一个侧面反映了“创新已不再是创新本身”。

2 Think Now 构建的评价指标体系分为四层：3 个因素，31 个门类，162 个指标，1 200个数据点。他们认为，影响创新过程的三大因素是：文化资产，即创意的源头（如设计师、美术馆、体育运动、博物馆、舞蹈、大自然等）；实施创新所需的软硬基础设施（如交通、大学、企业、风险投资、办公空间、政府、技术等）；发生网络联系的市场，这是创新所需要的基础条件和关联（如区位、军事国防力量、相关实体的经济状况等）。

在其 2015 年发布的世界创新型城市排行榜中，伦敦名列第 1，上海名列 20，北京名列 40。而根据 2019 年度报告显示，纽约取代东京成为全球最具创新力的城市；中国城市排名大幅提升，共有 42 个城市进入前 500 强，其中，北京、上海、深圳和香港分别位列全球第 26 名、33 名、53 名和 56 名；在前十大最具创新力的城市中，美国城市占了一半。

八、硅谷联合投资：硅谷指数①

硅谷指数由硅谷联合投资（Joint Venture Silicon Valley）于 1995 年首创，随后与硅谷社区基金会（Silicon Valley Community Foundation）每年制定及发布系列报告。硅谷指数的制定主要是为硅谷政策制定者提供数据基础，重点关注硅谷在发展过程中遇到的各种问题及挑战，而不仅仅关注于硅谷的创新能力。2007 年以前硅谷指数由区域发展趋势性指标和年度进展观察两部分构成，2008 年起指标体系扩展为人口、经济、社会、空间和地方行政 5 个部分，详细指标见表 3－4。2019 年 2 月 13 日，《2019 硅谷指数》公布，从整体来看，硅谷就业增长率在 2017—2018 年持续下跌，就业机会较为饱和；2017 年外籍居民比例达到 38%，亚洲居民首次占据最大人口比例；2018 年风险投资

① Joint Venture Silicon Valley，Silicon Valley Community Foundation. 2019 Silicon Valley Index［Z］. 2019－02.

金额高达 500 亿美元，1 亿元以上的超大型项目多达 80 个；硅谷在城市治理、生活环境及居民健康生活质量等方面都有所提升。

表 3－4　2019 硅谷指数评价指标体系

一级指标	二级指标	三级指标
人口	人才流动与多元化	人口变动、净移民流动、年龄分布、出生率、教育程度、科学家和工程师数、非本地出生人口、非英语母语人口
经济	就业	就业增长率、年平均就业率、就业人口总数、月度失业率
	收入	人均收入、中等家庭收入、平均工资、高收入家庭占比重（年收入超过 15 万美元）、贫困人员占比重、中等家庭收入占比重、午餐补助学生占比重
	创新与创业	劳动生产率、专利注册量、风险资本投资额、天使投资额、上市公司股票筹资额、企业并购起数、非雇主企业占比重
	商业空间	商业用地面积、商业用地空置率、商业用地平均租金、新增商业用地面积
社会	高等教育	高中生毕业率和辍学率、符合加州（州立）大学入学要求的高中毕业生比例、数学成绩优等率（在数学方面达到或超过标准的八年级学生的比例）、计算机和互联网用户占比
	早期教育	儿童入园率（入学 3～4 岁人口的百分比）、公立幼儿园学生占比重、私立幼儿园学生占比重、三年级英语语言艺术水平占比、托管费用
	公共安全	暴力犯罪率、每十万人（成人和青少年）重大犯罪数、公共安全人员数
	健康水平	18～64 岁参加医疗保险人口占比重、超重或肥胖占比重（成年人、学生）、婴儿死亡率（每千名活产婴儿的死亡人数）、幼儿园免疫率、孕妇健康比率
	艺术文化	成人艺术与文化参与率、艺术与文化消费支出、从事文化艺术行业的总人员数、艺术捐赠品家庭占比

（续）

一级指标	二级指标	三级指标
空间	环境	人均耗水量、循环再生水消耗量占总用水量比重、电力生产效率、人均用电量、累计太阳能装机容量、电动汽车充电站网点数、电动汽车折扣的累计数量
	交通	人均车辆行驶路程及天然气价格、人均上班时间、交通工具所占比例、本地单向通勤人员超过 90 分钟占比重、异地通勤人员占比重、人均公共交通数、交通拥堵时间、工作日班车总次数
	土地使用	住宅密度、交通设施覆盖率、非住宅密度
	住房	住房平均销售价格、住房销售量、居住面积、住房平均租金、新建保障性住房数、区域住房需求分配比例、潜在购房者可支付首付比例、与父母同住的年轻人（18～34 岁）占比重、无住房人员占比重
政府	城市金融	财政总收入、财政总支出、财政净收入
	公民参与	选民参选率
	女性代表占比	—

资料来源：硅谷联合投资与硅谷社区基金会联合发布的《2019 硅谷指数》。

九、创意城市评价指标①②

国外对创意型城市的研究起源于 20 世纪 90 年代，西方学者观察到城市的衰退及面临的种种危机，开始认真思考城市未来的发展和出路，并开展了一系列关于城市创意战略的研究。创意城市的典型城市有硅谷、巴伐利亚谷、

① 金元浦谈全球城市发展的创意指数——当代城市竞争的评价与测度指数研究之二［EB/OL］. 2017－08－05. https://www.sohu. com/a/169208330_ 179557.

② Measuring the Performance in Creative Cities: Proposal of a Multidimensional Model. Margarida Rodrigues and Mário Franco ＊. Sustainability 2018, 10, 4023; doi: 10.3390/su10114023.

苏格兰硅谷 Silicon Glen、萨克森的 Silicon Saxony、巴塞罗那、旧金山、格拉斯哥、鹿特丹和阿姆斯特丹。

英国学者查尔斯·兰德瑞教授认为创意城市是一个有机的整体，提出将创意城市发展规模划分为十个等级，并构造了关于创意型城市的一套完整战略框架和实施机制；美国查理·佛罗里达教授提出了创新型城市的 3T 指标，即人才（Talent）、技术（Technology）和包容（Tolerance）（见表 3－5），这三项被定义为吸引、保留和激发城市创造力阶层并为此创造良好环境的决定因素；此外，查理·佛罗里达和艾琳·泰内格莉提出了由欧洲人才指数、欧洲技术指数和欧洲包容性指数三方面构成的欧洲创意指数。创意城市评价体系研究最多的指标是 ICT、经济、流动性、环境、人员、治理、可持续性、创造力和开放网络，其共同点是网络基础设施、创造性活动、包容性、城市增长以及可持续发展的环境。这些指标都有各自的特质，可通过适当的指标来衡量其在城市绩效中的比重。通过对所用指标的分析可以使政治决策者识别城市的发展机会或威胁，从而可以持续地改善其创新绩效。

表 3－5　创新型城市 3T 指标体系

一级指标	二级指标
人才（Talent）	一个地区拥有学士以上学历人数占总人口的百分比、从事创意产业相关工作的创意阶层人口数量
技术（Technology）	创新指数——人均申请专利数、高科技指数——地区的技术相关产业的规模和集中度
包容（Tolerance）	同性恋指数——地区内同性恋人口占总人口的百分比、波希米亚指数——地区内从事艺术创作的相对人口、熔炉指数——地区内外来人口的相对比重

资料来源：美国查理·佛罗里达教授提出的创新型城市 3T 指标体系。

第二节　国内创新能力评价指标体系

随着我国经济由要素驱动、效率驱动转向创新驱动，国内关于创新评价的研究逐渐成为大众和媒体关注的热点。目前，国内比较成熟且连续的创新评价指标体系主要来自研究智库及政府部门，其中中国科技发展战略研究小组已连续19年发布区域创新评价报告；此外，众多学者对此也进行了大量的研究，但尚未形成连续的评价结果。

一、国家统计局：中国创新指数研究

2019年10月，国家统计局发布由社科文司《中国创新指数研究》课题组测算的2018年中国创新指数。这是国家统计局自2012年起连续第8年公布中国创新指数。中国创新指数评价指标体系选取了4个领域21个评价指标，对我国创新能力进行测算（见表3－6）。

表3－6　中国创新指数评价指标体系

分领域	指标名称
创新环境	劳动力中大专及以上学历人数、人均GDP、理工科毕业生占适龄人口比重、科技拨款占财政拨款的比重、享受加计扣除减免税企业所占比重
创新投入	每万人R&D人员全时当量、R&D经费占GDP比重、基础研究人员人均经费、R&D经费占主营业务收入比重、有研发机构的企业所占比重、开展产学研合作的企业所占比重
创新产出	每万人科技论文数、每万名R&D人员专利授权数、发明专利授权数占专利授权数的比重、每百家企业商标拥有量、每万名科技活动人员技术市场成交额
创新成效	新产品销售收入占主营业务收入的比重、高技术产品出口额占货物出口额的比重、单位GDP能耗指数、人均主营业务收入指数、科技进步贡献率指数

资料来源：国家统计局。

根据测算结果，2018 年中国创新指数首次破 200，与 2005 年相比翻番。分领域来看，我国创新环境持续优化，创新投入不断增加，创新产出和成效逐步增强。在 21 个评价指标中，创新产出中的发明专利授权数占专利授权数的比重指数是全部指标中唯一下降的指标，降幅达 22%。目前，我国仍面临基础研究和技术创新等方面的挑战，仍需持续优化创新环境、提高创新资源配置能力。①

二、国家发改委、网信办：新型智慧城市评价指标（2018）

科技城市与智慧城市都强调科技对城市发展的带动作用，但科技城市在智慧城市的基础上，还强调城市带动科技创新，即安居带动乐业、推动科技创新，并为创新提供试验场、观摩场。目前国内尚未有对科技城市进行评价的指标体系，但已有对智慧城市进行评价的指标体系，对此进行研究，以期能够对科技城市创新能力评价提供参考。

《新型智慧城市评价指标（2016 年）》是我国发布的第一个智慧城市评价指标，凝结了 25 个部委和所有参与研究单位的智慧，在吸纳国际标准化先进理念的基础上融合了中国特色，受到国际智慧城市标准领域的高度关注。② 2018 年 12 月 19 日，国家发改委、中央网信办联合公布更新版的指标体系《新型智慧城市评价指标（2018）》。2018 版评价指标共包含 8 个方面（见表 3 –7）。相比 2016 版，2018 版评价指标更简单、更便利、更科学，主要调整了以下几方面：一是删除了无法获得数据的电商服务。二是结合国家政策及导向，新增了智慧农业、智慧社区、社会信用 3 个二级指标。三是调整权重，更加重视市民体验，其权重从 20% 提升到 40%，惠民服务权重从 37% 下调到 26%，其他一级指标权重调整幅度较小；增加第三方客观数据项指标权重。

① http://www.stats.gov.cn/tjsj/zxfb/201910/t20191024_1704985.html.

② 刘大山. 凝聚各方智慧的新型智慧城市评价指标［J］. 认证技术，2017，(10).

四是重视提升网络安全，该指标成为扣分项。

表3-7 新型智慧城市评价指标体系（2018）

一级指标	二级指标	三级指标分项
惠民服务	政务服务	以居民身份证号码或法人和其他组织统一社会信用代码为唯一标识的电子证照使用率、一站式办理率、网上统一入口率（3个）
	交通服务	城市交通运行指数发布情况、公共汽电车来车信息实时预报率、公共交通乘车电子支付使用率（3个）
	社保服务	街道（乡镇）社区（行政村）社保自助服务开通率、社保异地业务联网办理情况、社保服务渠道多元化情况（3个）
	医疗服务	社区医院及一级以上医疗机构电子病历普及率、二级以上医疗机构预约诊疗率、三级以上医疗机构门诊健康档案调阅率（3个）
	教育服务	学校多媒体教室普及率、师生网络学习空间覆盖率、学校无线网络覆盖率（3个）
	就业服务	就业服务信息系统使用率和多渠道服务模式（2个）
	城市服务	移动互联网城市服务提供情况、移动互联网城市服务公众使用情况、一卡通应用情况（3个）
	帮扶服务	互联网残疾人无障碍访问情况（1个）
	智慧农业	农业精准化生产情况、农业便捷化服务情况、农业在线化经营情况（3个）
	智慧社区	智慧社区综合信息系统覆盖率（1个）
精准治理	城市管理	数字化城管情况、市政管网管线智能化监测管理率、综合管廊覆盖率、多规合一水平、园林绿化信息化和精细化管理水平（5个）
	公共安全	城市重点公共区域高清视频监控覆盖率、视频监控摄像机完好率，城市重点公共区域视频监控联网率，公共安全视频图像支撑服务社会管理情况（3个）
	社会信用	社会信用统筹管理机制、社会信用信息部门实时共享率（2个）

（续）

一级指标	二级指标	三级指标分项
生态宜居	智慧环保	城市空气质量自动监控情况、企业事业单位环境信息公开率、城市环境问题处置率（3 个）
	绿色节能	用能单位在线监测率（1 个）
智能设施	宽带网络设施	固定宽带家庭普及率、4G 用户普及率、IPv6 网站支持率（3 个）
	时空信息平台	多尺度地理信息覆盖和更新情况、时空信息平台在线为政府部门和公众服务情况（2 个）
信息资源	开放共享	公共信息资源社会开放率、信息资源部门间共享率（2 个）
	开发利用	政企合作对基础信息资源的开发情况（1 个）
信息安全	保密工作	失泄密事件（案件）情况（1 个）（扣分项）
	密码应用	密码应用情况（1 个）（扣分项）
创新发展	体制机制	智慧城市统筹机制、管理机制、运营机制（3 个）
市民体验	市民体验调查	通过调查问卷完成，用于评价公众对智慧城市发展效果切身感受的情况

资料来源：国家发改委、网信办联合印发的《关于继续开展新型智慧城市建设评价工作 深入推动新型智慧城市健康发展的通知》（发改办高技〔2018〕1688 号）。

根据该评价指标，国家信息中心于 2020 年 1 月发布《新型智慧城市发展报告 2018—2019》，该报告是在新型智慧城市建设部际协调工作组办公室和中央网信办信息化发展局共同指导下编写，是我国新型智慧城市领域国家层面唯一的权威性年度报告。① 该评价突出“以人民为中心”的核心理念，第三方市民体验调查共回收涉及 335 城的 107 万份有效问卷，全国共 275 个地级市和 53 个县级市完成评价。评价结果显示，处于准备期的城市占比从 42% 下降到 12%，处于起步期和成长期的城市占比从 58% 增长到 80%，我国多数城市已从智慧城市建设的准备期过渡到起步期、成长期，城市重心从整体规划向全面落地过渡。

---

① http://www.msweekly.com/show.html?id=115848.

三、科技部火炬中心：国家高新区创新能力评价报告（2019）

2019 年 12 月，科学技术部火炬高技术产业开发中心联合中国科学院科技战略咨询研究院编写的《国家高新区创新能力评价报告（2019）》公开出版发行。该系列评价报告是科技部建立国家创新调查制度的工作之一，这是第 7 期。该评价体系涵盖创新资源集聚、创新创业环境、创新活动绩效、创新的国际化和创新驱动发展 5 方面 25 个二级指标，与第 6 期保持一致。评价对象是截至 2018 年底全国 169 家国家级高新区。

报告结果显示，2018 年国家高新区创新能力总指数增速达近八年以来的最高，其中创新创业环境增速表现最为突出，对总指数增长贡献率高达 71%。从贡献率来看，高新区集聚了全国过半的科研院所，R&D 投入规模占全国的比重超 40%，高新技术企业占全国总数的 37%，国家级高新区已经成为我国创新的主引擎。从发展趋势来看，国家级高新区呈现“两优化、两提升、东强西弱”的特点，具体表现为产业结构、生态环境持续优化，劳动者报酬、创新国际化持续提升，东部地区高新区群体发展优势突出，研发人员、当年新认定高新技术企业数占国家高新区的比例均超 60%。但与发达国家相比，国家高新区的工业增加值率、人均工业增加值、知识密集型服务业占 GDP 的比重还存在较大差距，未来应继续夯实以战略新兴产业为主导的产业发展体系、优化高端创新创业生态。①

四、中国科学技术信息研究所：国家创新型城市创新能力评价报告 2019

2019 年 12 月，科技部和其直属机构中国科学技术信息研究所首次公布

① 科学技术部火炬高技术产业开发中心，中国科学院科技战略咨询研究院．国家高新区创新能力评价报告（2019）［M］．北京：科学技术文献出版社，2019.

《国家创新型城市创新能力监测报告 2019》和《国家创新型城市创新能力评价报告 2019》(以下简称《评价报告》)。其中，监测指标体系涵盖创新基础、科教资源富集程度、产业技术创新能力、创新创业活跃程度、开放协同创新水平、支撑绿色发展能力 6 个维度 45 个具体指标。评价指标体系以《建设创新型城市工作指引》中的指标体系为基础，同时借鉴国际、部门、地方、研究机构等具有影响力的创新指标体系，设计了涵盖 2 个一级指标、8 个二级指标、32 个三级指标的指标体系，其中一级指标包括创新基础和创新特色，二、三级指标见表 3－8。①

截至目前，科技部、国家发改委共支持 78 个城市（区）建设国家创新型城市，包括 72 个地级市、4 个直辖市城区和 2 个县级市。考虑到数据可得性，本评价报告仅对 72 个国家创新型城市进行评价。

表 3－8　国家创新型城市创新能力评价指标体系

一级指标	二级指标	三级指标
创新基础	创新生态	党委政府落实“抓战略、抓规划、抓政策、抓服务”要求，加快推进科技领域“放管服”改革，形成多元参与、协同高效的创新治理新格局
	创新投入	党委政府加强创新体系的顶层设计和系统布局，出台实施创新驱动发展战略的决定或意见及配套政策
		加强知识产权保护，营造公平有序的市场竞争环境
	创新产出	全社会 R&D 经费支出占地区 GDP 比重
		财政科技支出占公共财政支出比重
		科创板上市企业数量
		万人发明专利拥有量
		全员劳动生产率
		居民人均可支配收入

① 中国科学技术信息研究所. 国家创新型城市创新能力评价报告 2019［M］. 北京：科学技术文献出版社，2019.

（续）

一级指标	二级指标	三级指标
创新特色	科教资源富集程度	万名就业人员中 R&D 人员
		万人普通高等学校在校学生数
		基础研究经费占 R&D 经费比重
		国家重点实验室数量
		中央级普通高等学校和科研院所数量
	产业技术创新能力	国家技术创新中心和工程技术研究中心数量
		规上工业企业 R&D 经费支出占主营业务收入比重
		高新技术企业数
		高新技术企业主营业务收入占规上工业企业主营业务收入比重
	创新创业活跃程度	国家级科技企业孵化器（含众创空间）、大学科技园、双创示范基地数量
		国家级科技企业孵化器、大学科技园当年新增在孵企业数
		技术合同成交额占地区 GDP 比重
		科技型中小企业数
		国家国际科技合作基地数
	开放协同创新水平	外国人才来华工作数
		高技术产品出口额占商品出口额的比重
		实际使用外资金额占地区 GDP 比重
		开展东西部科技合作及区域协同创新情况
		空气质量优良率
	支撑绿色发展能力	单位地区 GDP 能耗
		单位地区 GDP 水耗
		是否承担国家可持续发展议程创新示范区等改革示范任务

资料来源：中国科学技术信息研究所. 国家创新型城市创新能力评价报告 2019［M］. 北京：科学技术文献出版社，2019.

从地区分布来看，这些城市创新能力呈现“东强南强、西弱北弱”的格局。在创新能力超过 60 分的 26 个城市中，东部城市占 14 个、南方城市占 18 个。从创新格局来看，主要可分为五类。一是科教资源富集型城市，如南京、广州、武汉、合肥、长春；二是产业技术创新型城市，典型城市为深圳、无锡、常州；三是创新创业活跃型城市，以杭州、长沙、成都为例，具备一定的科教资源，民营经济较发达；四是以苏州、昆明、贵阳为代表的开放协同创新型城市，集聚创新资源的手段主要是国内、国际科技合作；五是以科技创新推动传统产业转型升级的绿色发展型城市，湖州、太原、马鞍山是典型城市。

五、中国科学技术发展战略研究院：中国区域科技创新评价报告 2019

《中国区域科技创新评价报告 2019》是由科技部直属事业单位中国科学技术发展战略研究院编写，其前身是自 20 世纪 90 年代起研制的《全国科技进步统计监测报告》。编制该系列评价报告是《国家创新调查制度实施方法》确定的重要任务之一。该评价体系由 5 个一级指标、12 个二级指标和 39 个三级指标构成，其中一级指标具体为科技活动投入、科技活动产出、高新技术产业化、科技创新环境和科技促进经济社会发展（见表 3－9）。相比 2018 版指标，2019 版指标根据政府统计制度的变化，将“高技术产业增加值占工业增加值比重”改为“高技术产业主营业务收入占工业主营业务收入比重”，将“万人国际互联网上网人数”改为“万人移动互联网用户数”。该报告的评价对象是全国 31 个省（自治区、直辖市）。

评价结果显示，全国综合科技创新指数为 70．71%，同比增长 1.08 个百分点。从全国来看，上海、北京、天津、广东、江苏和浙江 6 省市高于全国平均水平；宁夏、湖南、贵州、河北等 13 省区同比增幅高于全国。从各区域来看，地区差异系数缩小至 25．81%，东、中、西部地区内部差异均缩小，但东北地区的内部差异扩大。①

① 中国科学技术发展战略研究院．中国区域科技创新评价报告 2019［M］．北京：科学技术文献出版社，2019.

表 3-9 中国区域科技创新评价指标体系（2019）

一级指标	二级指标	三级指标
科技创新环境	科技人力资源	万人研究与发展人员数、十万人博士毕业生数、万人大专以上学历人数、万人高等学校在校学生数（5个）
	科研物质条件	每名 R&D 人员研发仪器和设备支出、科学研究和技术服务业新增固定资产占比、十万人累计孵化企业数（3个）
	科技意识	万名就业人员专利申请数、科学研究和技术服务业平均工资比较系数、万人吸纳技术成交额、有 R&D 活动的企业占比（4个）
科技活动投入	科技活动人力投入	万人 R&D 研究人员数、企业 R&D 研究人员占比（2个）
	科技活动财力投入	R&D 经费支出与 GDP 比值、地方财政科技支出占地方财政支出比重、企业 R&D 经费支出占主营业务收入比重、企业技术获取和技术改造经费支出占企业主营业务收入比重（4个）
科技活动产出	科技活动产出水平	万人科技论文数、获国家级科技成果奖系数、万人发明专利拥有量（3个）
	技术成果市场化	万人输出技术成交额、万元生产总值技术国际收入（2个）
高新技术产业化	高新技术产业化水平	高技术产业主营业务收入占工业主营业务收入比重、知识密集型服务业增加值占生产总值比重、高技术产品出口额占商品出口额比重、新产品销售收入占主营业务收入比重（4个）
	高新技术产业化效益	高技术产业劳动生产率、高技术产业利润率、知识密集型服务业劳动生产率（3个）
科技促进经济社会发展	经济发展方式转变	劳动生产率、资本生产率、综合能耗产出率、装备制造业区位熵（4个）
	环境改善	环境质量指数、环境污染治理指数（2个）
	社会生活信息化	万人移动互联网用户数，信息传输、软件和信息技术服务业增加值占生产总值比重，电子商务消费占最终支出比重（3个）

资料来源：中国科学技术发展战略研究院．中国区域科技创新评价报告 2019［M］．北京：科学技术文献出版社，2019．

六、中国科技发展战略研究小组：中国区域创新能力评价报告2019

2019 年 11 月，中国科技发展战略研究小组联合中国科学院大学中国创新创业管理研究中心发布《中国区域创新能力评价报告 2019》。这是该小组自 2001 年开始连续 19 年发布区域创新评价报告。报告聚焦在知识创造、知识获取、企业创新、创新环境和创新绩效 5 个维度，并拆分为创新的实力、效率与潜力 3 个视角，囊括了百余个基础指标（见表 3－10），对全国 31 个省（自治区、直辖市）的创新能力进行了分析。

表 3－10　中国区域创新能力评价指标体系

一级指标	二级指标	三级指标
知识创造	研究开发投入	研发人员全时当量、每万人研发人员全时当量、研发投入中政府资金及其增速、占 GDP 的比重、研发人员总数及其增速（5 个）
	专利	发明专利申请数、授权数及其增速，每万名研发人员发明专利申请数、授权数（4 个）
	科研论文	国内、国际论文数量及其增速，每十万研发人员平均发表的国内、国际论文数（4 个）
知识获取	科技合作	各类科技论文合作数量，每十万研发人员作者同省异单位、异省、异国科技论文数，高校和科研院所研发经费中来自企业的资金（3 个）
	技术转移	技术市场交易金额（按流向），规模以上工业企业国内技术经费支出、引进技术经费支出（2 个）
	外贸企业投资	外商投资企业年底注册资金中外资部分及其增速（1 个）
企业创新	企业研究开发投入	规模以上工业企业研发人员数、R&D 经费数、企业 R&D 经费占销售收入的比例、有研发机构的企业占比（4 个）
	设计能力	企业发明专利申请数、有效发明专利数（4 个）
	技术提升能力	企业研发经费外部支出、技术改造经费支出、有电子商务交易活动的企业数（3 个）
	新产品销售收入	企业新产品销售收入、企业新产品销售收入占销售收入的比重（2 个）

（续）

一级指标	二级指标	三级指标
创新环境	创新基础设施	电话普及率、互联网普及率、科技企业孵化器数量（3个）
	市场环境	进出口总额、科技服务业从业人数、居民消费水平（3个）
	劳动者素质	教育经费支出占GDP的比例、大专以上学历人数占比（2个）
	金融环境	规模以上工业企业研发经费内部支出额中平均获得金融机构贷款额、科技企业孵化器当年获风险投资额、科技企业孵化器孵化基金总额（3个）
	创业水平	高技术企业数及其占规模以上工业企业比重、科技企业孵化器当年毕业企业数（2个）
创新绩效	宏观经济	GDP及其增速、人均GDP（2个）
	产业结构	第三产业增加值占GDP的比重、高技术产业主营业务收入占GDP的比重（2个）
	产业国际竞争力	高技术产品出口额及其增速、占出口总额的比重（2个）
	就业	城镇登记失业率、高技术产业就业人数（2个）
	可持续发展与环保	万元GDP能耗、万元GDP电耗、万元GDP工业污水排放量、亿元GDP废气中主要污染物排放量（4个）

资料来源：中国科技发展战略研究小组，中国科学院大学中国创新创业管理研究中心．中国区域创新能力评价报告2019［M］．北京：科学技术文献出版社，2019.

从一级指标看，企业创新、创新环境和创新绩效表现最好的省份均是广东，知识创造、知识获取两个指数排在首位的分别是北京、上海。报告显示，一个地区的研发投入水平与创新能力密切相关，研发投入总量及来源结构是影响其创新能力的重要因素。从区域来看，南北差距逐渐替代东西差距成为我国区域创新平衡的主要矛盾。特大型城市和东部沿海省份创新能力领先，但重庆、陕西、四川、贵州等西部地区创新势头迅猛，东西差距在逐步缩小；但南北差距进一步拉大，东北转型压力仍然较大，而南方创新速度加快。目前，我国已基本形成四大创新集聚区：以北京为中心的京津冀创新集聚区，以上海为中心的长三角创新集聚区，以广东为中心的珠三角创新集聚区，以成都、重庆、武汉、西安为中心的区域性创新集聚区。①

七、中国城市发展研究会：中国城市创新报告 2019

2019 年 11 月，《中国城市创新报告 2019》发布，这是该系列报告的第七期。该报告是由著名经济学家周天勇等主编的，得到了国家发改委、科技部、商务部等部委支持，成立了中国城市创新能力科学评价课题组，长期追踪国内外城市创新能力的学术研究及实践。在此基础上，2019 年选取了创新环境、创新支撑能力、创新文化力和科技转化能力 4 个维度共 32 项具体指标（见表 3 - 11），对全国 668 个城市进行评价，按照副省级（含）以上、省会级、地级市、县级市 4 类城市行政级别，分列出创新能力综合测评和 4 个单项测评中 TOP10。②

表 3 - 11　中国城市创新指标体系（2019）

一级指标	二级指标	三级指标
创新环境	政策环境	教育支出占 GDP 比重和科学支出占 GDP 比重（1 个）
	社会环境	城镇职工基本养老保险参保人数占比、城镇职工基本医疗保险参保人数占比、失业保险参保人数占比和卫生及社会保障支出与公共财政支出比（3 个）
	生态环境	建成区绿化覆盖率和污水处理厂集中处理率（1 个）
创新支撑能力	人力支撑能力	信息及计算机软件业人员占比、科学研究及技术服务业人员占比和第三产业人员占比（2 个）
	科技支撑能力	每万人国际互联网用户数、每万人移动电话用户数和城市数字中国指数（2 个）

① 中国科技发展战略研究小组，中国科学院大学中国创新创业管理研究中心．中国区域创新能力评价报告 2019［M］．北京：科学技术文献出版社，2019.

② 周天勇，赵滑濮，刘正山，等．中国城市创新报告 2019［M］．北京：社会科学文献出版社，2019.

（续）

一级指标	二级指标	三级指标
创新支撑能力	产业支撑能力	人均 GDP、年末金融机构存款余额和人口自然增长率（2 个）
创新文化力	文教基础	每万人公共图书馆藏书量和教育业人员占比（1 个）
	品牌基础	A 级景区数量和知名企业数（1 个）
	品牌影响力	城市创新影响力、城市综合知名度、A 级景区知名度和知名企业知名度（3 个）
科技转化能力	产业化能力	每万人工业企业数、每万人吸引外商投资额、GDP 增长率、沪深 A 股数量及市值（4 个）
	结构优化	电信业务收入、第三产业占 GDP 的比重和人均工业总产值（2 个）

资料来源：周天勇，赵滑濮，刘正山，等. 中国城市创新报告 2019［M］. 北京：中国社科文献出版社，2019.

报告的综合测评结果显示，副省级（含）以上城市中东部占绝对优势，TOP10 中有 8 城；省会（不含副省级）城市中中部崛起势头明显，长沙、郑州位列前二；地级市中长三角和珠三角平分秋色；县级市中长三角明显优于珠三角。从四个维度来看，创新环境是创新的基础，逐步替代创新投入成为城市创新能力的决定性因素。

八、北京立言创新科技咨询中心：2019 中国创新城市评价报告

2019 年 11 月，北京立言创新科技咨询中心联合多个城市科技管理部门发布了《2019 中国创新城市评价报告》。该报告以欧盟委员会的《欧洲创新记分牌》为参考，同时结合国家统计局的《创新型国家进程统计监测研究》、科技部的《中国区域科技创新评价报告》和 OECD 的《OECD 科学技术和工业创新记分牌》，聚焦创新条件、创新投资、创新活动和创新影响 4 个模块，通过 32 个详细指标，对我国 20 个创新指数较高的城市进行研究（见表3－12）。

表 3-12 2019 中国创新城市评价指标体系

一级指标	二级指标	三级指标
创新条件	人力资源	万人研究与发展人员数、大专以上学历人口占比、百万人口大专院校在校学生数（3 个）
	研究体系	百万人中央属科研机构数、百万人地方属科研机构数、百万人国家重点实验室和工程技术中心数（3 个）
	创新环境	万人国际互联网上网用户数、百万人国家备案众创空间数、百万人国家级科技企业孵化器数、科学研究和技术服务业平均工资比较系数（4 个）
创新投资	资金支持	R&D 经费支出与 GDP 比值、地方财政科技支出占地方财政支出比重（2 个）
	企业投资	企业 R&D 经费支出与 GDP 比值、企业技术获取和技术改造经费支出占企业主营业务收入比重、企业 R&D 人员占企业就业人员比重（3 个）
创新活动	企业创新	有 R&D 活动的企业占比、新产品销售收入占主营业务收入比重、工业企业万名就业人员发明专利拥有量（3 个）
	创新合作	企业 R&D 经费外部支出占企业全部 R&D 经费支出比重、万人输出和吸纳技术成交额（2 个）
	知识资产	每十亿元 GDP 的 PCT 专利申请量、每十亿元 GDP 的注册商标数、每十亿元 GDP 的美国专利拥有量（3 个）
创新影响	影响就业	知识密集型服务业就业人员占全社会就业人员比重、高技术产业就业人员占全社会就业人员比重（2 个）
	影响产出	高技术产品出口额占商品出口额比重，万元 GDP 技术国际收入，信息传输、软件和信息技术服务业增加值占 GDP 比重、亿元 GDP 国家级高新区总收入（4 个）
	发展质量	劳动生产率、资本生产率、综合能耗产出率（3 个）

资料来源：北京立言创新科技咨询中心. 2019 中国创新城市评价报告［R］. 北京：北京立言创新科技咨询中心，2019.

评估结果显示，20 城总体创新水平为 67.12%，同比提高 3.87 个百分点。从同比来看，20 城的创新总指数同比均显著增长，其中南京、成都的增幅高于平均增幅。分区域来看，创新集聚区正在逐步形成，粤港澳大湾区优势明显，深圳、广州分列第2、8位，且深圳的创新活动指数和创新投资指数均位居首位，广州的创新条件指数位居第3位；长三角区域是国内经济总量规模最大、增速最快、最具潜力的板块，涵盖上海、南京、苏州、杭州、宁波等城市；环渤海经济圈中，北京位居榜首，且经济影响指数遥遥领先，天津、济南、青岛和大连与北京遥相呼应，共同带动区域经济发展。此外，武汉、重庆、成都和西安等中西部城市也是国内科创资源丰富、基础条件较好城市。①

九、上海科学技术情报研究所、科睿唯安：2019国际大都市科技创新能力评价报告

2019年9月，上海科学技术情报研究所联合科睿唯安发布《2019国际大都市科技创新能力评价》报告，这是该系列报告的第5期。报告构建了创新趋势、创新主体、创新热点、创新质量和创新合力5个一级指标，选取了10个二级指标、65个三级指标，用来评价上海、北京、深圳、纽约、洛杉矶、波士顿、芝加哥、休斯敦、西雅图、多伦多、柏林、伦敦、巴黎、东京、大阪、斯德哥尔摩、首尔、新加坡、莫斯科和悉尼20个城市的科技创新能力。

综合排名中，北京、波士顿、东京、纽约和西雅图连续两年排名前五。分维度排名中，北京的创新主体、创新热点和创新合力排名均位居首位，深圳、西雅图分别在创新趋势、创新质量上摘得桂冠。报告结果显示，新兴技术中的人工智能、沉浸式体验、无人驾驶等迎来一波浪潮。在创新主体方面，各城市聚焦不同类型的研究机构，我国、日本、美国分别聚焦大型学术研究机构、大型技术研发机构、顶尖科学家。在创新热点方面，专利技术中信息

① 北京立言创新科技咨询中心.2019中国创新城市评价报告［R］.北京：北京立言创新科技咨询中心，2019.

技术是最热门的领域，医药医疗、半导体器件等关注度明显提升；学术研究中肿瘤学受关注度最高，材料科学的研发热情在提升。①

十、上海市经济信息中心：2020 全球科技创新中心评估报告

2020 年 1 月，上海市经济信息中心编制的《2020 全球科技创新中心评估报告》正式发布，对全球经济较发达、知名度较高以及创新力较强的 160 多个城市或都市圈的创新能力进行评估。这是该系列报告的第 3 期。报告构建了一套由 4 个一级指标和 23 个二级指标组成的评价体系，其中一级指标分别为基础研究、创新经济、产业技术和创新环境（见表 3－13）。

表 3－13　全球科技创新中心评价指标体系（2020）

一级指标	二级指标
基础研究	SCI 高引用论文、世界大学排名 TOP200 上榜数量、世界顶级科技奖励获奖人数、大科学设施数、超算中心科学计算能力等
产业技术	PCT 专利申请量、医药化工龙头企业市值、电子信息龙头企业市值、高端制造龙头企业市值、龙头企业 R&D 投入等
创新经济	人均 GDP、数字经济发展、VC 募资、PE 募资、独角兽企业、企业创新力、企业成长性等
创新环境	工作岗位供给、航线连接性、四星和五星级酒店、夜晚灯光平均亮度、创新关键词检索结果数等

资料来源：上海市经济信息中心《2020 全球科技创新中心评估报告》。

报告评出的 2020 全球科技创新中心综合百强城市分布于全球 37 个国家。分区域来看，美国保持最发达的科技创新能力，在前十强中占比过半；欧洲科技创新中心数量略有增长；中国城市排名上升趋势明显。从评分来看，前 5 名仍然是美国硅谷、纽约－纽瓦克、英国伦敦、法国巴黎和美国波士顿，北

① 顾震宇 . 2019 国际大都市科技创新能力评价研究发现［J］. 竞争情报，2019（05）.

京和上海分列第 7、12 位。从指标来看，基础研究对科技创新中心能级具有决定性作用，总排名前 5 的城市中有 4 城的基础研究位居前 5 名。①

十一、德勤：超级智能城市评价模型

2019 年 12 月，德勤发布《超级智能城市 2.0——人工智能引领新风尚》报告。该报告在超级智能城市 1.0 的基础上，构建了 4 个维度 19 个指标的超级智能城市评价指标体系（见表 3－14），对我国 26 个城市的智慧城市发展现状进行了滚动更新，以求识别出目前智慧城市新一年的发展现状。相比 1.0 版本，2.0 版本的二级指标新增了人工智能。

表 3－14　超级智能城市评价指标体系

评估维度	具体指标	指标解释
创新能力	创新基础	创新基础、创新环境
	创新可持续性	创新投入、创新产业、创新可持续发展生产力
	科研人才	人才规模、人才结构、人才发展
领域渗透	智能经济	智能物流、智能零售、智能产业移动支付和移动设备应用情况
	智能安防	城市摄像头分布密度，城市安防监控系统建设情况
	智能交通	交通运行情况，出行服务，长远规划与决策，安全性等
	智能生活	居民获取社区公共服务设施和信息医疗系统的普及程度，居民电子健康档案建成情况
	智能教育	学校、家庭和公共场域智慧学习环境和服务资源的便捷性和水平
	智能环境	环境信息集成系统、环境质量公共检测系统和环境管理公共服务系统建设水平和应用成效，城市单位 GDP 能耗降低水平

① 全球科技创新中心评估报告编制课题组．2020 全球科技创新中心评估报告［R］．上海：上海市经济信息中心，2020.

（续）

评估维度	具体指标	指标解释
技术能力	物联网	城市物联网建设产业规模
	人工智能	人工智能产业及技术发展程度
	云计算	城市云计算中心数目、政府云计算中心建设情况
	宽带网络	全市宽带用户普及程度
	大数据	大数据相关政策环境、投资热度、产业发展、人才状况、网民信心 5 项平均
智能战略	战略全面性	城市建立的智慧建设规划和配套政策在六大领域（经济、安防、生活、交通、教育、环境）覆盖率
	战略执行力	城市政府、城规部门及城市管理者对智慧城市建设规划及各项事务执行力度，政策时效性和跟进程度
	战略前瞻性	城市所建立的智慧城市建设跨时间协调程度，通过建立短、中、长不同时间维度的城市规划提升智慧建设水平和管理水平
	战略投资额	城市智慧城市建设市场化投融资机制完善性及成果
	在线政府指数	政府网站提供信息公开、在线办事、网络问政、政民互动、科学决策的绩效

资料来源：德勤《超级智能城市 2.0——人工智能引领新风尚》。

结果显示，智能城市的发展水平与经济发展水平具有一致性，但在经济快速发展的部分城市中存在智能城市发展水平落后于经济发展水平的情况，如南京、长沙、无锡、厦门、大连等；也存在经济后发城市智能城市规划和建设领先的情况，如成都、重庆、郑州等。从分项指标来看，四大一线城市在四个方面均独占鳌头，13 个二线发达城市势均力敌，其他城市提升空间大。①

① 德勤. 超级智能城市 2.0——人工智能引领新风尚［R］. 2019.

十二、华夏幸福：城市创新创业活力指数

创新创业活力是指都市圈中核心城市创新潜力、创业活力、创新能力、创新效率。由于国内外城市在经济形势、政策环境及创新环境等多方面存在显著差异，华夏幸福产业研究院联合中国科学院大学企业管理研究中心于2018年11月发布“全球创新创业城市活力指数”和“中国创新创业城市活力指数”两套评价体系，其宗旨是通过科学测算和系统分析，全面精准地描述和揭示当前全球主要都市圈中核心城市的创新活力水平和创业发展现状。

（一）全球创新创业城市活力评价指标体系

全球创新创业城市活力评价指标体系涵盖了3个一级指标、8个二级指标和22个三级指标（见表3－15）。

表3－15　全球创新创业城市活力评价指标体系

一级指标	二级指标	三级指标
创新创业环境要素	1. 经济发展水平	1.1　城市GDP
		1.2　人均GDP
		1.3　经济整体升级潜力（金融市场指数、经济指数、智力资本）
	2. 政策环境	2.1　对创业者及小微企业的政策支持力度
		2.2　创业者及小微企业权益的法律保护力度
		2.3　政府治理能力与生活质量（健康指数、安全指数、保障指数、政治权力指数）
	3. 国际化水平	3.1　海外资金、技术要素吸引力
		3.2　世界500强企业总部数量
	4. 互联网渗透率	4.1　人均移动上网时长
		4.2　人均电脑上网时长
		4.3　上网人数占人口比

（续）

一级指标	二级指标	三级指标
创新创业行为要素	5. 潜在创业者	5.1 世界前 300 名大学在校人数
		5.2 一流大学数量
		5.3 区域外优秀人才的吸引力
	6. 创新投入	6.1 R&D 占 GDP 比重
		6.2 每千人科研人员数量
	7. 创业支持	7.1 城市文化发展能力
		7.2 城市创业氛围
		7.3 全球知名大学孵化器的数量
创新绩效	8. 创新产出	8.1 每亿美元 GDP 发明专利授权量
		8.2 每万人专利申请量
		8.3 城市主导产业活力

资料来源：中国科学院大学中国企业管理研究中心、华夏幸福产业研究院《2018 全球城市创新创业活力排行榜（国际篇）》。

综合评价结果显示，纽约、东京、巴黎、伦敦、洛杉矶、北京、特拉维夫、慕尼黑、深圳和旧金山处于 31 个都市圈核心城市的第一梯队。我国入围第一梯队的城市及排名分别为北京第 6 名、深圳第 9 名。报告显示，国际化水平是创新创业活力的关键影响因素，第一梯队的 10 城均位居全球国际化水平 TOP15。

（二）中国创新创业城市活力评价指标体系

中国创新创业城市活力指数的评价指标体系主要包括 4 个维度 23 个指标，4 个维度分别为创新基础、创新活力、创新环境和创新设施（见表 3－16），重点选取全国 38 个都市圈核心城市区域中心城市进行评价。

综合评价结果显示，我国创新整体呈现“南强北弱、底盘效应”趋势，其中北京、深圳和上海位于第一梯队，属于“尖峰”型城市。“南强北弱”具体表现为在前三梯队 13 城中南方城市有 10 城，北方仅有北京、天津和西安3城；中西部、东北部区域在追赶过程中呈现“底盘效应”，即追赶速度的快慢主要由周边更广泛的腹地区域而非核心地区来决定。

表3－16 中国创新创业城市活力评价指标体系

一级指标	二级指标
1. 创新基础	1.1 专利数量
	1.2 每千人/科研人员数量
	1.3 R&D投入
	1.4 R&D占GDP比重
2. 创新活力	2.1 虚拟社区的数量
	2.2 虚拟社区活跃程度
	2.3 城市年轻指数（年轻人口比例）
	2.4 创新创业主题网页数量
	2.5 百度指数
	2.6 代表性咖啡馆数量
3. 创新环境	3.1 机场乘客吞吐量
	3.2 中小型企业总数
	3.3 新三板企业数量
	3.4 政府发布相关信息（频次）数量
	3.5 创业板企业数量
	3.6 股票交易市场活跃程度
	3.7 互联网普及率（上网人数占人口总数百分比）
4. 创新设施	4.1 众创空间指数
	4.2 公共管理与公共设施数量
	4.3 商业服务设施数量
	4.4 创意设计企业数量
	4.5 园区数量
	4.6 移动终端数量（移动用户数量）（万户）

资料来源：中国科学院大学中国企业管理研究中心、华夏幸福产业研究院《2018全球城市创新创业活力排行榜（国内篇）》。

十三、国内学者构建的创新能力评价体系

除了上述国内较成熟的国家部门或研究机构的创新能力评价指标体系外，国内相关学者自 2000 年以来一直密切关注区域的创新能力，相关成果也层出不穷。喻金田、黄燕婷（2012）对 2006—2011 年 33 篇创新型城市评价指标体系进行分析，出现次数排名前 10 的指标见表 3－17。①

表 3－17　2006—2011 年 33 篇创新型城市评价指标出现次数 TOP10

排序	指标名称	出现次数	排序	指标名称	出现次数
1	专利授权数	20	6	技术市场成交额	13
2	互联网用户数	17	7	专利申请量	13
3	人均 GDP	16	8	科技论文数	11
4	科技进步贡献率	15	9	科研机构数量	11
5	高新技术产业总产值占工业总产值的比重	15	10	政府科技拨款占财政支出比重、三产占 GDP 比重	11

资料来源：喻金田，黄燕婷. 创新型城市评价指标体系研究：基于国内理论与实践的对比分析［J］. 科技管理研究，2012（14）.

吕拉昌、谢媛媛和黄茹（2013）对我国珠三角、长三角、环渤海三大都市圈内 40 个地级以上城市的创新能力进行评价，构建了 4 个维度 20 个具体指标的评价体系（见表 3－18）。通过该评价体系把样本城市分为创新型城市、创新潜力型城市、创新接受型城市和创新依赖型城市四大类。② 评价结果显示，为建立合理的创新城市体系，珠三角亟须培养创新潜力型城市；

---

① 喻金田，黄燕婷. 创新型城市评价指标体系研究：基于国内理论与实践的对比分析［J］. 科技管理研究，2012（14）.

② 吕拉昌，谢媛媛，黄茹. 我国三大都市圈城市创新能级体系比较［J］. 人文地理，2013（03）.

长三角的目标是加快创新依赖型城市向创新接受型城市的升级；环渤海需要提高后三类城市的创新能级，不断缩小创新潜力型城市与创新型城市之间的差距。

表 3-18　三大都市圈城市创新能力评价指标体系

一级指标	二级指标
知识创新能力	普通高等学校数、普通高校在校学生数、万人国际互联网用户数、百人公共图书馆藏书量、政府教育事业支出占财政总支出比重
技术创新能力	专业技术人员数、授权专利数、高新技术产业产值、政府科技事业支出占财政总支出比重
产业创新能力	GDP、第三产业产值、三产占 GDP 比重、高新技术产业产值占 GDP 比重
创新环境支撑	城市化水平、人均可支配收入、人均固定资产投资额、人均实际利用外资金额、社会消费品零售总额、影剧院数、货物运输量

资料来源：吕拉昌，谢媛媛，黄茹. 我国三大都市圈城市创新能级体系比较［J］. 人文地理，2013（03）.

喻焱文、彭华涛（2014）从创新资源、创新能力、创新环境 3 个维度构建创新区域评价指标体系（见表 3-19），其中创新资源是区域开展创新的物质基础，包括创新人力资源、创新财力资源、创新物力资源和创新知识资源 4 部分；创新能力通过区域内企业、政府、研究机构等创新主体表现出来，各种创新主体的协同能力对区域创新能力提升具有重要影响；创新环境是区域创新的支撑条件，主要包括经济环境、教育环境、文化环境、政治法律环境、金融环境、交通通信环境、社会中介服务环境等。①

① 喻焱文，彭华涛. 创新型区域三维评价标准与指标体系研究［J］. 科技进步与对策，2014（14）.

表 3－19　创新区域评价指标体系

类别	特征指标	
创新资源	创新人力资源	每万人中大学及以上学历毕业生数、每万人科学家与工程师人数
	创新财力资源	全社会 R&D 投入占 GDP 比重、人均 R&D 投入、科技三项经费占政府财政支出比重
	创新物力资源	拥有研究开发机构的大中型企业所占比重、社会研究开发机构数、国家级工程中心数
	创新知识资源	每万人拥有专利授权量、发明专利占专利授权量比重、企业专利占专利授权量比重、每万人拥有三大系统收录的科技论文数
创新能力	知识创新能力	发明专利申请量占专利申请量比重
	技术创新能力	技术市场合同交易量
	新技术产业化能力	企业新产品销售收入占产品销售收入比重、高新技术产业增加值占 GDP 比重、科技进步对经济增长的贡献率
	制度创新能力	科研设施平台开放共享度、创新政策完善度
创新环境	经济环境	人均 GDP、登记失业率
	文化环境	每万人公共图书馆藏书量
	教育环境	青年受高中以上教育程度人口数
	政治法律环境	社会犯罪率、知识产权保护度、法制化健全度
	金融环境	金融网点覆盖率
	交通通信环境	区域公共交通便捷度、每百人互联网用户数
	社会中介服务环境	社会中介服务完善度

资料来源：喻焱文，彭华涛．创新型区域三维评价标准与指标体系研究［J］．科技进步与对策，2014（14）．

第三节　评价指标体系比较研究

对区域创新能力进行评价的核心是构建评价指标体系。只有通过指标体系对区域的创新能力进行量化，才能对其进行横向和纵向比较，以评价该区域创新能力的相对地位以及发展趋势。从财力投入类、人力投入类、专利产出类、论文产出类、产品类、教育类、就业类、信息类八大类指标来对比国际与国内的创新能力评价指标体系，可发现各自指标体系的优劣势，为构建科技城市创新能力评价指标体系奠定基础。

一、国际创新能力评价指标体系比较

国际创新能力评价指标体系呈现出注重均衡、定位明确、动态变化三大特点。首先，国际创新能力评价指标体系普遍注重发展与民生的均衡，不仅涵盖经济发展类指标，而且包括了社会发展、人们生活类指标。其次，服务决策的功能定位明确，评价创新能力的主要目的是为本区域政府制定建设创新系统的相关政策提供依据。最后，指标体系随着时代的变化而动态变化。

目前国际研究机构和学者基本上都采用了树状评价指标体系，一般分为 3 个层级。从一级指标来看，普遍设计 5 个维度，但侧重点各有不同。“全球创新指数”侧重于说明各国的创新总实力，近年来更加关注创新环境营造、创新质量高低、能源等对创新的影响。“全球知识经济指数”侧重于基础指标和创新环境的测度，但常用到的 R&D 经费未进入到测量指标中。“欧洲创新记分牌”侧重于研究驱动因素、公司活动以及创新产出等创新绩效，采用比例、比重等相对指标，而非反映整个国家创新实力的绝对指标。波特的“国家创新能力指数”建立在比较完整的问卷调查和理论研究基础上，大量采用定性指标。“硅谷指数”指标未集中在经济领域，大部分指标与居民生活息息相关，如就业、教育、自然环境、社会治安、区域管理参与等。“全球知识竞争力指数”注重衡量各地区的知识容量、发展能力及可持续性，重点评价将知识转换成经济价值和该地区居民财富的能力。“全球创新城市评价体系”关注文化、软硬基础设施、发生网络联系的市场三类能够激发创新的指标，即侧重创新环境的评价。“创意城市评价指标”主要集中在创意产业、创意阶层、创意文化三方面；忽视了政府政策和宏观调控对创意城市发展的推动作用，同时也未看到基础设施对吸引创意人才的重要作用（见表3-20）。

表3-20　国际机构发布的区域创新能力评价一级指标汇总

序号	名称	发布机构	一级指标
1	全球创新指数	康奈尔大学、欧洲工商管理学院和联合国专门机构世界知识产权组织	制度、人力资本和研究、基础设施、市场成熟度、商业成熟度5个输入量，知识和技术输出、创新输出2个输出量
2	全球知识经济指数	世界银行	经济和体制机制、技术人员、有效创新系统、信息与通信技术基础建设4个维度
3	2019全球竞争力报告	世界经济论坛	制度、基础设施、信息通信技术采用、宏观经济环境、健康、教育和技能、产品市场、劳动力市场、金融体系、市场规模、商业活力与创新12项
4	欧洲创新记分牌	欧盟委员会	框架条件、投资、创新活动、影响
5	国家创新能力指数	波特等	科学与工程人力、创新支持政策、集群创新环境、创新要素联系、公司创新战略和行动5类
6	全球知识竞争力指数	国际竞争力中心	人力资本、知识资本、金融资本、知识可持续性、区域经济产出5个
7	全球创新城市评价体系	2 Think Now	文化资产即创意的源头、实施创新所需的软硬基础设施、发生网络联系的市场3个
8	硅谷指数	硅谷联合投资	人口、经济、社会、空间和地方政策5部分
9	创意城市评价指标	Potts和MacDonald	文化、创新、地区、宜居性、交通、开放性、全球性、人力资源、社会资本、管制、商业活动、创业、ICT、环境

资料来源：鑫创科技产业研究院整理。

由于“全球知识经济指数”“全球竞争力指数”“国家创新能力指数”“全球知识竞争力指数”和“全球创新城市评价体系”5个评价体系中具体指标缺失，“创意城市评价指标”与其他指标差别较大，因此仅对其他3家机构的具体指标进行对比。通过对比发现，3家机构普遍重视8类指标中的财力投入类、人力投入类、专利产出类、产品类、教育类、就业类、信息类，但对论文产出类指标关注度较低，仅“全球创新指数”采用了科技论文这一个指标，具体对比见表3-21。

表3-21 国际机构发布的区域创新能力评价具体指标对比

指标类别	全球创新指数	欧洲创新记分牌	硅谷指数
财力投入类	R&D经费投入及其占GDP的比重、企业R&D经费支出与GDP的比值、中学生人均政府支出占比、教育支出在GDP中的占比、风险投资	R&D经费投入、R&D经费支出与GDP的比值、企业R&D经费支出与GDP比值、风险投资	财政总支出、风险投资
人力投入类	企业研究人员占全部研究人员的比重、科学和工程专业毕业生占比、全职研究人员和高等教育入境留学生占比	外国博士占博士生比重、每千名25~34岁人口中博士毕业生占比、每千名25~34岁人口中完成高等教育的占比等	科技活动人员、科学家和工程师数
专利产出类	每十亿GDP的PCT专利申请数、专利申请量、工业品外观设计申请量、商标申请量	每十亿GDP的PCT专利申请数、每十亿GDP的设计申请数、每十亿GDP的商标申请数	专利注册量
论文产出类	科技论文	—	—
产品类	高技术出口减去再出口在贸易总额中的占比	高技术产品出口额占商品出口额比重	—

（续）

指标类别	全球创新指数	欧洲创新记分牌	硅谷指数
教育类	中学生教师比、高等教育入学率	—	受教育程度、公立幼儿园占比、儿童入园率、高中生毕业率等
就业类	高级学位女性员工在总就业中占比	快速增长的创新企业就业人员占就业人数比重	人才流动与多元化
信息类	政府网络服务、ICT 普及率及利用率等	带宽达到 100Mb/s 企业占比重	计算机和互联网用户占比

资料来源：鑫创科技产业研究院整理。

二、国内创新能力评价指标体系比较

鉴于针对城市的两个评价指标“新型智慧城市评价指标”“超级智能城市评价模型”与其他有关创新能力的评价指标差别较大，而学者对创新能力的评价指标体系尚未形成连续的评价结果，因此仅对研究机构发布的评价指标体系进行对比。目前机构普遍采用树状评价指标体系，一般分为 2～3 个层级，形成比较明确的隶属关系。

从一级指标来看，机构大多设计 4～5 个维度，10 家机构中有 6 家机构采用了创新环境这个维度，有 5 家机构采用了评价创新绩效的维度，但名称不尽相同，分别为创新绩效、创新活动绩效、创新影响、创新成效、科技促进经济社会发展（见表 3－22）。

表 3－22　国内机构发布的区域创新能力评价一级指标汇总

序号	名称	发布机构	一级指标	一级指标个数
1	中国创新指数研究	国家统计局	创新环境、创新投入、创新产出、创新成效	4

（续）

序号	名称	发布机构	一级指标	一级指标个数
2	国家高新区创新能力评价报告（2019）	科技部火炬中心	创新资源集聚、创新创业环境、创新活动绩效、创新的国际化、创新驱动发展	5
3	国家创新型城市创新能力评价报告 2019	中国科学技术信息研究所	创新基础、创新特色	2
4	中国区域科技创新评价报告 2019	中国科学技术发展战略研究院	科技活动投入、科技活动产出、高新技术产业化、科技创新环境、科技促进经济社会发展	5
5	中国区域创新能力评价报告 2019	中国科技发展战略研究小组	知识创造、知识获取、企业创新、创新环境、创新绩效	5
6	中国城市创新报告 2019	中国城市发展研究会	创新环境、创新支撑能力、创新文化力、科技转化能力	4
7	2019 中国创新城市评价报告	北京立言创新科技咨询中心	创新条件、创新投资、创新活动、创新影响	4
8	2019 国际大都市科技创新能力评价报告	上海科学技术情报研究所、科睿唯安	创新趋势、创新主体、创新热点、创新质量、创新合力	5
9	2020 全球科技创新中心评估报告	上海市经济信息中心	基础研究、创新经济、产业技术、创新环境	4
10	中国创新创业城市活力评价指标体系	华夏幸福	创新基础、创新环境、创新活力、创新设施	4

资料来源：鑫创科技产业研究院整理。

由于“国际大都市科技创新能力”评价体系中具体指标缺失，因此仅对其他 9 家机构的具体指标进行对比。9 家机构中有 8 家涉及专利产出类、财力投入类指标，仅“中国城市创新系列报告”未涉及这两类指标；涉及人力投入类指标的有 7 家，“全球科技创新中心评估报告”和“中国城市创新系列报告”未包含这类指标；涉及能耗、产品两类指标的均有 6 家；涉及教育类、论文产出类、信息类指标的分别有 5 家、4 家、4 家，但具体指标不同（见表 3－23）。

表 3－23　国内机构发布的区域创新能力评价具体指标对比

类型	机构个数	具体指标名称
专利产出类	8	发明专利申请数、授权数及其增速；每万名研发人员发明专利申请数、授权数、拥有量；PCT 专利申请量、每十亿 GDP 的 PCT 专利申请量；每万名 R&D 人员专利授权数、发明专利授权数占专利授权数的比重；工业企业万名就业人员发明专利拥有量；每十亿 GDP 美国专利拥有量
财力投入类	8	R&D 经费数及占 GDP 比重；基础研究人员人均经费，每名 R&D 人员研发仪器和设备支出；龙头企业 R&D 投入，企业 R&D 经费占销售收入的比例，R&D 经费占主营业务收入比重，企业 R&D 经费外部支出占企业全部 R&D 经费支出比重
人力投入类	7	研发人员全时当量，每万人研发人员全时当量，研发人员总数及其增速，万人 R&D 研究人员数，企业 R&D 研究人员占比，世界顶级科技奖励获奖人数，十万人博士毕业生数
能耗类	6	万元 GDP 能耗、万元 GDP 电耗、万元 GDP 工业污水排放量、亿元 GDP 废气中主要污染物排放量，工业企业万元增加值综合能源消费量，综合能耗产出率，空气质量优良率、环境质量指数、环境污染治理指数
产品类	6	高技术产品出口额及其增速、占出口总额的比重，企业新产品销售收入、占主营业务收入比重
教育类	5	劳动力中大专及以上学历人数，万人大专以上学历人数，理工科毕业生占适龄人口比重，大专以上学历人数占比，万人普通高等学校在校学生数

（续）

类型	机构个数	具体指标名称
论文产出类	4	国内、国际论文数量及其增速，每十万研发人员平均发表的国内、国际论文数，各类科技论文合作数量，每十万研发人员作者同省异单位、异省、异国科技论文数，SCI 高引用论文，每万人科技论文数
信息类	4	万人移动互联网用户数、互联网普及率、万人国际互联网上网用户数

资料来源：鑫创科技产业研究院整理。

三、国际国内评价体系比较对我国的启示

通过对比国际国内有关创新能力的评价指标体系，发现国际国内评价体系都随着时代的变化而变化，两者的不同点主要集中在以下三方面：一是国际研究更侧重创新理论、注重城市创新软条件建设，高度关注人的创新意识并使之成为城市发展的内在动力机制，追求城市治理创新，实现城市精神与物质共同发展、相互促进；但国内研究更侧重实证数理分析、注重城市创新硬条件建设，从产业、技术、资源、科技、人文等不同方面的创新来描述和度量创新型城市。二是国际研究更侧重发展与民生的均衡，包括产业集群、收入、就业、教育、自然环境、社会治安、区域管理参与等多个方面；而国内研究更侧重发展，对民生的关注相对较少，如对早期教育、环境、女性参与、健康质量与安全等软指标重视不够。三是国际研究对服务决策的功能定位明确，国内研究对政府决策的指导意义较弱。因此，建立一个科学合理、操作性与实践性并重的科技城市评价模型应在以下几个方面着重考虑：

首先，深入把握科技城市的内涵、特征和运行机制。目前国内外对“科技城市”的内涵、特征和运行机制等方面尚未达成共识。从国外领先的科技创新型城市的发展实践来看，差异化是科技城市持久健康发展的独特优势，

也是避免城市人口外流的重要基础。科技城市发展模式能够将城市群和都市圈内产业、城市、人才、资本四方要素有效融合，任何一个要素的缺失都会导致“木桶效应”。因此，应在深入把握科技城市的内涵、特征和运行机制基础上，综合城市创新硬条件、软环境两方面要素评价科技城市的创新能力。

其次，合理区分科技城市类型，扩大模型适用范围。国外创新能力评价模型最大的局限性在于适用范围有限，即没有在充分分析创新城市类型的基础上进行有区别的设置，使评价体系适用的普遍性、可比性受到限制。实际上，不同的科技城市会结合自身专属特色形成不同的创新驱动要素，如资源特色、区位特色、产业特色、历史特色、文化特色等。只有坚持走特色化、差异化的发展道路，才能最终实现创新资源的分层流动和优化配置。基于此，根据科技城市所处的不同阶段、不同的侧重点，以及科技城市的不同类型，构建指标、权重均具备差异化的科技城市评价方法及与之相关的指标体系，是推进科技城市建设，继而推进创新型区域和创新型国家建设的客观要求。

最后，科学筛选科技城市创新能力评价指标。遵循构建评价体系的可比、可操作、可量化原则，兼顾指标的全面性与独立性，科学筛选科技城市创新能力评价指标，提高评价的效度、信度。一是综合评价和分类评价相结合，在综合评价科技城市整体创新能力基础上，突出分类评价指标对不同类型城市的指导性。二是定性、定量相结合。综合运用专家评价法、层次分析法（AHP）等筛选初次指标，结合主成分分析法等定量统计手段进行数据拟合、再次筛选。

第四章 IOD模式下科技城市创新能力评价方法

除评价指标外，评价对象、权重系数和评价方法也是多指标综合评价的决定要素。此外，在确定权重系数之前，需要选择合适的方法对样本数据进行处理，以消除度量单位、数量级、内在属性的差异。

本章主要研究国内外在城市创新能力评价时评价对象的选择方法、数据的处理方法、权重系数的确定方法和综合评价方法，为本书的科技城市创新能力评价提供参考。

第一节　国际创新能力评价方法

从已有评价体系和研究来看，国外创新能力评价体系基本都包括选定评价对象、查找数据、数据标准化和处理异常值等数据处理、对各指标分配权重、计算整体得分几个主要步骤。主要方法有主成分分析法、因子分析法、RBF 神经网络、模糊综合评价法、理想解法、层次分析法、面向层次结构的竞优分析方法、多指标可拓综合评价方法、灰色理论、非线性加权综合评价法、云理论、竞赛图法、突变理论等，采用的形式多为定性指标与定量指标相结合，对待定量指标的根本思路是将定性指标转化为定量指标，这与个别评价指标体系略有差别。①

除了欧洲创新记分牌的评价对象大多是欧盟成员国外，其他的基本都包含全球各个创新能力表现良好的国家、城市或地区。

本书前面所列举的都是权威的国际创新能力评价体系，多由国家、国际组织联合高校等机构开展，数据要求尤为严格，基本以国家权威发布的数据或政府的创新调查为基础和数据来源。例如全球创新指数，其指标来自联合国、世界银行、国际货币基金组织等 30 余家国际重要组织的报告和研究成果，具有较高的权威性。对于缺失的数据，有些指标体系进行了数据的估算或是替代；而对于无法估算或替代的数据，有些报告在创新理论指导下开展

① 杜雅萍. 国内外创新能力评价体系研究［J］. 科技风，2018，356（24）.

了创新能力专项调查，以期收集更加细微和准确的数据。

进行数据标准化处理是因为不同评价指标的量纲和量纲单位一般不同，这样会影响数据分析的结果。为了消除指标之间的量纲影响，需要进行数据标准化处理，使得指标之间具有可比性。指标经过数据标准化处理后处于同一数量级，适合进行综合对比评价。在进行数据标准化后，难免会出现异常值。异常值有正离群值与负离群值，正离群值被识别为那些国家分数高于所有国家或地区的平均值加上两倍的标准差，负离群值是指那些国家分数低于所有国家或地区的平均值减去两倍标准差的国家。在全球创新指数报告中，这些异常值被替换为多年来和所有国家或地区中观察到的最大值和最小值。

一、欧洲创新记分牌

1. 确定评价对象

由于 EIS 的设立是为了评价欧盟的创新能力，用以维持欧盟的创新领先性，因此评价对象局限于欧洲成员国和欧盟外一些创新能力比较突出的发达国家。

2. 查找数据

EIS 使用的数据基本上都是欧盟统计局或欧盟创新调查局等权威机构发布的最新统计数据。对于使用 CIS 数据的六个指标，数据最多可使用四年，因为 CIS 数据每两年仅收集一次。对于几乎所有欧盟成员国，数据可用性在 70% ~85%。对于非欧盟国家或地区，数据可用性相对更高。

3. 处理数据

第一步，找出并取代异常值。这些异常值被替换为多年来这些国家或地区中观察到的最大值和最小值。第二步，估算缺失值。EIS 将许多缺失的指标值替换为上一年的值。如果所有年份都缺少数据，则不会推算任何数据（这意味着该指标不会对综合创新指数有所贡献）。第三步，确定最高分数和最低分数。最高分数是在八年内在所有国家或地区中发现的最高分数，不包括异常值。同样，最低分数是在所有国家或地区中八年内发现的最低分数，也不包括负异常值。第四步，转换国家或地区中分布高度偏斜的数据。大多数指标是分数指标，其值介于 0 ~ 100%。其中一些指标是非约束指标，其值不限于上限。这些指标可能非常不稳定，并且数据分布可能偏斜（大多数国家的绩效水平较低，而少数国家的绩效水平异常高）。对于整个八年期间的偏度程度都大于 1 的这些指标，使用平方根（即使用指标值的平方根而不是原始值）对数据进行了转换。对于指标如机会驱动的企业家精神、非研发创新支出、公共研发支出中的私人共同出资以及商标申请的数据已转换。第四步，计算重新换算后的分数。首先用某个指标值减去最低分数，然后除以最高分数和最低分数之间的差额，来计算所有年份的国家分数的重新放缩分数（在校正了异常值和可能的数据转换之后）。因此，最大重新缩放分数等于 1，最小重新缩放分数等于 0。对于正值离群值和负值离群值，重新缩放分数分别等于 1 或 0。

4. 计算综合创新指数

对于每个指标均赋予相同权重（如果有 27 个指标的数据，则每个指标被赋予 1/27 的权重），然后进行加权计算。

5. 计算相对于欧盟的表现得分

相对于欧盟的绩效得分为相应国家或地区的 SII 除以欧盟的 SII 乘以 100。值得一提的是，EIS 采用集群分析法将国家以创新绩效为依据分为四类：创新领先型、创新强大型、创新中等型和创新保守型。创新领先型是相对绩效超过欧盟本年平均水平 120% 的所有国家；创新强大型是相对绩效超过欧盟平均水平 90% ~120% 的国家；创新中等型和创新保守型则分别是欧盟平均水平的 50% ~90% 及 50% 以下的国家。在众多的多变量分析方法中，集群分析法是比较简单的一种。

二、全球竞争力报告

1. 评价对象的选择

由于全球竞争力指数旨在帮助我们从全球经济发展中汲取经验教训，同时还有助于应对当今经济、政治、技术和社会背景下关于竞争力的关键新问题。因此，此指标体系尽可能地包含了全球具有竞争力的国家。《2019 全球竞争力报告》对全球 141 个国家或地区进行了全面的量化分析，并对它们的未来经济走势给出了预测与判断。

2. 查找数据

由于本报告是由世界经济论坛发布的，因此数据均来自世界经济论坛。

3. 数据处理

首先，估算缺失值。出于计算的目的，全球竞争力报告估算了缺失和过时的值。但如何进行估算，官方报告中并未给出解释。其次，进行数据标准化。为了汇总不同性质和大小的指标，每个指标都使用最小—最大转换法转换为从 0 到 100 的无单位得分，称为“进度得分”。每个指标将根据如下公式重新缩放：

$$score_{i,c} = \left(\frac{value_{i,c} - wp_i}{frontier_i - wp_i}\right) \times 100$$

其中，$value_{i,c}$是 c 国家的指标 i 的原始值；wp_i是最差表现值，即指标 i 的最低可接受值；$frontier_i$是前沿值，即对应于可能的最佳结果。

对于所有指标，前沿值和最差表现值始终分别为 7 和 1。

4. 赋予权重并进行汇总计算

每个指标都是取其子指标得分的算术平均值来计算的。所以，总体分数是 12 个二级指标的分数的平均值。每个指标都被赋予相同的权重，由于二级指标和三级指标数量过多，这里只选取了部分指标进行示例（见表4-1）。

表4-1 全球竞争力报告指标权重分配情况

一级指标	二级指标	三级指标
有利环境	机构8.3%	安全、社会资本等8个三级指标各占12.5%
	基础设施8.3%	运输基础设施、公用事业基础设施各占50%
	ICT的采用8.3%	—
	宏观经济稳定8.3%	—
市场	产品市场8.3%	国内市场竞争和贸易开放各占50%
	劳动力市场8.3%	灵活性和绩效与激励各占50%
	金融系统8.3%	深度和稳定性2个三级指标
	市场规模8.3%	—
人力资本	健康8.3%	—
	技能8.3%	现有劳动力和未来劳动力各占50%
创新生态系统	商业活力8.3%	行政要求和创业文化各占50%
	创新能力8.3%	多元化与协作、研究与开发、商业化3个三级指标

资料来源：世界经济论坛发布的《2019全球竞争力报告》。

三、全球知识竞争力指数

1. 评价对象的选择

首度公布的《全球知识竞争力指数2002》在全球范围内选择了90个“世界知识经济领先地区”（以中心城市为主，或以其他一些城市为中心的地区）进行排序①。从2003年开始，评价对象增加到了125个，并且延续至今。这125个地区包括北美55个、欧洲45个、亚太地区25个。疆域较小的以国家为单位，如瑞士、挪威、丹麦和新加坡等。还有一些则是以州或省为单位，

① Elinor Ostrom. A Method of Institutional Analysis, In Franz- Xaver Kaufman, Giandomenio Majone, Vincent Ostrom, eds. Guidance, Control, and Evaluation in the Public Sector [M]. New York: Walter de Cruyter, 1996.

如美国有 49 个城市或城市群、加拿大有 6 个省、德国有 8 个州入选。我国有北京、上海、天津、珠江三角洲、香港和台湾 6 个地区或城市入选；而非洲、南美洲和俄罗斯没有地区入选，表明这些地区经济增长不足和缺乏创新活力。

2. 查找数据

该指标体系主要使用的是硬性指标，因此查找数据较为容易。除此之外，该指数的发布机构还会对一些世界领先地区的政策决定者进行问卷调查。

3. 数据处理及综合计算

为了计算综合的全球知识竞争力指数，首先将所有数据进行转换，将均值和方差分别设置为 0 和 1。然后采用因子分析法对数据进行处理。因子分析的主要目的是浓缩数据，用于通过揭示将看似无关的多个变量链接在一起，得出几个因子，从而简化一组观察到的变量之间存在的复杂多样的关系，进而提供对数据底层结构的见解。最后，采用一种定量分析技术——数据包络分析（DEA），用于从上述子复合指数中获得单个复合指数。DEA 模型可以描述如下：令 x_{ij}（$i=1, \cdots, m$）为区域 j（$j=1, \cdots, n$）的 m 个子复合指数的得分。然后将区域 j 的综合得分（在此处表示为 C）最大化为：

$$max\ C_j = (V_1 x_1 + \cdots + V_m x_{mj})$$

$$(V_1 x_1 + \cdots + V_m x_{mj}) \leqslant 1(j = 1, \cdots, n)$$

其中，$V_i>0$，i 可以取任何数值。

随后，将 DEA 分数转换为平均值为 100 的分数，其方差与原始变量的方差相似。为此，该体系首先将原始变量转换为它们的平均值为 100（即将每个变量的区域得分除以其平均值，然后再乘以 100）。然后，对转换后的变量的方差取几何平均值。最后，将区域 1 ~ n 的 DEA 分数标准化，将其乘以（方差）原始分数，再加上 100。获得的分数的平均值等于 100，仍然保持区域之间的相对距离，但其方差与原始变量相似。这样，所有得分都将转换为平均值为 100 的数字，从而有助于直观地了解各地区在排名表中的位置。

四、其他指标体系的评价方法

全球创新指数的数据来源除了世界知识产权组织（WIPO），还来自国际能源署（IEA）、联合国教科文组织（UNESCO）、联合国工业发展组织（UNIDO）、世界贸易组织（WTO）和欧盟委员会联合研究中心（JRC）等国际公共机构。该体系的发布机构还与国际标准化组织（ISO），IHS Markit，Bureau van Dijk（BvD），ZookNIC Inc，Thomson Reuters，Wikimedia Foundation 和 App Annie 等私营组织合作，以获得全球最佳的创新数据。在数据处理中，该体系采用了最大最小的归一化方法。在该体系中，每个经济体总的创新能力由总创新指数来衡量。总创新指数是以创新投入和创新产出这两个次级指数的平均值计算得来的。此外，创新效率等于创新产出次级指数除以创新投入次级指数，它表示特定经济体单位创新投入获得的创新产出，数值越大，效率越高。

硅谷指数评价指标体系的评价对象单一，因为硅谷指数更多地关注自身的发展进步情况，因此它基本不和全球其他科技中心进行比较，最多也就与美国和加州的平均情况进行对比。硅谷指数也没有任何复杂的计算，方法通俗易通。

其他包括 2 think now、创意城市评价指标体系等在内的指标体系均未对外发布相关的评价方法，因此在本书中这些体系的评价方法未提及。

第二节　国内创新能力评价方法

一、评价对象的选择方法

（一）“国际大都市科技创新能力”评价对象选择方法

对“国际大都市科技创新能力”进行评价的目的是为上海市政府决策提

供一定的依据。因此，在城市选取方面综合考虑以下几个因素：一是选取国际知名城市，如在普华永道《机遇之都 7》智力资本和创新排名、森纪念财团《2018 年全球城市实力指数》研发排名和毕马威《改变现状的颠覆性技术：全球科技创新中心》等国际知名城市创新榜单中，提取排名靠前的城市；二是选取对上海具有借鉴性的城市，如人口、企业、城市面积等与上海接近；三是使用 2018 年 PCT 专利公开量、2018 年 SCI&CPCI 论文发表数量等权重模型；四是专家论证。基于以上条件，最终获取 20 个样本城市。①

（二）“全球科技创新中心”评价对象选择方法

“全球科技创新中心”评价对象选取了《全球最具创新力城市指数》考察的城市，《全球创新指数》排名领先国家的首都或创新经济发达城市，以及知名度较高的创新城市，并将中心距离小于 50 公里的城市归并为一个都市圈，从而确定了 160 多个城市或都市圈样本。

（三）其他创新能力评价对象选择方法

“国家创新型城市创新能力”系列评价报告基于科技部、国家发改委支持建设国家创新型城市的 78 个城市（区），兼顾到数据可得性，仅对 72 个国家创新型城市进行评价。“中国区域科技创新”“中国区域创新能力”两个系列评价报告的评价对象是全国 31 个省（自治区、直辖市）。“国家高新区创新能力”系列评价报告的评价对象是截至当年底全国所有国家级高新区。“中国创新城市”系列评价报告的评价对象是 4 个直辖市、15 个副省级城市和创新发展较快的苏州共计 20 个城市。《2018 全球城市创新创业活力排行榜（国内篇）》重点选取全国 38 个都市圈核心城市和区域中心城市进行评价。

（四）智慧城市评价对象选择方法

“新型智慧城市系列评价”的评价对象是从全国 338 个地级以上城市中选

---

① 顾震宇 . 2018 国际大都市科技创新能力评价［J］. 竞争情报，2018（06）.

择完成填报智慧城市数据填写的城市，同时鼓励有特色、有代表性的县级市参与评价。“超级智能城市系列评价”的评价对象是4个一线城市、最近几年发展状态直逼一线的二线发达城市，以及其他有代表性的城市。

二、数据的处理方法

（一）数据标准化方法

在多指标综合评价时，会面临度量单位、数量级、内在属性的差别，通过数据标准化能够消除这些差别，将其转化为无量纲、方向一致的标准化指标，主要方法是最大最小标准化方法、对数转换方法、均值标准差标准化方法及通过标准值标准化方法。

1. 最大最小标准化方法

针对样本数值差别不大的指标，采用最大最小标准化方法进行归一化处理，如“全球科技创新中心”“中国区域创新能力”等多个报告评价时采用该方法。设 $\min x_{ij}$ 为该指标所有序列中的最小值，$\max x_{ij}$ 为该指标所有序列中的最大值，最大最小标准化的具体公式如下：

$$y_{ij}=\frac{x_{ij}-\min x_{ij}}{\max x_{ij}-\min x_{ij}}\text{（正向指标）或 }y_{ij}=\frac{\max x_{ij}-x_{ij}}{\max x_{ij}-\min x_{ij}}\text{（逆向指标）}$$

2. 对数转换方法

针对样本数值跨度较大或有极值的指标，采用对数转换方法，如“全球科技创新中心”评价时采用该方法。具体公式如下：

$$y_{ij}=\frac{\lg x_{ij}-\lg\min x_{ij}}{\lg\max x_{ij}-\lg\min x_{ij}}$$

3. 均值标准差标准化方法

均值标准差标准化又称为 Z－Score 标准化，是指将原始数据处理成均值为 0、方差为 1 的标准正态分布。在需要使用距离来度量相似性的分类、聚类算法中，或有异常值的离群数据存在的情况，经常使用该方法。设μ,σ分别为该指标所有序列的均值、标准差，均值标准差标准化的公式如下：

$$y_{ij} = \frac{x_{ij} - \mu}{\sigma}$$

4. 通过标准值标准化方法

“中国区域科技创新评价报告”“中国创新城市评价报告”两个报告通过具体指标除以相应的评价标准，得到具体指标的评价值，公式如下：

$$y_{ij} = \frac{x_{ij}}{x_{0j}} \times 100\%$$

其中，x_{0j}为该指标对应的标准值，当$y_{ij} \geqslant 100$时，取 100 为其上限值。

“中国区域科技创新评价报告”中指标的标准是与全面建成小康社会的目标相联系，根据国内科技创新的总体水平和先进地区的发展水平，参照发达国家人均国内生产总值达到3 000 ~4 000美元时科技与经济社会协调发展的状况来确定的。① “中国创新城市评价报告”中指标的标准参考了《EIS》及《中国区域科技创新评价报告》中的评价标准，但考虑到我国城乡差异较大的国情和城市评价的特殊性，再加上参评城市的实际水平，该评价标准明显高于国内有关创新型国家和地区的评价标准，大致相当于《EIS》参评经济体中的较高水平。②

（二）增速绝对值控制方法

通常增速是指报告期增长量与基期值的比值。由于某些指标增速过高或过低情况的存在，会导致该指标掩盖了其他指标的作用，从而出现指标体系失灵的现象。因此，必须对各指标增速范围进行控制。“中国创新指数研究”

---

① 中国科学技术发展战略研究院. 中国区域科技创新评价报告 2019［M］. 北京：科学技术文献出版社，2019.

② 北京立言创新科技咨询中心 . 2019 中国创新城市评价报告［R］. 2019.

采用的方法是将指标增速的基准值设定为该指标的两年平均值，从而将各指标增速的绝对值控制在 200 以内。① 具体公式如下：

$$v_{it} = \left[\frac{x_{it} - x_{it-1}}{(x_{it} + x_{it-1})/2}\right] \times 100$$

对于“能耗类”等逆向指标，可通过取倒数后再计算其增速来变成正向指标。

三、权重系数的确定方法

权重系数分配是否合理决定了综合评价的结果是否科学。权重是指某指标在整体评价中的相对重要程度。权重越高，则该指标越重要。权重应满足以下两个条件，一是每个指标的权重在 0 至 1，二是所有指标的权重之和为 1。根据权重来源的不同，可将常见的权重系数确定方法划分为主观赋权法、客观赋权法和综合赋权法三类。

（一）主观赋权法

主观赋权法是指专家根据自身经验给予各指标权重的确定方法，主要方法包括逐级等权法、专家打分法、德尔菲法、层次分析法、模糊分析法、二项系数法、环比评分法和最小平方法等。

1. 逐级等权法

逐级等权法是对同一级别指标赋予相同权重的方法。“中国创新指数研究”“国家创新型城市创新能力评价”和“全球科技创新中心”均采用该方法，即各维度的权数均为 $1/n$（n 为维度的个数）；在某维度中，指标对所属维度的权重为 $1/m$（m 为该维度中指标的个数），因此指标最终权重为 $1/nm$。

① http://www.stats.gov.cn/tjsj/zxfb/201910/t20191024_1704985.html.

2. 专家打分法

专家评分法是聘请若干代表性专家凭借自己的经验匿名对指标赋权重，然后将权重结果平均即得到指标的权重。“中国区域创新能力评价报告”采用该方法，报告组认为这一方法虽然带有一定的主观性，但仍是国际上普遍采用的方法，而且报告组聘请的专家都在国内科技政策管理研究方面有较深的造诣，同时对国外类似报告都有深入的了解。①

3. 德尔菲法

德尔菲法又称专家咨询法，具体做法是专家首先根据经验赋权重，为使专家意见趋于一致，需要讨论并不断反馈信息，最终得到一个较为合理的权重。《新型智慧城市评价指标（2016 年）》采用了该方法。2013 年 11 月，国标委组建国家智慧城市标准化总体组，开始研究智慧城市评价指标体系；2014 年 12 月，总体组征集 25 个部门意见；2015 年 10 月，国标委、中央网信办、国家发改委提出“智慧城市评价指标体系试行稿”；2016 年 5—8 月，国标委与国家发改委等 25 个部门及支撑单位紧密合作，征集到 38 条反馈意见；同年 9 月，对个别难度高、协调范围大的指标进行二次征求意见，11 月正式发布该指标体系。②

4. 层次分析法

层次分析法（AHP）的原理是将复杂问题分层次解决，将与综合评价有关的所有指标分解成目标层、准则层和方案层，进而通过构造判断矩阵计算指标权重。层次分析法是一种定性与定量相结合的方法，即将定性的专家决策向定量的科学决策转变，减少了主观定权重存在的偏差，且能客观检验权

---

① 中国科技发展战略研究小组，中国科学院大学中国创新创业管理研究中心．中国区域创新能力评价报告 2019［M］．北京：科学技术文献出版社，2019.

② 刘大山．凝聚各方智慧的新型智慧城市评价指标［J］．认证技术，2017（10）.

重确定标准的一致性，弥补过多依赖专家经验的缺陷，提高评价结果的准确性。

构造判断矩阵的具体方法是：准则因素作为第一个元素，隶属于该因素的方案因素依次排列在其后的第一列和第一行，然后对两个因素的重要程度按1～9赋值（见表4－2），可用SPSS工具计算。

表4－2　重要程度的标志

重要性标志	含义	重要性标志	含义
1	因素 i 与因素 j 同等重要	3	因素 i 比因素 j 稍重要
5	因素 i 比因素 j 重要	7	因素 i 比因素 j 显著重要
9	因素 i 比因素 j 绝对重要	2，4，6，8	表示上述判断的中间值
倒数	若因素 i 与 j 的重要性之比为 a_{ij}，则因素 j 与因素 i 的重要性之比为 $a_{ji} = 1/a_{ij}$		

资料来源：鑫创科技产业研究院整理。

用权向量来表示各方案因素对其准则的相对权重。计算权向量后需要对判断矩阵进行一致性检验，只有检验通过，权向量才能成为指标权重，否则需重新构造判断矩阵。

（二）客观赋权法

客观赋权法是利用主成分分析法、因子分析法、变异系数法、熵值法和复相关系数法等多元统计方法，通过分析历史数据，得出各指标之间的相关关系或对结果的影响程度，最终确定指标权重。假设选取了 m 个指标 X_1，$X_2, \cdots, X_m$，其中 $X_i = \{x_{i1}, x_{i2}, \cdots, x_{in}\}$；$Y_i = \{y_{i1}, y_{i2}, \cdots, y_{in}\}$ 为标准化后的指标序列，以下公式均以该假设为前提。

1. 主成分分析法

主成分分析法是一种降维的统计方法，原理是设法将众多具有一定相关性的原始指标重新组合成一组新的无相互关系的综合指标，同时根据实际需要从中选出较少的指标，但能保留原始指标 90% 以上的信息作为主成分，从而达到简化评价体系的目的。每个主成分都是原始变量的线性组合。

2. 因子分析法

因子分析法的核心是对标准化后的数据用主成分分析法进行因子分析，并提取公因子，每个因子的方差贡献率作为该因子对应指标的权重，其中方差贡献率是指因子方差占因子方差综合的百分数。在使用该方法前，需要对样本进行相关性检验，只有相关性较强的数据才适合做因子分析。吕拉昌等（2013）在原始变量标准化处理后，运用因子分析法提取公因子；还对经过“方差最大化”的初始因子进行正交旋转，因为旋转后各因子可以得到更好的解释。①

3. 变异系数法

变异系数法的核心思想是数据差异越大的指标，实现的难度更大，也就更能反映被评价对象的差距。通过该方法确定的指标权重公式为：

$$w_i = V_i / \sum_{i=1}^{m} V_i$$

其中，$V_i = \sigma/\mu$，σ、μ 分别为 Y_i 的标准差、均值。朱祖平等（2014）采用该方法确定指标权重，对全国 31 个省（直辖市、自治区）的区域自主创新实力进行评价。②

4. 熵值法

熵值法的基本思想是从信息熵的角度来反映指标对评价对象的区分程度。一般来讲，指标的信息熵越小，系统越有序，该指标的样本数据所包含的信

---

① 吕拉昌，谢媛媛，黄茹．我国三大都市圈城市创新能级体系比较［J］．人文地理，2013（03）．

② 朱祖平，欧忠辉，李美娟，等．区域自主创新实力动态评价：基于改进二次加权法［J］．北京理工大学学报（社会科学版），2014（01）．

息量越大，对评价对象的区分能力越大，相应的权重也就越大；相反，指标的信息熵越大，表明指标提供的信息量越少，在综合评价中所起的作用越小，其权重也就越小。① 针对标准化后的指标序列 y_{ij} ，信息熵的计算公式如下：

$$E_i = -\ln(n)^{-1}\sum_{j=1}^{n} p_{ij}\ln p_{ij}$$

其中，$p_{ij} = y_{ij}/\sum_{j=1}^{n} y_{ij}$ 。

根据信息熵确定指标权重的计算公式如下：

$$w_i = \frac{1 - E_i}{m - \sum_{i=1}^{m} E_i}$$

（三）综合赋权法

主观赋权法简单，但主观性太强，客观赋权法过于依赖样本，这两种方法都存在着信息的损失，采用综合赋权法能够最大限度地减少信息的损失，使权重结果尽可能与实际相符。常用的两种方法是“乘法”加成法、“加法”加成法，第 i 个指标的组合权重计算公式分别如下：

$$w_i = a_i b_i/\sum_{i=1}^{m} a_i b_i,\ w_i = \alpha a_i + (1-\alpha)b_i (0 \leqslant \alpha \leqslant 1)$$

其中，a_i,b_i 分别表示该指标的客观权重和主观权重，α 是根据决策者的偏好来确定的。

“乘法”加成法主要适用于指标个数较多、权重分配较均匀的评价，“加法”加成法主要取决于决策者对主客观赋权法的偏好。

四、综合评价方法

综合评价方法是指建立标准化后的数据与权重之间的关系的方法，主要

① 吴希. 三种权重赋权法的比较分析 [J]. 中国集体经济，2016（34）.

有线性加权法、非线性加权法等，比较常用的是线性加权法。假设选取了 m 个指标，y_{ij} 为标准化后的指标序列，w_i 为指标权重，以下公式均以该假设为前提。

（一）线性加权法

用线性加权函数 $z_j = \sum_{i=1}^{m} w_i y_{ij}$ 作为综合评价方法，对 n 个系统进行综合评价。新型智慧城市发展报告、中国区域科技创新评价报告、中国区域创新能力评价报告、中国城市创新报告、中国创新城市评价报告、全球科技创新中心评估报告等多个报告评价时采用该方法。该方法要求各指标之间相互独立，否则将导致信息重复，评价结果不具备客观性。

（二）非线性加权法

用非线性加权函数 $z_j = \prod_{i=1}^{m} {y_{ij}}^{w_i}$ 作为综合评价方法，对 n 个系统进行综合评价。该方法仅适用于各指标间有较强关联的情况。其特点是结果对权重系数大小不是特别明显，而对指标值的大小差异相对较敏感；且要求无量纲指标数据均大于等于 1。

第三节 评价方法比较研究

一、国际评价方法比较

在评价对象的选择方面，除了欧洲创新记分牌、硅谷指数外，国际创新能力的评价对象大多是全球创新能力表现良好的经济体，有助于全球决策者更好地制定激励创新活动的措施，从而推动经济可持续增长和人类健康发展。

欧洲创新记分牌对欧盟成员国和选定第三国进行评价，通过评估各国创新体系的相对优势和弱点，帮助欧盟各国确定其需要加强的领域；硅谷指数注重自身的纵向对比，为未来发展方向提供支撑，横向对比方向仅与美国和加州的平均情况进行对比。

在缺失值的处理方面，欧洲创新记分牌将缺失值替换为上一年的数值，而全球竞争力报告对缺失值进行估算，两种方法各有利弊，建议针对变化不大的指标直接用上一年的数值，而变化较大的指标可采用估算值。

在数据标准化方面，欧洲创新记分牌、全球竞争力报告、全球创新指数均采用最大最小标准化方法，该方法不仅简单，而且能将正、逆向指标均转化为正向指标。全球知识竞争力指数采用均值标准差标准化方法，该方法不受数据量级的影响，同时算法简单、结果方便比较。

在权重系数的确定和综合评价方法方面，欧洲创新记分牌、全球竞争力报告、全球创新指数均采用逐级等权法、线性加权法；全球知识竞争力指数采用因子分析法对数据进行处理，提取出公因子，然后采用数据包络分析获得单个复合指数。

二、国内评价方法比较

（一）评价对象的选择方法对比

在国际对比时，一般参考国际榜单选取国际知名城市，同时根据研究目的选择对目标城市具有借鉴意义的城市，如在人口、城市面积、产业方向等方面比较类似。在国内对比时，主要分为以下几种评价对象：一是全国 31 个省（自治区、直辖市）；二是针对特定类型的城市，如国家创新型城市、都市圈核心城市和区域中心城市；三是创新能力较强的城市。

（二）数据的处理方法对比

国内采用比较多的数据标准化方法是最大最小标准化方法，其优点是能将正、逆向指标均转化为正向指标，缺点是忽略了指标值的相对差异性，不同指标经过变换后可能得出同样的结果。

对数转换方法的优点是在不改变数据相关关系的前提下，缩小指标数据的绝对数值，使得统计结果更加平稳，而且有助于削弱模型的共线性、异方差性等。缺点是指标数据中不能有负数，且取对数针对的一般是相对值指标，如增速、贡献率。

均值标准差标准化方法不受数据量级的影响，同时算法简单、结果方便比较。该方法的缺点有三个：一是总体平均值与标准差不一定可知，只能用样本平均值与标准差来替代；二是仍然存在正向指标、逆向指标，且标准化后的指标存在负数，不适用于熵值法等评价方法；三是抹杀了各指标之间变异程度上的差异，其结果没有实际意义，只能用于比较。

（三）指标权重的确定方法对比

1. 主观赋权法

主观赋权法的优点是能反映该指标实际重要程度，不会出现权重与实际重要性相悖的情况；缺点是过多依赖专家的经验，主观性较强，可能出现准确度较低的问题。具体来看，各种主观赋权法又有不同的优缺点。

国内针对创新能力的评价采用较多的是专家打分法、德尔菲法。这两种方法能够有效避免权威、职称、口才等不相关因素对权重的干扰，反映了大多数人的意见。缺点是不考虑少数人的意见，仍可能出现低精确度问题；同时德尔菲法过程比较复杂，需要花费较长的时间和较大的精力。为了弥补这些缺点，可以通过检验各个指标的积分与总分的相关性，若相关性较弱，则继续修改权重。

层次分析法具有系统性、实用性、简洁性的优点，尤其适用于具有分层交错评价的指标体系。缺点是因一致性检验是在一定概率范围内进行的，在一致性有效范围内，构造不同的判断矩阵，可能会得出不同的结果。因此，构造的判断矩阵是否合理是评价结果是否符合实际的关键。此外，指标过多时还面临较大的统计量。

2. 客观赋权法

客观赋权法的优点是权重直接来自原始数据的计算，无须考虑决策者主观意愿和业务经验，客观性较强，且具有科学的数理依据；缺点是未考虑指标的经济、社会意义，可能偏离实际情况，且不同时间计算出不同的权重，评价结果的纵向可比性较差。具体来看，各种客观赋权法又有不同的优缺点。

主成分分析法的优点是在对原始数据指标变量进行变换后形成了彼此相互独立的主成分，可消除评估指标之间的相关影响，减少指标选择的工作量；缺点是要求所提取的主成分的累计贡献率达到一个较高的水平，同时被提取的主成分必须具有较高的相关性，否则主成分只有信息量而无实际意义。

因子分析法的优点是能处理大量数据，更倾向于涵盖全部原始变量的信息，同时将分析过程简化为因子项的分析。缺点是只能面对综合性的评价，同时对数据量和成分也有要求，且需要先进行相关性检测，只有相关性较强的数据才可以运用因子分析法。

变异系数法的主要优点在于消除了各个指标因为量纲和单位不同的影响，同时该方法原理简单，项目执行过程中可操作性很强；缺点在于对于各个评价指标的经济意义重视程度不够，因此也就会存在一定的误差。

熵值法的缺点有两个：一是各指标的权重系数依赖于样本数据，随样本的变化而变化；二是不能减少评价指标的维数。

3. 综合赋权法

综合赋权法能够同时体现主观信息与客观信息，使权重结果尽可能与实际相符。但其中的“加法”加成法的核心问题在于如何确定两种方法的权重分配，目前这方面的研究比较多，但大部分方法的数学推导过于烦琐，应用性比较差，基本上不具备可操作性，目前只能依靠决策者对主客观赋权法的偏好。

三、国际国内评价方法比较对我国的启示

当前国内外对科技城市创新能力的评价在评价对象选择、数据处理、权重系数确定、综合评价方法四个方面并没有达成一致，但无论选择何种评价方法，都需要注意以下两点：

第一，在选择评价对象时，应尽量涵盖各个发展阶段和多种类型的科技城市。从发展阶段来看，科技城市发展模式是一种领先的城市发展模式，多数城市都处于科技城市的起步阶段，需要已经迈入成长期，尤其是较为成熟的科技城市为起步阶段的城市提供指导和参考。从类型来看，我国地大物博，拥有资源、区位、产业、历史和文化各具特色的科技城市，这些城市的创新能力必然各有千秋，值得深入研究。

第二，在保证评价结果兼具合理性和实践性的前提下，尽量选择简单、易操作的评价方法，不能只注重纯粹的数理分析。例如，在确定指标权重系数时选用主客观相结合的综合赋权法，能保证结果的合理性，同时在主观赋权法中采用国际通用的逐级等权法，在客观赋权法中采用简单易操作的变异系数法，在综合评价方法中选择国内外经常采用的线性加权法。

第五章 科技城市创新能力评价实践应用

科技城市创新能力评价的实践应用是IOD理论与实践相结合的一项重要工作，科技与城市的智慧融合不仅体现在一个城市的技术研发能力和环境上，也体现在一个城市的综合发展水平以及社会各界的普遍共识上。

本章将依据前文已有的研究成果和已设立的研究框架，对国内33个城市的创新能力进行评价，并对结果进行分析。

第一节　评价指标体系构建

纵观国内外关于创新能力评价指标体系的研究，我们认为构建科技城市创新能力评价指标体系需要注重两个兼顾，一是兼顾创新的硬基础与软环境，二是兼顾创新的理论基础与应用实践。在此基础上，还需要结合当前我国城镇化发展阶段和科技进步水平，最终构建科学合理、可比可行的科技城市创新能力评价指标体系。

一、体系构建

如前所述，设立评价指标体系，既要充分考虑科技城市的内涵，也要密切结合研究目的。科技城市是一个综合概念，其创新能力的高低首先取决于创新的投入水平，包括劳动、资本等生产要素；其次，应考虑创新的产出水平，包括专利、产值、科技含量等方面；在从投入产出的过程中，创新转化的能力以及创新环境的优劣决定了创新产出的质量和效率，因此需要考虑实验室、研究中心、孵化器、城市发展潜力、外资使用能力等要素。

综合来看，我们认为，基于系统性、可比性、可量化以及可扩展 4 个原则，结合数据的可得性并借鉴国内外评价体系构建经验，我们选取 4 个一级指标、16 项二级指标构建了科技城市创新能力评价指标体系。指标体系的构建充分注重了两大融合，即创新功能与城市功能的空间融合、创新要素与市场要素的融合。构建的评价指标体系（见表 5 – 1）。

表 5-1　科技城市创新能力评价指标体系

总指标	一级指标	二级指标	单位
科技城市创新能力	创新源头	研发经费投入强度	%
		研发人员投入强度	人/万人
		地方财政用于科技支出的比重	%
		万人普通高等学校在校生数	人/万人
	创新转化	国家重点实验室数量	个
		国家工程技术研究中心数量	个
		国家级科技企业孵化器等数量*	个
		技术合同成交额占地区 GDP 比重	%
	创新产出	万人发明专利申请授权量	件/万人
		科创板上市企业数量	家
		高技术产品出口额占商品出口额比重	%
		劳动生产率	万元/人
	创新环境	城市人才吸引力指数	—
		城市发展潜力指数	—
		国家国际科技合作基地数量	个
		实际使用外资金额占地区 GDP 比重	%

注：* 为国家级科技企业孵化器（含众创空间）、大学科技园和双创示范基地数量之和。
资料来源：鑫创科技产业研究院整理。

需要说明的是，由于科技城市的内涵比较丰富，涉及领域相对较多，并且关于科技城市的理论体系和实践探索都处于快速发展阶段，而且社会各界对如何评价科技城市的创新能力也还没有形成统一的认识。因此，对于所有研究人员来说，构建科技城市创新能力的评价指标体系是一项需要不断探索和长期实践，且极富挑战性的工作。与此同时，考虑到不同城市的经济基础、产业结构和发展环境等方面均存在较大差异，用同一套指标体系进行评价，虽然总体上可行，但对部分城市来讲其评价结果还有待深入研究和考量。这些问题都将在今后的研究工作中不断改进。

二、指标阐释

根据评价体系的框架设计，主要分为创新源头、创新转化、创新产出和创新环境 4 类指标。

（一）创新源头

创新的人力、资金等投入水平是形成创新能力的重要基础，我们选取研发经费投入强度、研发人员投入强度、地方财政用于科技支出的比重以及万人普通高等学校在校生数共四项指标衡量科技城市的创新投入水平。

表 5－2　创新源头类指标及其说明

指　　标	计算公式	说　　明
研发经费投入强度	$\frac{\text{R\&D 经费支出}}{\text{地区 GDP}} \times 100\%$	反映一个地区在科技创新经费投入方面的水平
研发人员投入强度	$\frac{\text{R\&D 人员数}}{\text{就业人员数}/10\ 000}$	反映一个地区在科技创新人员投入方面的水平
地方财政用于科技支出的比重	$\frac{\text{财政科技支出}}{\text{地方公共财政支出}} \times 100\%$	反映一个地区在财政资金分配使用时用于科学技术方面的支出力度
万人普通高等学校在校生数	$\frac{\text{普通高等学校在校生数}}{\text{常住人口}/10\ 000}$	反映一个地区高等教育发展水平与基础科研能力

资料来源：鑫创科技产业研究院整理。

（二）创新转化

科技成果转化是从基础研究到规模应用和产业化的关键环节，我们选取国家重点实验室数量、国家工程技术研究中心数量、国家级科技企业孵化器等数量以及技术合同成交额占地区 GDP 比重 4 项指标衡量科技城市的创新转化水平。

表 5-3 创新转化类指标及其说明

指标	计算公式	说明
国家重点实验室数量	国家级重点实验室的数量	反映一个地区的基础和应用研究、聚集和培养优秀科技人才、开展高水平学术交流的能力
国家工程技术研究中心数量	国家级工程技术研究中心和技术创新中心的数量	反映一个地区开展工程技术研究开发、设计和试验，打造技术创新平台的能力
国家级科技企业孵化器等数量	国家级科技企业孵化器（含众创空间）、大学科技园和双创示范基地的数量之和	反映一个地区促进科技成果转化、服务大众创新创业，集聚资本、人才、技术、政策等优势资源的能力
技术合同成交额占地区 GDP 比重	$\frac{\text{技术市场成交额}}{\text{地区 GDP}} \times 100\%$	反映一个地区市场中技术转让的活跃程度

资料来源：鑫创科技产业研究院整理。

（三）创新产出

创新的专利、产值等产出水平是衡量创新能力的重要方面，我们选取万人发明专利申请授权量、科创板上市企业数量、高技术产品出口额占商品出口额比重以及劳动生产率 4 项指标衡量科技城市的创新产出水平。

表 5-4 创新产出类指标及其说明

指标	计算公式	说明
万人发明专利申请授权量	$\frac{\text{发明专利申请授权量}}{\text{常住人口 /10 000}}$	反映一个地区核心研发能力的强弱
科创板上市企业数量	在上海证券交易所科创板上市的企业数量（截至 2020 年 4 月底）	反映一个地区创新企业的培育和发展能力
高技术产品出口额占商品出口额比重	$\frac{\text{高技术产品出口额}}{\text{商品出口额}} \times 100\%$	反映一个地区商品出口中高技术产品的含量，是出口竞争力的重要表征之一

（续）

指　　标	计算公式	说　　明
劳动生产率	$\frac{\text{地区} GDP}{\text{从业人员数量}}$	反映一个地区从业人员单位时间内的产品生产量，衡量产出效率水平

资料来源：鑫创科技产业研究院整理。

（四）创新环境

城市的发展潜力、市场的营商环境等因素对创新成果转化、创新产出效率提高具有重要的影响，我们选取城市人才吸引力指数、城市发展潜力指数、国家国际科技合作基地数量以及实际使用外资金额占地区 GDP 比重 4 项指标衡量科技城市的创新环境。

表 5－5　创新环境类指标及其说明

指　　标	计算公式	说　　明
城市人才吸引力指数*	由智联招聘数据库中的人才流动相关指标合成	反映一个城市吸引人才的综合能力与水平
城市发展潜力指数*	由城市人口现状、人口潜力、市场面等指标合成	反映一个城市的人口发展、市场环境等综合水平
国家国际科技合作基地数量	科技部认定的各地国际科技合作基地的数量	反映一个地区的科技合作水平与创新主体发展潜力
实际使用外资金额占地区 GDP 比重	$\frac{\text{实际使用外资金额}}{\text{地区 GDP}} \times 100\%$	反映一个地区的外商投资环境和外向型经济贡献水平

注：*数据来自恒大研究院的报告，能够综合反映城市的创新发展环境。

资料来源：鑫创科技产业研究院整理。

第二节　评价方法与指数合成

一、评价方法

从统计学理论来看，统计指数是综合反映由多种因素组成的经济现象在不同时间和空间条件下平均变动的相对数。① 从不同的角度可以对统计指数进行多种不同的分类：按照所反映现象的特征差异，可以分为质量指标指数和数量指标指数；按照所反映现象的范围差异，可以分为个体指数和总指数；按照所反映对象的对比性质差异，可以分为动态指数和静态指数。②

本书通过构建科技城市创新能力指数来反映目标城市创新能力在某一时点上的截面比较情况。按照统计指数的分类，本书构建的创新指数为静态指数，并在上述过程中计算了创新源头、创新转化、创新产出和创新环境等 4 个方面的分类指数，即个体指数。

二、权重确定

在科技城市创新能力的评价过程中，确定权重是一个十分重要的环节，因为权重大小不仅直接关系到评价结果的准确性与可靠性，而且对于评价体系的导向性也有较强的表征作用。如前所述，统计学上确定权重一般有主观赋权法、客观赋权法和综合赋权法三大类。从这三种方法的特点比较来看，主观赋权法的优点在于能够充分利用专家对于各指标的内涵及其相互之间关

① 徐国祥．统计指数理论及应用［M］．北京：中国统计出版社，2005.

② 中国电子信息产业发展研究院．中国工业发展质量蓝皮书（2012）［M］．北京：中央文献出版社，2013.

系的经验判断，找到现实世界中决定目标达成的关键要素，操作方式简便易行，但存在因评价主体偏好不同有时会有较大差异这一缺陷；客观赋权法的优点在于不受人的主观因素的影响，能够充分挖掘数据本身所蕴含的统计意义上的信息和价值，但有时会弱化指标的内涵及其现实意义；综合赋权法的优点在于能够避免主客观赋权法过多依靠某一方面信息的不足，但有时也存在弱化较强代表性指标的问题。

为避免主观赋权法的经验性较强以及客观赋权法的数据依赖性较强等问题，本书采用德尔菲法和变异系数法进行主客观综合赋权的方法。选择变异系数法的原因在于，从评价体系中的各项指标来看，差异越大的指标越重要，因为它更能反映出各科技城市创新能力的差异，如果各个城市的某个指标没有多大差别，则没有必要再将其作为一项衡量的指标，且针对创新能力的评价不需要过多考虑平衡因素，所以对差异越大的指标应赋予更大的权重。①

权重的测算过程如下，首先按照公式（1）计算各项指标的变异系数，然后按照公式（2）计算各项指标的客观权重，最后利用由德尔菲法得到的主观权重和由变异系数法得到的客观权重进行加权求和，得到各项指标的最终权重。

$$V_j = \frac{\sigma_j}{\overline{X_j}} \tag{1}$$

$$W_j = \frac{V_j}{\sum_{j=1}^{16} V_j} \tag{2}$$

其中，j 代表 16 项二级指标；σ_j 代表 j 指标的标准差；V_j 代表 j 指标的变异系数；W_j 代表 j 指标的客观权重。

三、指数合成

首先，将 33 个城市的原始指标按照公式（3）进行无量纲化处理；然后，

① 曾五一，庄赟．中国现代化进程的统计考察［J］．中国统计，2003（01）．

按照公式（4）和（5）进行加权求和，分别得到各城市创新能力的总指数和分类指数。

$$X'_{ij} = \frac{X_{ij} - \min\{X_j\}}{\max\{X_j\} - \min\{X_j\}} \tag{3}$$

$$SCII_i = \frac{\sum_{j=1}^{16} X'_{ij} W_j}{\sum_{j=1}^{16} W_j} \tag{4}$$

$$I_i = \frac{\sum X'_{ij} W_j}{\sum W_j} \tag{5}$$

其中，i 代表 33 个城市；j 代表 16 项二级指标；X_{ij} 代表 i 城市 j 指标，max $\{X_j\}$ 和 min $\{X_j\}$ 分别代表 j 指标的最大值和最小值；X'_{ij} 代表 i 城市 j 指标的无量纲化指标；W_j 代表 j 指标的权重值；I_i 代表 i 城市的分类指数；$SCII_i$ 代表 i 城市的科技城市创新指数（总指数）。

需要说明的是，在计算分类指数的过程中，需要将已确定的各指标权重在 4 个类别内进行百分制处理，这样得到的分类指数最高分即为 100，方便各类指数在不同城市之间进行比较。

第三节　数据采集与处理

一、数据采集

根据本书构建的评价指标体系，以北京、上海、深圳等 33 个城市为样本进行科技城市创新能力评价。本书所使用的数据全部来自科技部、国家统计局等官方发布的《中国统计年鉴》《中国城市统计年鉴》《中国科技统计年鉴》《中国高技术产业统计年鉴》和各地政府发布的统计年鉴、统计报告等，以及第三方权威机构或智库（中国科学技术信息研究所、恒大研究院等）发布的《国家创新型城市创新能力评价报告 2019》《中国城市人才吸引力排名报告》《2019 中国城市发展潜力排名报告》等。

表 5－6　科技城市创新能力评价指标数据来源

二级指标	数据来源	发布机构
研发经费投入强度	《中国城市统计年鉴》《中国统计年鉴》及地方统计年鉴/统计公报	国家统计局、省科技厅、市统计局
研发人员投入强度	《中国城市统计年鉴》《中国统计年鉴》及地方统计年鉴/统计公报	国家统计局、市统计局
地方财政用于科技支出的比重	《中国城市统计年鉴》	国家统计局
万人普通高等学校在校生数	《中国城市统计年鉴》	国家统计局
国家重点实验室数量	《国家创新型城市创新能力评价报告 2019》《国家重点实验室建设现状分析报告》	中国科学技术信息研究所、科技部
国家工程技术研究中心数量	《国家创新型城市创新能力评价报告 2019》《国家工程技术研究中心报告》	中国科学技术信息研究所、科技部
国家级科技企业孵化器等数量	《国家创新型城市创新能力评价报告 2019》、政府网站	中国科学技术信息研究所、国务院、科技部、教育部
技术合同成交额占地区 GDP 比重	《国家创新型城市创新能力评价报告 2019》《中国科技统计年鉴》	中国科学技术信息研究所、国家统计局
万人发明专利申请授权量	《中国城市统计年鉴》、地方统计公报	国家统计局、市统计局
科创板上市企业数量	Wind 数据库	上海证券交易所

（续）

二级指标	数据来源	发布机构
高技术产品出口额占商品出口额比重	《国家创新型城市创新能力评价报告 2019》《中国高技术产业统计年鉴》	中国科学技术信息研究所、国家统计局
劳动生产率	《中国城市统计年鉴》、http://www.liyan-consulting.com/data_2.aspx?id=19063&aid=161&tid1=5084	国家统计局、北京立言创新科技咨询中心
城市人才吸引力指数	《中国城市人才吸引力排名报告》	智联招聘、恒大研究院
城市发展潜力指数	《2019 中国城市发展潜力排名报告》	恒大研究院
国家国际科技合作基地数量	http://www.cistc.gov.cn/InterCooperationBase/baseintro.asp?column=741	科技部
实际使用外资金额占地区 GDP 比重	《中国城市统计年鉴》	国家统计局

资料来源：鑫创科技产业研究院整理。

二、权重计算

本书采用主客观综合赋权的方式确定权重，主观赋权方式采用德尔菲法，客观赋权方式采用变异系数法。结合创新能力全国各地差异较大的现实情况，本书综合权重的合成中主观权重占 60%，客观权重占 40%。从两类权重的测算结果来看，我们发现，德尔菲法确定的权重一般是相对指标和综合指标的权重较高，变异系数法确定的权重一般是数据本身差距较大的指标权重较高。评价体系中各指标最终确定的权重见表 5-7。

表 5-7 科技城市创新能力评价指标权重

二级指标	主观权重	客观权重	综合权重
研发经费投入强度	8.0	3.5	6.2
研发人员投入强度	7.0	3.6	5.7
地方财政用于科技支出的比重	9.5	5.0	7.7
万人普通高等学校在校生数	3.0	2.9	2.9
国家重点实验室数量	5.0	12.3	7.9
国家工程技术研究中心数量	4.0	10.3	6.5
国家级科技企业孵化器等数量	9.0	4.5	7.2
技术合同成交额占地区 GDP 比重	6.0	9.8	7.5
万人发明专利申请授权量	5.5	8.0	6.5
科创板上市企业数量	3.0	13.8	7.3
高技术产品出口额占商品出口额比重	3.5	5.6	4.3
劳动生产率	8.0	2.1	5.7
城市人才吸引力指数	8.0	6.0	7.2
城市发展潜力指数	8.5	1.4	5.7
国家国际科技合作基地数量	6.0	7.0	6.4
实际使用外资金额占地区 GDP 比重	6.0	4.2	5.3

资料来源：鑫创科技产业研究院整理。

第四节 评价结果与启示

一、总排名

（一）创新指数评价排名

根据已经选取的评价指标数据和相应权重，按照本章第二节的指数合成方式，计算得到 33 个城市的创新指数（Sci-tech City Innovation Index，SCII），具体见表 5-8。从总排名来看，北京、深圳、上海、广州、武汉、西安、南京、杭州、成都和天津排在前10位，这些城市的创新基础良好、创新资源丰富、创新生态相对完善，科技创新对经济社会发展贡献较大，创新正逐步成为驱动这些城市发展的第一动力，并且对周边地区乃至全国的创新能力提升都具有较强的推动和引领示范作用。

从地区分布来看，科技城市创新能力排名呈现出明显的区域差异，从传统的东部、中部、西部和东北四大区域来看，在排名前20的城市中，有11个城市位于东部地区，数量占比达到55%，位于总指数排名前三位的北京、深圳和上海全部为东部城市且均为综合性国家科学中心所在地。评价结果表明，东部地区是我国经济社会发展的领头羊，在创新驱动方面，既具有良好的发展基础和环境，也具备较强的示范和带动作用。

中部六省的省会城市——武汉、长沙、合肥、郑州、太原和南昌6个城市中，除南昌（排名第21位）外全部进入前20名，表明近些年来国家推行的中部崛起战略成效显著。从我国经济发展所处阶段及产业发展规律看，中部地区是承东启西、连南接北的重要桥梁和纽带，是持续推动我国经济平稳增长的中坚力量，其增长速度和发展质量也是我国从工业化后期迈入后工业化时期的重要支撑和保障。评价结果表明，在国家多项战略和政策的支持下，中部地区正逐步成为我国经济可持续发展的增长引擎，创新正在逐步成为其经济社会发展的重要驱动力。

西部地区仅西安、成都和重庆3个城市进入前20名，而东北地区仅大连1个城市排在第19位，东北三省的省会城市全部未能进入前20名。评价结果表明，西部地区特别是东北地区仍是我国创新能力相对落后的区域，不论是从经济发展规律还是区域发展诉求来看，除西安、成都和重庆等少数具有较强创新能力的城市外，我国西部和东北两个区域整体应以科技成果产业化为主要发力点，加大力度推动成熟产业的规模化和新兴技术的产业化落地。

表 5-8 科技城市创新能力评价总指数及分类指数

城市	分类指数				总指数	
	创新源头	创新转化	创新产出	创新环境	创新指数	排名
北京	65.7	100.0	73.2	86.9	82.7	1
深圳	80.1	27.4	73.8	58.0	57.8	2
上海	43.7	41.5	65.0	72.4	55.2	3
广州	54.2	23.3	40.7	55.1	42.2	4
武汉	47.3	31.4	41.6	49.2	41.8	5
西安	50.0	37.7	32.3	43.6	40.6	6
南京	46.8	30.4	42.0	40.1	39.2	7
杭州	43.3	24.5	34.4	50.7	37.5	8
成都	32.6	20.9	32.0	54.4	34.4	9
天津	31.5	19.8	30.8	34.1	28.6	10
长沙	35.8	14.5	27.3	35.6	27.5	11
青岛	26.7	25.1	20.9	33.7	26.6	12
合肥	52.1	10.9	19.5	27.6	26.3	13
郑州	29.0	7.6	33.8	33.5	25.0	14
济南	34.2	12.7	18.0	30.5	23.2	15
厦门	35.9	9.4	15.9	24.9	20.7	16
重庆	12.5	10.3	19.0	40.7	20.3	17
宁波	33.0	5.8	21.3	25.0	20.3	18
大连	28.1	11.8	20.5	22.8	20.2	19
太原	33.3	7.7	20.6	17.6	19.0	20
南昌	26.9	8.4	11.2	26.8	17.7	21
贵阳	27.8	7.6	16.7	18.5	17.0	22
沈阳	23.7	15.9	14.5	12.7	16.5	23
哈尔滨	13.4	11.9	10.6	24.8	15.1	24
福州	24.5	2.9	13.9	15.5	13.5	25
长春	16.8	13.9	10.7	7.6	12.3	26
兰州	22.9	10.7	5.4	9.3	11.8	27
昆明	14.3	10.5	6.1	15.7	11.6	28
石家庄	16.5	7.1	3.4	18.3	11.1	29
南宁	10.6	2.2	16.2	6.8	8.6	30
呼和浩特	15.4	2.1	13.6	3.0	8.0	31
乌鲁木齐	14.9	4.2	9.4	4.4	7.9	32
海口	11.1	0.9	1.9	8.1	5.2	33

资料来源：鑫创科技产业研究院整理。

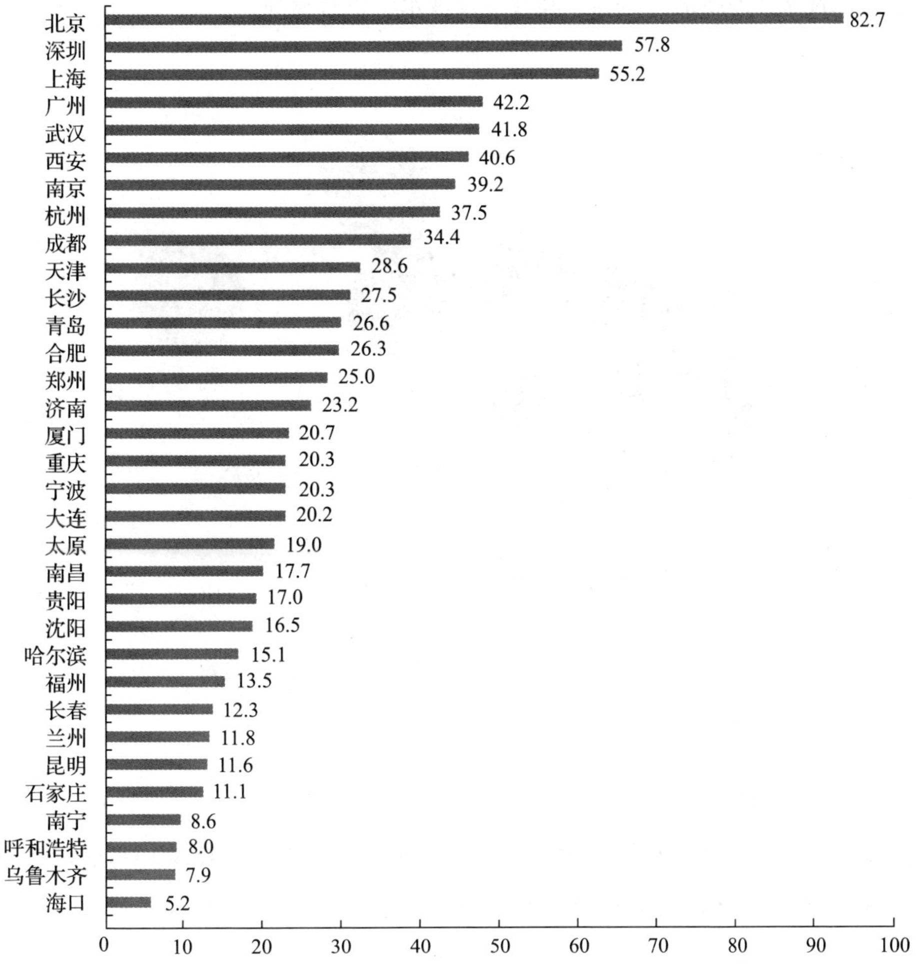

图 5－1　科技城市创新能力评价总指数（SCII）排名

资料来源：鑫创科技产业研究院整理。

（二）创新指数关联性分析

1. 经济发展水平与创新能力

33 个城市的经济发展水平（用人均 GDP 衡量）与创新能力（用创新指数衡量）气泡图如图 5－2 所示。图中气泡大小为城市 GDP 规模，可以看出城市的经济发展水平与创新指数呈正向相关关系，二者相关系数高达 0.73，即城市的综合创新能力越强，其经济发展水平也就越高。

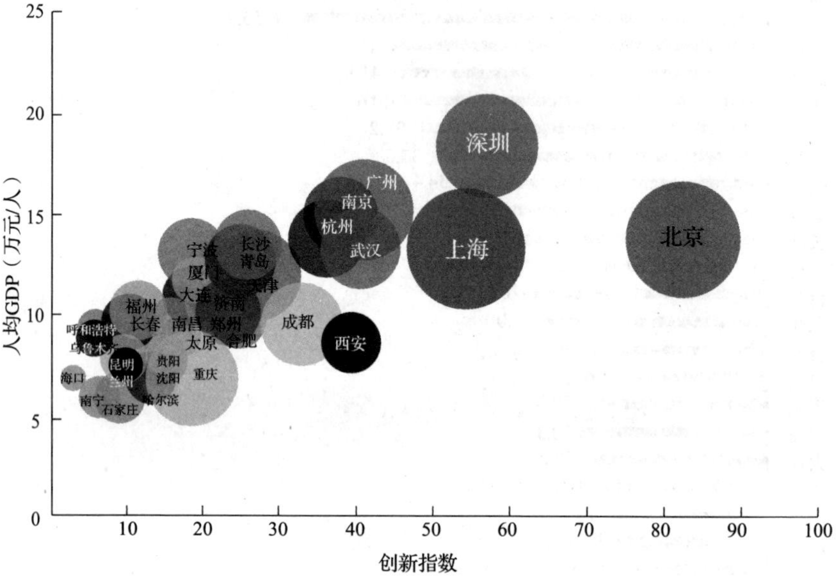

图 5 - 2　经济发展水平与科技城市创新能力气泡图

资料来源：鑫创科技产业研究院整理。

2. 产业结构与创新能力

33 个城市的产业结构（用非农产业增加值占 GDP 比重衡量）与创新能力（用创新指数衡量）气泡图如图 5 - 3 所示。图中气泡大小为第三产业增加值规模，可以看出城市的产业结构与创新指数呈正向相关关系，二者相关系数达到 0.54，即城市的创新能力越强，其产业结构的优化程度越高。

3. 政府支持创新力度与创新能力

33 个城市的政府支持创新力度（用地方财政支出中用于科学技术支出的比重衡量）与创新能力（用创新指数衡量）气泡图如图 5 - 4 所示。图中气泡大小为财政支出中的科学技术支出规模，可以看出创新指数与地方政府支持创新力度呈正向相关关系，二者相关系数高达 0.69，即政府对于科学技术的支出越多，其创新能力越强。

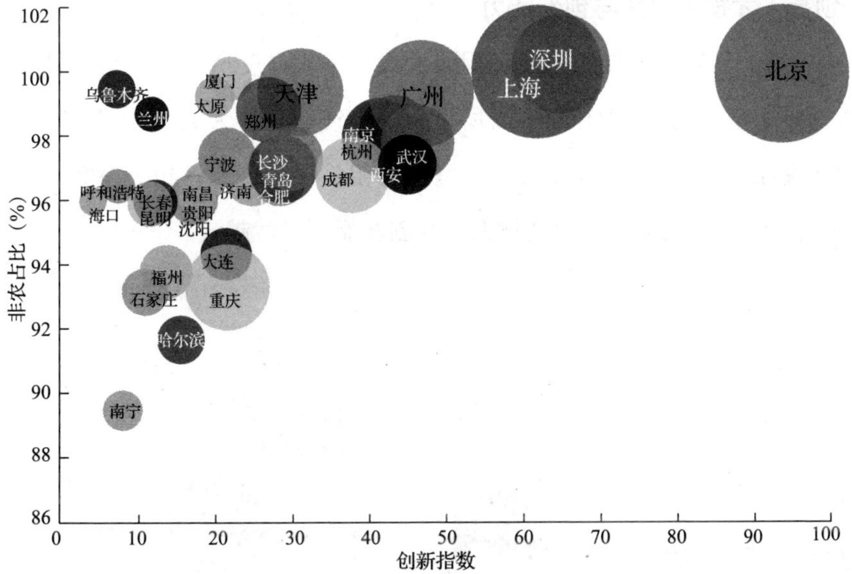

图 5－3　产业结构与科技城市创新能力气泡图

资料来源：鑫创科技产业研究院整理。

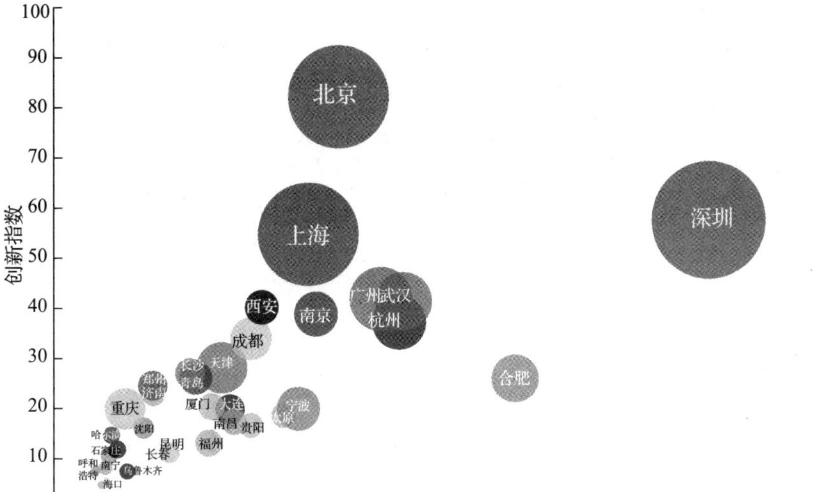

图 5－4　科技城市创新能力与政府支持创新力度气泡图

资料来源：鑫创科技产业研究院整理。

4. 创新人才投入强度与创新能力

33 个城市的创新人才投入强度（用研发人员投入强度衡量）与创新能力（用创新指数衡量）气泡图如图 5－5 所示。图中气泡大小为 R&D 人员规模，可以看出创新指数与研发人员投入强度呈正向相关关系，二者相关系数高达 0.83，即城市的创新人才投入强度越大，其创新能力也就越强。

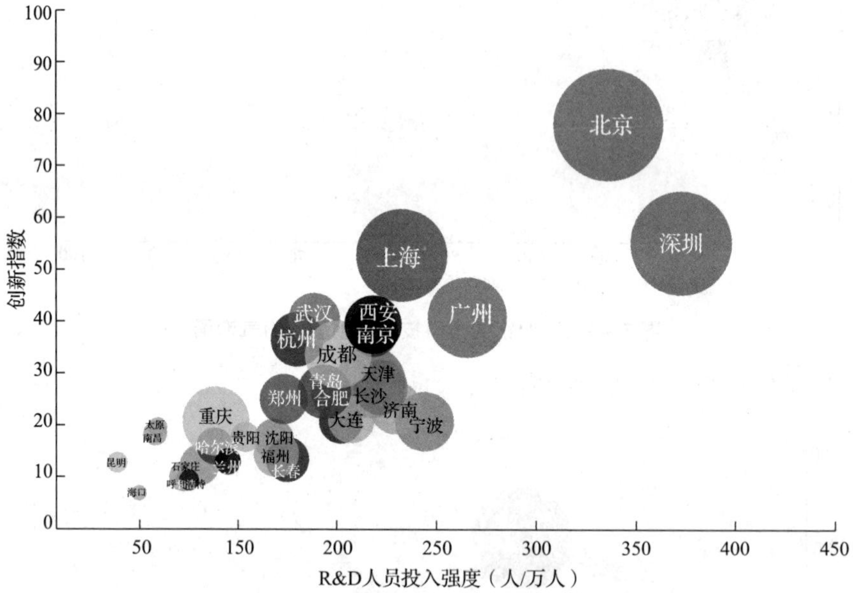

图 5－5　科技城市创新能力与创新人才投入强度气泡图

资料来源：鑫创科技产业研究院整理。

5. 城市发展潜力与创新能力

33 个城市的城市发展潜力水平（用城市发展潜力指数衡量）与创新能力（用创新指数衡量）气泡图如图 5－6 所示。图中气泡大小为城市人才吸引力指数，可以看出创新指数与城市发展潜力呈正向相关关系，二者相关系数高达 0.91，即城市的发展潜力越大，其吸引的优秀人才就越多，相应的创新能力也就越强。

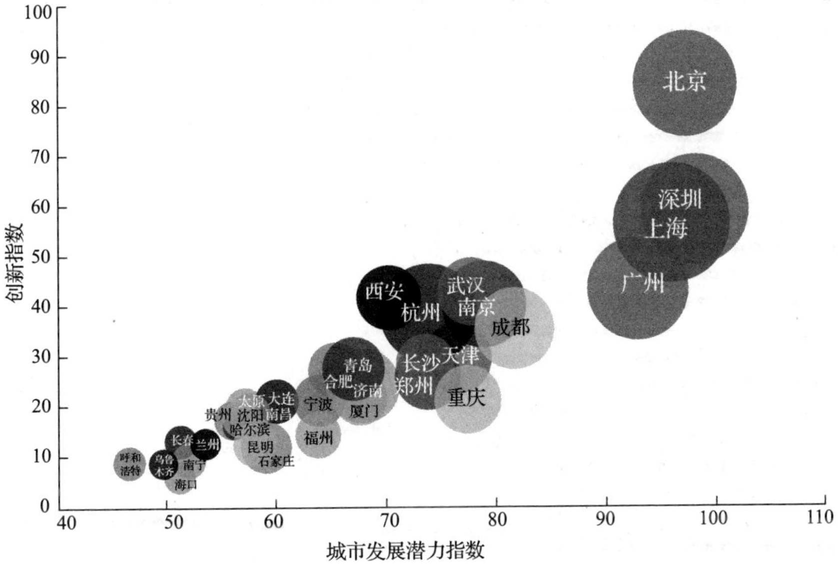

图 5－6　科技城市创新能力与城市发展潜力气泡图

资料来源：鑫创科技产业研究院整理。

二、分类排名

（一）创新源头指数

33 个城市的创新源头指数排名如图 5－7 所示。从图中可以看出，深圳创新源头指数为 80.1，位列第 1 名。北京的创新源头指数为 65.7，位列第 2 名。广州、合肥、西安、武汉、南京、上海、杭州的创新源头指数在 50～60，分列第 3～9 位。厦门、长沙、济南、太原、宁波、成都等 24 个城市的创新源头指数在 50 以下，位列第 10～33 位。深圳、北京属于创新源头指数排名第一梯队，人才、资金、技术密集优势明显，原始创新能力较强。广州、合肥、西安、武汉、南京、上海、杭州属于创新源头指数排名第二梯队，厦门、长沙、济南、太原、宁波、成都等属于创新源头指数排名第三梯队。

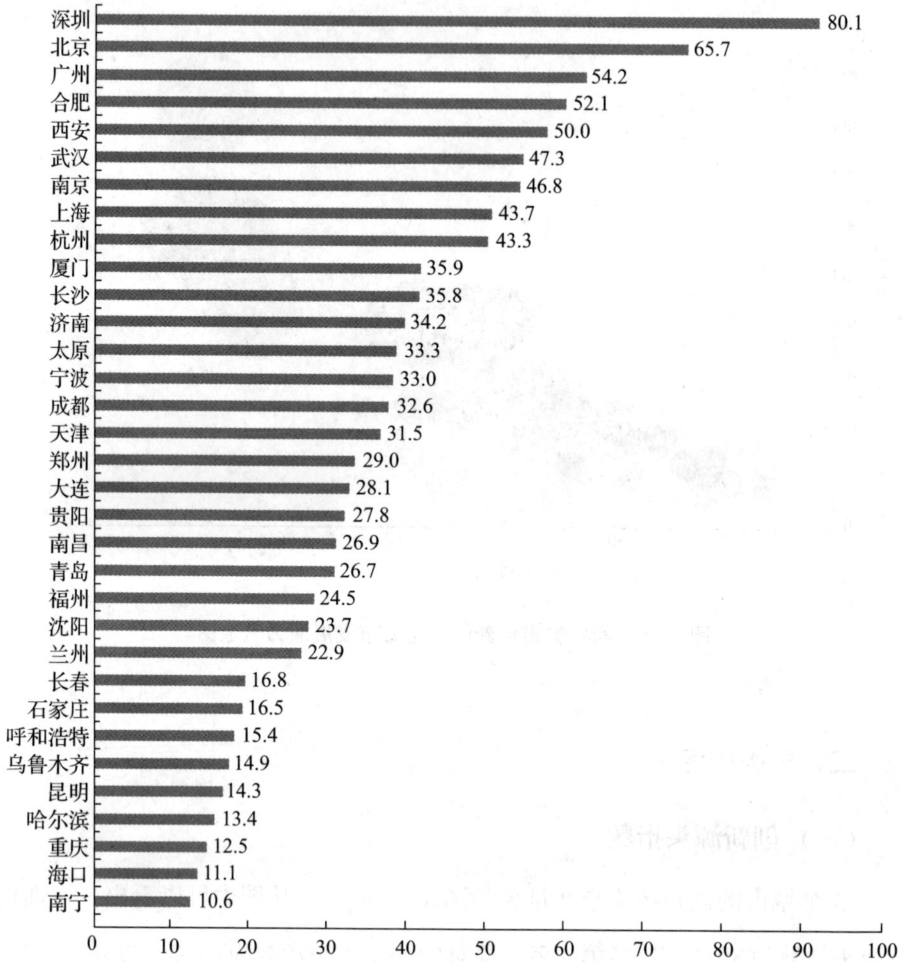

图 5－7　科技城市创新源头指数排名

资料来源：鑫创科技产业研究院整理。

创新源头富集的城市其政府和企业普遍从财力、人力方面支持科技创新。从创新源头 TOP5 城市的分项指标来看，地方财政用于科技支出的比重在 33 个城市中均排名前列，说明当地政府普遍注重科技创新，在科研领域投入较大的财力支持；深圳、北京和西安的研发经费投入强度和研发人员投入强度两个二级指标均排名前十，表明当地企业和政府一样从财力、人力角度注重科技创新。但 TOP5 城市中深圳、北京 2 个城市万人普通高等学校在校生数普遍排名靠后，这主要是由于深圳和北京常住人口均处在全国前列，且深圳普通高等学校缺少所致。

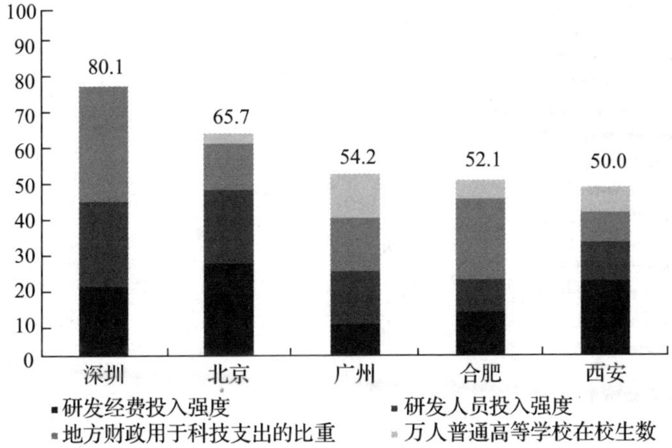

图 5－8　科技城市创新源头 TOP5 城市分项指标情况

资料来源：鑫创科技产业研究院整理。

（二）创新转化指数

33 个城市的创新转化指数排名如图 5－9 所示。从图中可以看出，北京的创新转化指数为 100，位列第 1 名。上海的创新转化指数为 41.5，位列第 2 名。西安、武汉、南京、深圳、青岛、杭州、广州、成都的创新转化指数在 20～40，位列第 3～10 名。天津、沈阳、长沙、长春、济南、哈尔滨等 23 个城市的创新转化指数在 20 以下，位列第 11～33 位。北京属于创新转化指数排名第一梯队，创新转化指数远高于其他 32 个城市，这主要得益于北京的创新转化平台和技术资源丰富，创新转化能力突出；上海、西安、武汉、南京、深圳、青岛、杭州、广州、成都属于创新转化指数排名第二梯队；天津、沈阳、长沙、长春、济南、哈尔滨等属于创新转化指数排名第三梯队。

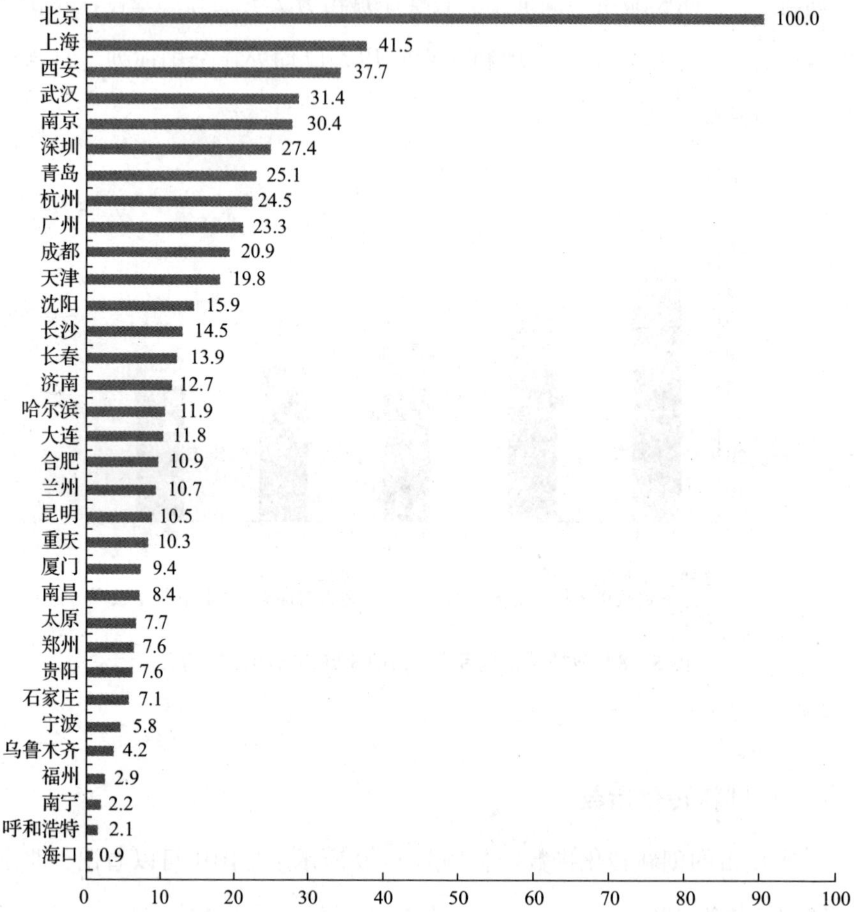

图 5-9　科技城市创新转化指数排名

资料来源：鑫创科技产业研究院整理。

创新转化能力比较强的城市不仅拥有我国顶级的科教资源，而且具备活跃的创新创业氛围，新经济、新业态、新模式涌现的概率较大。从创新转化TOP5 城市的分项指标来看，北京的 4 个二级指标均排名第一；除西安的国家工程技术研究中心数量外，5 个城市的国家重点实验室数量、国家工程技术研究中心数量、国家级科技企业孵化器等数量和技术合同成交额占地区 GDP 比重 4 个二级指标在 33 个城市中均排名前十。从国家重点实验室数量来看，截至2018年底，我国正在运行的国家重点实验室达501个，创新源头TOP5城市占比为47%，其中北京占比达24%（见图5－10）。

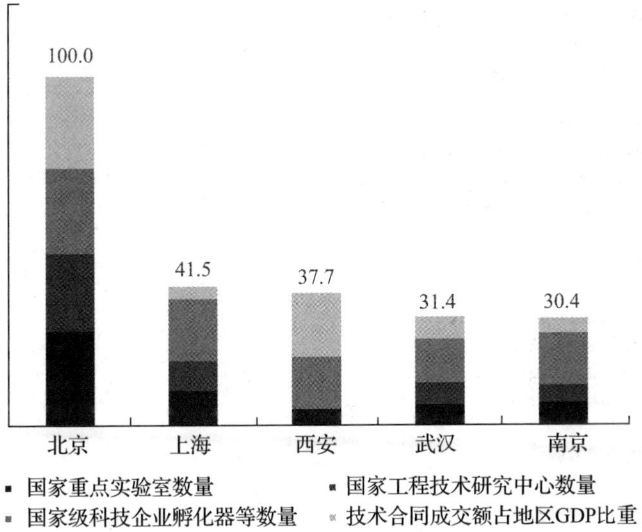

图5－10　科技城市创新转化TOP5城市分项指标情况

资料来源：鑫创科技产业研究院整理。

（三）创新产出指数

33个城市的创新产出指数排名如图5－11所示。从图中可以看出，深圳和北京的创新产出指数分别为73.8和73.2，位列第1名和第2名。上海的创新产出指数为65，位列第3名。南京、武汉、广州的创新产出指数在40～50，位列第4～6名。杭州、郑州、西安、成都、天津的创新产出指数在30～40，位列第7～11名。长沙、宁波、青岛、太原、大连等22个城市的创新产出指数在30以下，位列第12～33位。深圳、北京、上海属于创新产出指数排名第一梯队，创新成果产出数量较多；南京、武汉、广州、杭州、郑州、西安、成都、天津属于创新产出指数排名第二梯队；长沙、宁波、青岛、太原、大连等属于创新产出指数排名第三梯队。

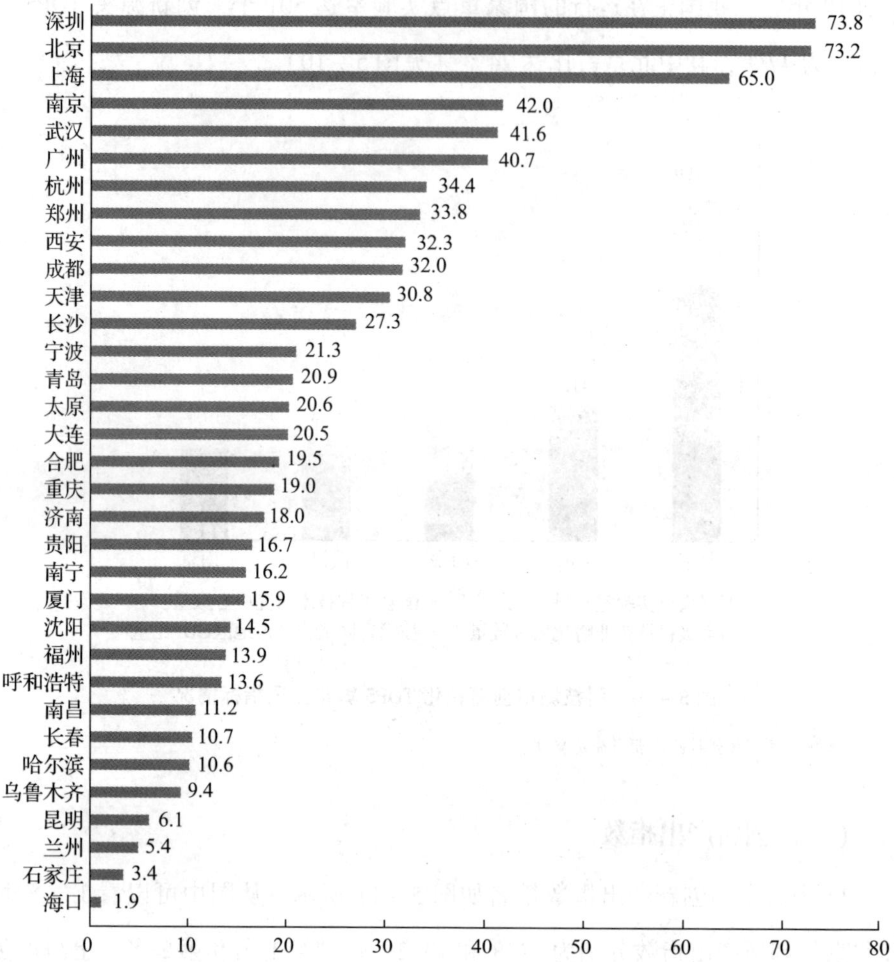

图5-11　科技城市创新产出指数排名

资料来源：鑫创科技产业研究院整理。

创新产出密集的城市不仅经济效益较高，而且普遍注重知识产权保护，产业国际竞争力强，产品结构较合理，企业管理水平高、盈利能力强、发展前景好。从创新产出TOP5城市的分项指标来看，5个城市的万人发明专利申请授权量、科创板上市企业数量和劳动生产率3个二级指标均位居前十；5城中仅北京、南京的高技术产品出口额占商品出口额比重排名未进入前十，其中北京是因为以服务型经济为主，已经过大规模发展制造业的阶段，南京是由于2018年高技术产品出口额有所下降所致。从科创板上市企业数量来看，截至2020年4月底全国共有100家，创新产出TOP5城市占比46%，其中北京和上海分别占17%和16%。

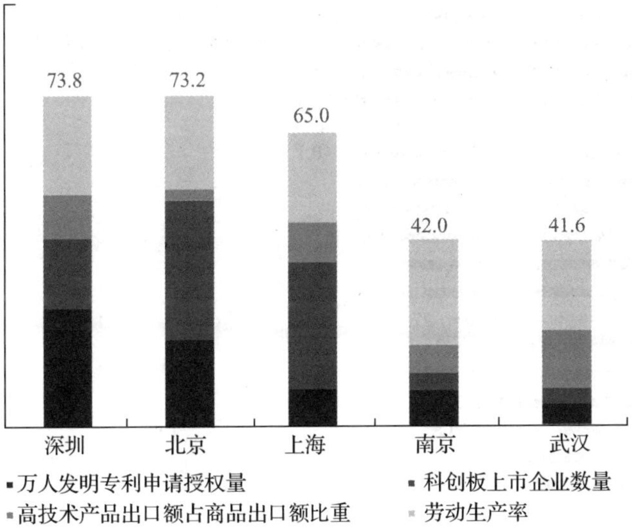

图5－12　科技城市创新产出TOP5城市分项指标情况

资料来源：鑫创科技产业研究院整理。

(四) 创新环境指数

33个城市的创新环境指数排名如图5－13所示。从图中可以看出，北京的创新环境指数为86.9，位列第1名。上海的创新环境指数为72.4，位列第2名。深圳、广州、成都、杭州、武汉、西安、重庆、南京的创新环境指数在40～60，位列第3～11位。长沙、天津、青岛、郑州、济南、合肥、南昌、宁波等22个城市的创新环境指数在40以下，位列第12～33位。北京、上海属于创新环境指数排名第一梯队，城市创新发展环境优良，创新活跃度较高；深圳、广州、成都、杭州、武汉、西安、重庆、南京属于创新环境指数排名第二梯队；长沙、天津、青岛、郑州、济南、合肥、南昌、宁波等属于创新环境指数排名第三梯队。

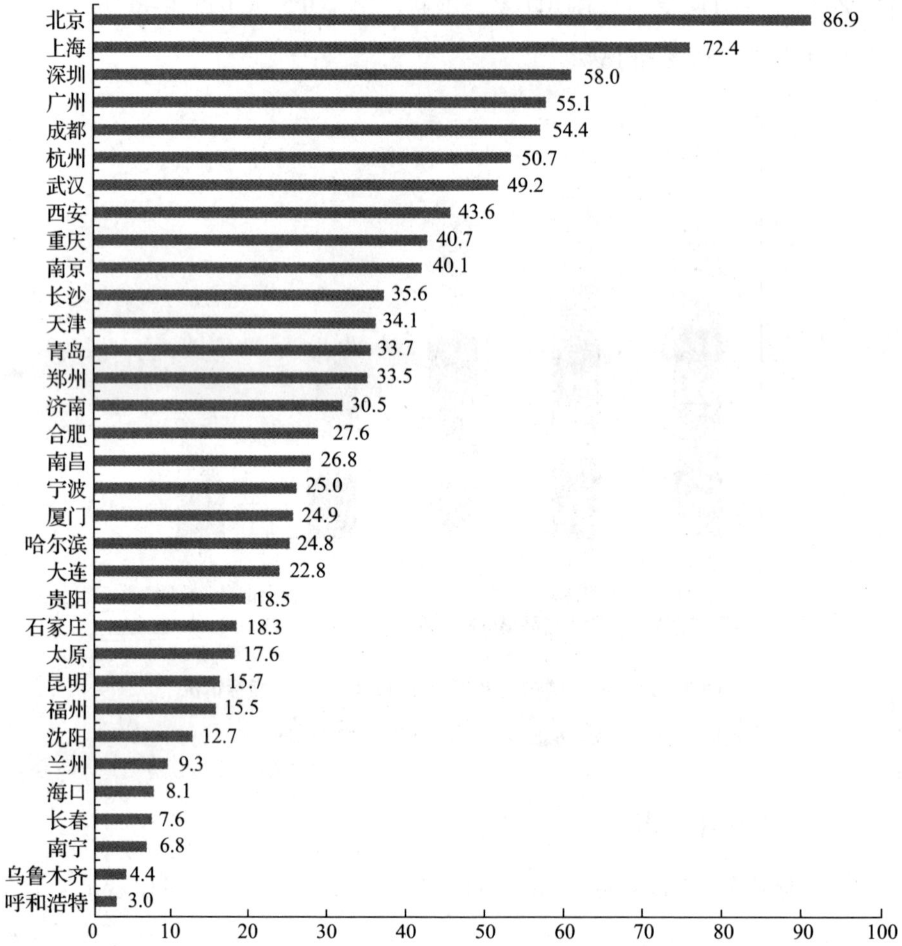

图 5－13　科技城市创新环境指数排名

资料来源：鑫创科技产业研究院整理。

创新环境比较好的城市能够同时吸引和集聚海内外的人流、技术流、资金流和信息流。从创新环境 TOP5 城市的分项指标来看，北京、上海、成都 3 个城市的 4 个二级指标均排名前列。5 城的城市人才吸引力指数、城市发展潜力指数均位居前列，国家国际科技合作基地数量排名中仅深圳相对靠后，实际使用外资金额占地区 GDP 比重排名中仅深圳、广州相对靠后。

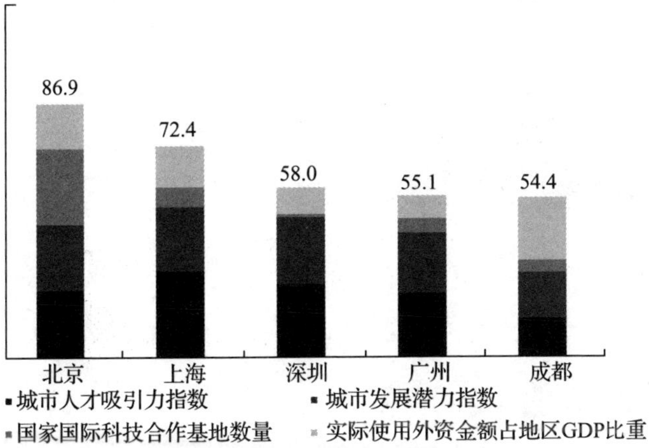

图 5-14　科技城市创新环境 TOP5 城市分项指标情况

资料来源：鑫创科技产业研究院整理。

第六章 科技城市典型案例研究

通过研究国内外典型案例，我们发现其发展经验有不少共性，如产学研的深度结合、政府与产业相关服务机构的积极引导、多方金融服务的助力、创新创业人才的引进等。

本章选取了英国剑桥科技园、美国旧金山硅谷和爱尔兰高威市三个国际案例，以及北京中关村科技园、上海张江高科技园和郑州中原创客小镇三个国内案例，对它们的竞争优势进行分析并给出启示，揭示科技城市发展的内在规律，为其他地区的科技城市建设提供借鉴参考。

第一节　英国剑桥科技园

一、案例背景

英国剑桥科技园位于英国东南部的剑桥郡，距离伦敦市中心仅 90 公里，著名的康河横贯其中，规模为 152 英亩（近 70 公顷）。英国东南部是公认的全球核心科技中心之一，拥有的研发和创新纪录不计其数。世界闻名的剑桥大学也坐落于此，是该地区研究活动的核心，可以说该地区是剑桥大学引导的集研发和生产于一体的高科技企业聚集区，还被冠以“硅沼”（Silicon Fen）或“剑桥集群”（Cambridge Cluster）的称谓。剑桥科技园的主要目标是促进技术转让、从研发到上市支持研发公司、促进和鼓励生物技术和高科技研发集群的发展，也向参与科学研究和开发的邻里社区提供高质量、灵活的实验室和办公大楼等。

该地区曾是一块半荒废的农田，除了第二次世界大战征用外并无任何令人瞩目的地方。在 1939—1945 年的战争中，该地区被征用，形成了一个巨大的陆军坦克编组场。20 世纪 60 年代，美国硅谷的成功引起了英国大学与研究机构的注意。1960 年，剑桥大学毕业生 Tim Eiloart 和 David Southward 创办了剑桥咨询有限公司（Cambridge Consultants Ltd，CCL），剑桥大学开始形成技术转移和商业化文化。[①] 自此，以剑桥大学为中心，周边逐渐形成高技术产业聚集。1968 年，剑桥大学的小组委员会提出要以剑桥大学的实力与威望吸引

---

① 罗涛. 剑桥大学技术转移和商业化经验［J］. 高科技与产业化，2013，(04).

众多科技型企业，这得到了英国政府与企业界的广泛支持。1971 年，剑桥大学三一学院成立了剑桥科技园，它是英国首个科技园。1973 年 4 月，第一座建筑、湖泊、林间空地和小型植物园开始建造。

在经历过十年左右的高速发展阶段后，受 1989 年英国经济衰退影响，园区进入了缓慢发展的阶段，其中高科技产业发展更是陷入停滞状态。1993 年开始，园区再次出现增长态势。1993—2003 年，园区每年新增约5 000个就业岗位，年平均国民生产总值增长率达到了 6.3%，大大高出英国 3.4% 的国民生产总值增长率。① 2020 年，园区内的公司已达 130 家，园区内已有超过7 000名员工。

图 6-1　剑桥科技园俯瞰图

资料来源：https://www.cambridgesciencepark.co.uk/about-park/.

尽管剑桥科技园是模仿硅谷模式建立起来的，但它却有别于硅谷模式。

① 马兰，郭胜伟. 英国硅沼：剑桥科技园的发展与启示［J］. 科技进步与对策，2004（04）.

首先，剑桥科技园区中的中小企业偏多，因此园区的政策更倾斜于它们。这些中小企业涉及各个高科技领域，从生物科技到设备制造，从网络软件到3D打印。其次，它们都专注于自己的专长领域，有十分明确的核心业务，通过使用最少的资源大规模地生产畅销于市场的产品。再次，园区内的企业与本地或海外的其他同行有着紧密的联系，也常与大学的科研部门合作，于是大量具有市场价值的商机应运而生。最后，园区针对小企业宽松的政策与灵活的制度，刺激着创业企业不断出现，一大批健康发展的“小科技企业”和“小小科技企业”逐渐聚集，部分规模不大的企业甚至也有了子母公司结构。

除了小企业，园区内还有一些大型跨国公司的研究基地，如诺基亚、日立、甲骨文、施乐公司、斯坦福研究所、微软等。由于这些龙头企业的带动、中小企业的不断萌生，剑桥科技园现已成为英国高科技产业技术中心，也是推动英国高科技产业成长的重要引擎。剑桥科技园的发展创造了“剑桥现象”。

二、竞争优势

剑桥科技园内各企业在大学、中小型科创公司和大型跨国公司密切协作的产业网络中开展业务，形成了极具创新特色的生态系统，是伦敦经济发展和行业技术进步的重要创新源泉之一。它之所以能够蓬勃发展并且难以复制，主要原因有以下7点：

（一）强大的创新源头

剑桥科技园拥有强大的学术资源。与硅谷相似，大学是它飞速发展的主要因素之一。由于科技园本身就是剑桥大学投资创建，连科技园使用的土地所有权都属三一学院，因此它的发展离不开剑桥大学的推动作用。作为科技园重要技术创新源泉的剑桥大学，在自然科学特别是应用技术方面有着牛津大学等高校难以望其项背的优势。剑桥大学向来注重应用科学的研究，最大的系是工程科学系，具有强大的技术研发能力。值得一提的是，剑桥大学的主要科研力量和成果在计算机和微电子方面，很适合中小企业的成长①。除此之外，安格利亚鲁斯金大学等高校与其他科研机构也为科技园的发展提供了很多科技支持。

（二）独特的创新转化机制

剑桥科技园拥有灵活的科研成果转化机制。剑桥大学为促进园区的发展，采取了一系列利于科学技术成果转化并向校外转移的措施。首先，所有的专利权利人，无论是个人、课题组还是院系层面，都被允许自主转化其所拥有的专利。其次，剑桥大学创办了产业公司。剑桥企业有限公司是剑桥大学的全资子公司，专门负责将剑桥大学的科研成果推向市场。该公司还下设了全资子公司——剑桥大学技术服务有限公司，代表剑桥大学同产业界进行贸易洽谈和签订协议，以剑桥大学的科技成果为投入取得股份，利用产业公司的金融优势知名度，成立上市公司，发行股票，为成果转化筹集更多资金。②

（三）产学研紧密合作

在实现自身科技成果转化与转移的同时，剑桥科技园和科研领域及产业界保持着密切的联系。园区将研究人员、投资人和企业家等紧密结合了起来。它积极参加英国政府及欧洲区域内为加强科研与产业界联系的各种计划和项目。除此之外，它还与大型跨国公司合作，联合建立了研究所、实验室等科研机构。例如，与美国微软公司合作建立了微软研究实验室等。目前，剑桥地区的高技术公司雇员的1/3都是刚毕业的大学生，其中70%来自剑桥大学。此外，过半数的高科技公司都和剑桥大学保持着紧密的合作关系，其中90%的公司与各学院直接挂钩。园区内所有的企业都可以使用剑桥大学的数据库。

---

① 张碧晖. 剑桥科技园的“真经”［J］. 中国高校科技与产业化，2002（08）.

② 英史良. 剑桥大学转化科技成果的启示［J］. 中国高等教育，2000，（04）.

（四）创新产出相对较高

首先，剑桥科技园中企业的高科技出口额比重大。剑桥科技园从 1971 年创立至今，累计出口总值超过 280 亿英镑。其中，高科技公司的出口构成占比超过 90%。其次，技术市场成交额在同等规模的科技园区中相对较高。根据剑桥科技园官网公布的信息，从 2016 年至今，技术市场的成交额共计7 900万英镑。[①] 表 6－1 显示了 2016—2019 年园区内拥有技术市场成交额的企业及金额。

表 6－1　2016—2019 年剑桥科技园技术市场的成交额　　单位：英镑

企　业	技术市场成交额
Evonetix	23 000 000
Oval Medical	20 000 000
WeGift	40 000 000
PragmatIC	20 000 000
Cambridge Epigenetix	30 000 000

资料来源：https://www.cambridgesciencepark.co.uk.

（五）创新环境优越

园区内科技企业占比很大且以研发制造活动为主。剑桥大学吸引了越来越多企业入驻剑桥地区，而且剑桥地区 42% 的企业以研发为主要活动；37% 的企业以制造为主要活动；17% 的企业以从事咨询为主要活动。根据剑桥科技园官方披露的信息来看，园区目前的公司构成为 35% 的生命科技公司和 65% 的深度科技公司，科技企业占比为 100%。[②]

园区具有强大企业孵化与加速能力。剑桥科技园作为剑桥大学最大的企业孵化载体，内有众多孵化平台，自身具有强大的孵化加速功能。剑桥科技

① https://www.cambridgesciencepark.co.uk/news/? loadMore = 1&page = 3&q = million.

② https://www.cambridgesciencepark.co.uk.

园为剑桥大学科技成果转化提供了一个转化“容器”。在这个“容器”中，一方面，剑桥大学的科技成果能够独立孵化成为企业；另一方面，科技成果也可以与科技园中企业实现合作共赢，提高了转化的成功率和质量。从孵化平台来看，目前园区有包括 Bio-Innovation Centre（见图 6 – 2），Building22，Building29 ~ 30，Building270，Building420 在内共 5 个孵化场所。此外，剑桥地区还拥有诸如圣约翰创新中心的商业孵化器，全球知名的大数据企业、全球企业级搜索的领头羊 Autonomy 公司就是该中心孵化出的企业。这些孵化器也为剑桥科技园企业发展做出了突出贡献。

图 6 – 2　剑桥科技园孵化器 Bio-Innovation Centre

资料来源：https://www.cambridgesciencepark.co.uk/about-park/.

园区为企业提供完善的配套服务设施，为企业提供创新创业支持及生活配套。园区环境优美，生活便利，文化、教育、娱乐设施齐备，具备良好的工作和居住条件。园区内的公共活动中心为企业提供丰富多样的活动，集多种功能于一体，包括餐厅、酒吧、托儿所、会议中心、健康中心等；园区内还设有交流展示中心，为企业进行路演展示、开放交流等提供服务。互联网普及率为 100%，园区内所有企业均可以接入光纤网络。

（六）有利创新的制度与文化

促进创新的优惠政策。英国并没有限制外商投资的法律，因此从法律意义上来说，外商或者外资控股企业与英国本土的企业享受同等的待遇。外资企业不仅可以享受基本的优惠政策，还可以获得项目资金援助。虽然政府没有针对科技园的专门政策，但在2000年英国政府颁布了针对中小企业的研发税收政策。对于年营业额小于2 500万英镑的中小企业，如果每年的研发投入多于5万英镑，可以享受150%的优惠。之后，政府还制定了《企业发展计划》，对于高科技中小企业，可以减免60%的投资税，并且初创型高科技中小企业资本税全免。除此之外，公司的印花税以及公司税税率都有所降低。

灵活的教师创业制度也促进了园区的发展。剑桥大学允许教师校外兼职，对于知识产权也采取宽容政策，以促使教师创业。长期以来，剑桥大学一直实行短期聘用制，给那些不愿离开剑桥大学而又需等待其他机会的教师提供了进入产业界的机会。

适宜的技术发明利益分配制度。剑桥大学十分重视技术发明人的经济回报，技术发明利益严格按照贡献比例进行分配，用以调动科研人员、教师和学生转化科技成果及参与创办企业的积极性。

剑桥科技园创新文化氛围浓厚。首先，创业精神影响深远。剑桥大学倡导特殊的创业精神并且拥有独特的人文氛围。众多成功的案例也吸引着年轻的学生投入创新创业。科技园内企业的创始人大多来自剑桥大学。其次，商业化、市场化气氛非常浓厚。由于受政府干涉较少，科技园形成了商业化浓厚的企业文化。最后，社交网络文化稳定。科技园使大学和企业、学生和创投者紧密地结合起来。

（七）投融资模式优越

风投资金高并且来源多样。剑桥地区聚集了整个英国约1/4的风险资本，是全英国除伦敦外种子资本和风险资本最密集的地区，共吸收了全英国25%

的风险投资和全欧洲 8% 的风险投资。① 英国的风险投资相比欧洲其他国家起步最早并且发展迅速。剑桥科技园的风投除了私人投资外，还有保险公司、银行和政府相关部门、企业投资者和研究机构等。英国允许风投公司将养老基本金与银行自有资金的 5% 筹集为风险资金，为风险资金来源开辟了新的通道。巴克莱银行早在 20 世纪 80 年代初期就在剑桥科技园设立了办事处，专门支持新型风险企业，凡符合政府企业担保计划规定的风险企业都可以在该银行透支或定期放款。② 由于巴克莱银行与其他风投公司的早期带头作用，剑桥科技园不断吸引了风险投资。即使是 2008 年金融危机时，该园区依然是对风投最有吸引力的地区之一。

英国政府对创新保持着相当开放的态度，非常舍得投入巨额资金推进新技术落地。2017—2018 财年，英国宣布增加 70 亿英镑的研发资金，研发支出总额在 4 年后将达到1 250亿英镑。英国目前已经吸引了来自全球的超过 120 亿英镑的投资，每 7 天就有一家人工智能相关公司创立。而且，伦敦已经成为欧洲最大的人工智能公司聚集地。

英国政府还对中小企业进行科技创新专项资助。由于中小企业抗风险能力弱并且融资能力较弱，英国政府制定了一系列的商业融资政策，包括早期成长资金、英国高技术基金、小企业贷款担保方案等。对于中小企业科技创新给予不同程度的资助，资助金额据企业规模与创新能力而定。那些对行业有重大意义和经济效益的科研项目，最多可给予 50 万英镑的资助。

三、案例启示

经过几十年的发展，剑桥科技园走出了一条有别于硅谷的道路，成为剑桥高技术集聚区成功的重要标志。剑桥科技园是小而精科技园类型的典范，

---

① 长盛不衰的“硅沼”：英国剑桥科学园［J］. 杭州科技，2011，(05).

② 安宁，王宏起. 国际典型大学科技园发展模式的比较研究［J］. 科技管理研究，2008（01）.

对于我国众多中小高科技企业聚集的城市或园区很有借鉴意义。

（一）以优质大学为依托，形成专业聚集效应

剑桥大学是剑桥科技园高科技产业发展的原动力，积极地进行着创新成果转化，与产业界及科研领域保持着密切的联系。作为世界一流水平的大学，每年都为园区输送一批高质量人才，为园区的成功提供了至关重要的创业人才和管理人才，实现了双赢。目前我国众多一流大学也在努力寻求与外界的合作，因此科技园区应当抓住机遇，充分依托优质大学的王牌专业，为师生创业提供空间载体或是创业服务。科技园区通过凝聚创新团队，使创新成果转化平台有效地转化与扩散，逐步发展成为以大学为有力创新源头的地方产业集聚群。

（二）应同等重视内外市场的开发

由于英国本国国内市场的不受重视及缺乏，剑桥科技园区内的创业者们多数只能将眼光投向国外。而国内的许多园区乃至城市为了加速对外开放的进度，进入了大力开拓外部市场的误区，却忽视了内部市场的建设。但不可否认的是，内部市场可以提供廉价的劳动力与资源，并且也可以提供资金和技术方面的支持。所以，我国科技园区或城市只有实现真正的内外结合，才能拥有更广大的市场，才可以持续发展。

（三）应打造优良的投融资环境

创造良好的投融资环境并建立多样的投融资渠道对于科技企业特别是中小型企业的发展至关重要。国内园区应当学习剑桥科技园，通过建立与引入创新基金、风投基金和针对中小型高科技企业的创新基金等，推动国外的风投公司进入国内科技园。此外，还应发展金融科技组织，完善投融资担保体系，利用产权交易市场和国内外证券市场融通资金，逐步打造具有中国特色的创新创业投融资机制。

（四）大力倡导创新创业精神

剑桥科技园成功的重要因素之一是它可以将创新精神转化为创新成果。虽然国内很多科技园区都具备良好的环境和拥有雄厚的资金等，但大多缺乏“剑桥精神”。因此，我们要大力倡导创业精神和独特的人文氛围，使得科技城市或园区的内涵丰富起来，拥有源源不断的创新动力。

第二节　美国旧金山硅谷

一、案例背景

旧金山湾区是美国加利福尼亚州北部的大都会区，位于圣保罗河出海口的旧金山湾四周，包括旧金山市及其周围的 9 个郡。面积为 1.8 万多平方公里，是美国的第五大都市区。截至 2018 年，共有 33 家世界 500 强企业总部设立于此。这里曾经是军事电子产品的生产基地，随着半导体、微处理器和基因技术的出现，现在的湾区高技术企业主要是信息技术和生物技术。它在历史上有很多个“世界第一”：集成电路、微处理器、心脏移植、重组 DNA 等。湾区内有多个世界级的研究型大学，包括斯坦福大学和加利福尼亚大学伯克利校区等；湾区内还有多个国家级研究实验室，包括航天局艾姆斯研究中心和斯坦福直线加速器中心等。①

硅谷（Silicon Valley）位于旧金山湾区南面。100 年前，该地区只是一片果园，后来因研究生产硅半导体芯片而得名“硅谷”，现在已成为电子工业与计算机业等高科技产业密集的王国。1971 年，《微电子新闻周刊》首次称这一地区为“硅谷”，后被广泛使用。这里目前已经有超过1 500家计算机公司，

① 柯世源. 硅谷和旧金山湾区的科技经济［J］. 全球科技经济瞭望，2002（08）.

风险投资比例占了全美风险投资总额的1/3。硅谷以附近科研实力强大的美国顶尖大学及科研机构为依托，以高新技术中小公司群为基础。同时拥有谷歌、脸书、惠普、英特尔、苹果、思科、英伟达、甲骨文、特斯拉、雅虎等大公司，形成了“科、技、产”三位一体的发展模式，是在美国率先创建产学研一体化创新模式和实现知识与技术创新协同的地区之一。硅谷和周边大学及科研机构的良好互动带动了硅谷经济的发展，而产学研结合创新机制的产生促进了科技成果的转化。在过去的40年间，硅谷平均每周产生11个公司，世界上100个最大的电子和软件公司中的20%位于硅谷。硅谷平均每5天产生62个百万富翁①。这些统计数字足以说明硅谷具有其他区域无法相比的创新活力。仅从硅谷的一角就可以看出硅谷的产业十分密集（见图6-3）。

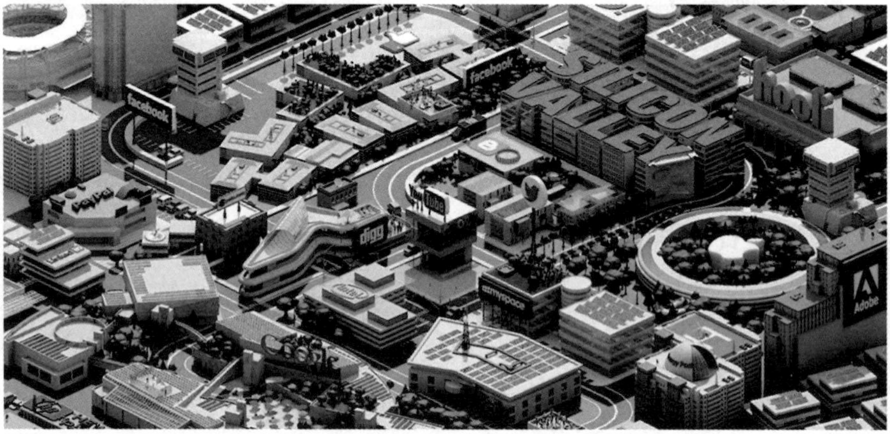

图6-3　硅谷企业分布局部图

资料来源：https://www.sohu.com/a/272218224_100180364.

20世纪50年代初至60年代末是硅谷初步崛起时期。硅谷以“风险资本与创新公司”和“学术工业综合体”相结合的发展模式初步定型。20世纪70年代初至80年代中是硅谷的快速发展期，原因是70年代微处理器的诞生使

① 汪安佑，高沫丽，郭琳. 产业集群创新IO要素模型与案例分析［J］. 经济与管理研究，2008（04）.

硅谷乃至整个美国进入了微电子时代。到了 20 世纪 80 年代，软件业的崛起促使硅谷率先步入了“信息社会”。20 世纪 90 年代中至今，硅谷大规模进入网络时代，而网络时代又带来了软件业的繁荣。在这个时期，软件业和网络业同时的大发展使得硅谷的文化和人们的思想产生了巨大转变。

二、竞争优势

硅谷以培育优势突出的技术与产业创新能力为基础，形成产学研三位一体的发展模式，利用高度活跃的创业投资和风险资本、支持大批优质的企业家群体、遵从全球低碳化发展趋势，形成了独特的创新生态系统（见图 6 –4）。开放自由的创新创业文化、依靠政府政策支持和良性干预等都是硅谷得以成功并维持增速的关键所在。

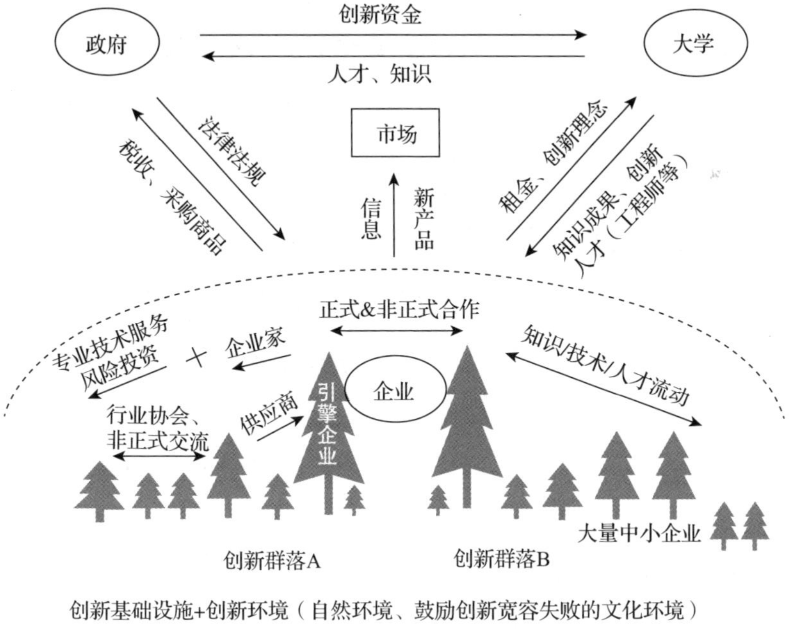

图 6 –4　硅谷创新生态系统示意图

资料来源：http://www.baoxian366.com/think/article –104537.html.

（一）创新创业投入高

硅谷的研发人员与研发经费投入强度大。计算机、半导体、网络和信息服务、软件、通信制造与服务、IT 维修服务等 ICT 从业人口目前占了 20%，其中科学家与工程师占较大比例，这说明硅谷集聚了众多高端人才。截至目前，硅谷共有 40 多位诺贝尔奖获得者、上千名国家工程院和科学院院士及几万名工程师。它还诞生了许多著名的企业家。目前，硅谷已经有超过 500 个上市公司投资于研发。这些公司总研发投入超过了 450 亿美元，是联邦政府研发投入的 10 倍。他们的研发投入占销售收入的比重在 10% 以上。①

创新创业投资高度活跃。从企业创业初期的天使资金、风险债券、职业投资人、风险投资到企业成长期的纳斯达克上市等，硅谷有一整套企业融资渠道，是硅谷经济发展的有力保障。硅谷和旧金山的天使投资和并购活动在加州地区最为活跃。硅谷的风险投资额占全美的比重持续稳步上升，2018 年硅谷地区的风险投资总额达到了 190 亿美元，硅谷及旧金山的风险投资总额占加利福尼亚整体的比例增加到 79%。

（二）众多一流的高校及科研机构

在硅谷聚集着为数众多的高等院校和科研机构，如世界著名的斯坦福大学、麻省理工学院、波士顿大学以及美国的高级军事技术研究机构等，知识与技术的密集程度高居美国之首。他们不断研制和推出的高新技术成果构成了硅谷的技术基础，为硅谷的成功运作奠定了坚实的知识环境。他们不仅积极与企业组成各种专业化的新型联合体，共同研究新技术、开发新产品，使得双方共同受益，形成“双赢”局面，并且帮助企业培养和培训高科技人才。

---

① https://wenku.baidu.com/view/5c8dab84c0c708a1284ac850ad02de80d5d8066e.html.

（三）技术创新能力极强

硅谷一直是加州和美国最具创新力的地区。从授权专利在加州和美国的占比来看，在过去20年间硅谷一直是加州和美国专利授权量最多的地区，且在加州所占份额从37%增加至47%，在全美所占份额从7%增加至13%。从专利构成看，计算机、数据处理与信息存储及通信行业的专利始终遥遥领先于其他行业。中小企业在技术研究和投资创新中的积极性更高，对硅谷授权专利数量功不可没。中小企业小批量生产以及开放的、弹性的经营模式，促使硅谷形成了有机合作的高技术工业区，高技术公司在创新产品的生产流程中相互合作，既能保持小规模，又具有全球竞争力。①

（四）政府的良性干预

硅谷的成功，不仅得益于市场选择，还得益于美国政府的作用。第一，政府着重为创业人员和企业营造公平竞争的环境。第二，制定了一系列吸引人才和鼓励人才合理流动的政策，制定宽松的技术移民签证，吸纳国外优秀人才。第三，政府通过减免税收、补助科研经费等方式帮助和鼓励中小型企业开展研发活动。第四，政府还实行严格的专利制度保护知识产权和技术交易。第五，建立行业标准，推进技术的完善与进步。此外，由于硅谷的快速扩张而导致生态环境恶化，政府积极主导协调各方利益，提供规划用地用于硅谷的不断扩展，并且积极改善硅谷的交通状况。

（五）创新环境与文化极佳

硅谷的孵化器类型多、质量高。美国是孵化器的发源地，硅谷是科技创新资源聚集、创业文化深厚、创业服务机构众多、孵化服务模式多样的区域。硅谷的孵化器不仅仅为创业公司提供办公环境，更多的是为初创企业提供各

① 左学金. 国内外开发区模式比较及经验：典型案例研究［J］. 社会科学，2008（09）.

种专业服务，帮助企业快速成长。硅谷的孵化器主要有三种，即政府或非营利性组织办的社会公益型，企业主办的市场经营型以及大学等学术机构主办的孵化器。①。Plugand Play 创办于 2006 年，是市场经营型的孵化器的典型代表，是硅谷最大的创业孵化器和加速器中心，目前在孵的初创企业有 300 余家，已成功孵化超过1 500家初创企业。

硅谷独特的文化锻造了其无限的创新动力和繁衍生息的能力。首先，硅谷员工的跳槽率较高，却不受到谴责，政府规定合同中没有竞业禁止条款，有关商业秘密法律的条款也不被积极执行。员工忠实的是自身的职业发展、人脉关系网络和行业技术的进步。其次，硅谷的大多数人不拘小节，不受职位、学历、出身、富裕程度的限制，个人之间很容易进行相互学习与知识共享。最后，硅谷创新创业文化的氛围浓厚，人人都跃跃欲试。

硅谷是一个多元化的社会，才华和能力决定一切。年龄、经验、肤色、背景等并不重要，才能和特长才是决定个人位置的关键。硅谷是美国人口多元化和素质最高的地区之一。《2019 硅谷指数》显示，在硅谷，外籍居民比例已超过38%，亚洲居民首次占据最大人口比例（34%）。在欧洲，破产被看作羞耻，还有些国家甚至规定破产者不能再开公司。而硅谷文化中把失败作为宝贵的财富，激发了员工大胆尝试、勇于探索的冒险精神。硅谷还拥有颠覆一切的精神，创新者更追求创造出真正具有颠覆性的产品，在一些大学和孵化器里可以看到悬挂着乔布斯和特斯拉创始人的头像照片。

（六）重视开放创新

创新理论的创始人熊彼特发现并提出了集群创新现象。他认为创新并不是孤立的，而总是趋于集群成簇发生。一个地区具有更多的合作伙伴，甚至国外的合作伙伴，说明该地区创新更具开放性，即对于其他地区的技术吸纳

---

① 陈晴. 美国硅谷孵化器的发展经验对我国的启示［J］. 中国科技产业，2014，(08).

能力更强，也更具有竞争力。《2018 年全球创新指数报告》① 显示，硅谷地区拥有最多的合作集群（24 个）。这说明硅谷非常注重开放创新。

三、案例启示

作为先进的全球科技创新中心，硅谷具有多样化的特征，不仅广泛涉及科技领域，还大量涉及经济、社会、政治、文化、教育、人口等多个层面。硅谷的成功不是源于单一优势，而是胜在综合优势。尽管硅谷无法复制，但在政府职能定位、社会生态环境建设、城市硬设施与软环境等方面，硅谷能为我国建设科技城市提供一定的借鉴。

（一）政府应明确职能定位

政府提供给高科技企业成长发展最基本也是最重要的资源就是合适的政策与法律体系。这意味着在发展高科技产业的过程中，政府不需过多地介入高科技企业的管理过程，而是应当重点为创新创业企业和人员建立起规范的制度环境，如构建公平公正的环境打破行业垄断、制定鼓励创新创业和吸引人才的优惠政策以及保护知识产权等。

（二）重视生态环境建设

硅谷地区虽然创新竞争力十分强劲，但也面临生活和商业成本高昂、基础设施建设滞后、社会治安恶化、科技人才流失、创新领域就业增速减缓等挑战。硅谷的通勤成本很高，2017 年 6.5% 的硅谷员工在通勤路上花费 3 个小时，并且居住成本也位居全美前列，但几乎没有任何可以采取的措施。从 2018 年的人口流动数据来看，逃离硅谷的人数已经连续三年超过涌入的人数。② 建设科技城市，如果说人才是关键，那么良好的创新生态环境就是保

---

① 张原，任海峰. 2018 年全球创新指数报告［J］. 互联网经济，2019，(01).

② 祝学华，蒋玉宏，朱庆平. 硅谷地区创新竞争力面临的挑战和启示［J］. 全球科技经济瞭望，2018，33（08）.

障。我国应当借鉴相关经验，重视创新生态环境建设，并进行动态监测以发现问题且及时优化；此外还要加强部门间协调作用，共同为打造创新生态环境建设出力。

（三）有针对性地完善硬件设施

创新之花要盛开，良好的硬件设施始终是前提条件。建设新型科技城市，必须发展知识与技术密集型产业，持续加大风险投资力度，积极建设科技孵化器、众创空间，坚持培育具备创新精神的企业家和创新型中小企业，不断提升科研与创新型人才的收入水平，在全球范围内吸引高层次创新型人才和机构，持续改善生态环境质量，加快城市生活配套及娱乐休闲设施建设。

（四）营造适宜创新创业的软环境

创新的种子若要生根发芽，必须有适宜的创新环境。我国建设科技城市过程中营造软环境比完善硬设施更紧迫，所以，我们必须要着重营造适宜创新的文化氛围，扩大优质的教育、医疗等公共服务供给能力，打造高品质的娱乐休闲生活，构建法治化政府和有序竞争的市场规则，持续而系统地推进软环境建设，尽快突破科技城市建设过程中遇到的软环境制约。

第三节　爱尔兰高威市

一、案例背景

（一）高威概况

爱尔兰有“欧洲小虎”的美誉，是一个高度发达的资本主义国家，是世界经济发展速度最快的国家之一，2018 年 GDP 达到3 759.03亿美元，人均 GDP 全球排名第五，高达77 450美元。爱尔兰素有“翡翠岛国”之称，全国绿树成荫，河流纵横，草地遍布，所以又有“绿岛”和“绿宝石”之称。爱尔兰把吸引外资、发展外向型经济作为长期国策，吸引了大批欧洲和美国的高新技术人才来此创业①。

高威坐落于爱尔兰西部，紧邻大西洋，是爱尔兰的第三大城市（第一为都柏林市、第二为科克市），距首都都柏林约200公里。这里是爱尔兰的一个重要文化、旅游和贸易中心，被誉为爱尔兰的“文化首都”和“西部之都”，以其传统的爱尔兰古典音乐和年轻充满活力的人民而闻名。高威市周围的湖光山色令人流连忘返，每年7、8月举行的高威文化节吸引着世界各地的观光客（见图6-5）。

图6-5 景色宜人的高威市

资料来源：http://www.nuigalway.ie/iseh2020/gallery/.

高威虽然人口不足10万，却是爱尔兰发展最快的城市、未来微型欧洲最佳城市、2020年欧洲文化之都、联合国五个教科文组织电影城之一，同时也是许多ICT跨国公司和高速成长的初创公司的所在地、全球五个医疗技术领

① https://baijiahao.baidu.com/s?id=1650332761860725222&wfr=spider&for=pc.

域枢纽之一。高威特别专注于打造核心产业的竞争力，如医疗科技、软件和人工智能。随着爱尔兰高威国立大学（NUIG）和高威梅努斯理工学院（GMIT）在高威开设分校，一支高技能、充满活力的劳动力队伍正在不断壮大。此外，高威拥有商业、工业、教育、社会、文化和体育生活的独特融合。这些对于企业家和希望在爱尔兰设立办事处的国际公司而言，都是非常有吸引力的。

（二）高威的医疗科技产业

全球10大医疗技术公司中的9家、25大医疗技术公司中的18家在爱尔兰设有研发、设计、生产和销售基地。国际巨头是爱尔兰医疗技术产业的主导力量，同时爱尔兰政府出台了较为优惠的产业政策，共同塑造了优良的产业生态，推动爱尔兰本土医疗技术企业近几十年来迅猛发展。根据爱尔兰医疗技术协会的数据，爱尔兰是全球医疗技术专业人士的最大雇主，有350家跨国公司在此雇用3.8万多名员工，其中1/3的员工位于高威。2019年，爱尔兰在该行业的出口额超过126亿欧元。目前，爱尔兰拥有450家医疗技术公司，其中60%是本土企业，本土企业中的80%是初创企业或中小型企业。①

高威不仅是爱尔兰最重要的医疗技术中心，而且已成为欧洲七大最重要的医疗技术产业集群之一、全球五个医疗技术领域枢纽之一。从医疗技术公司集中度来看，只有美国的明尼苏达州能与之争锋。目前，高威在吸引全球领先的医疗科技公司进驻的同时，成功建立了许多医疗科技初创企业，这些初创企业将继续成为各自领域的世界领导者。未来，高威医疗技术将把制造商、临床医生、学术机构、企业家及初创企业、金融机构和供应商聚集在一起，共同制定一项计划，以定义当前和未来的医疗器械趋势，同时研究、讨

① Irish Medtech Association, Ibec The Global Medtech Hub, Irish Medtech Association Statement of Strategy 2016 - 2020 [Z].

论和改善生活质量，最终提高全球患者的预期寿命。

高威的医疗技术发展与一家名为 Digital 的大型科技公司的倒闭有着密切的关系。这是一家美国的科技公司，其历史可追溯到 20 世纪 80 年代，当时从事计算机组件的设计和制造。多年以来，高威在技术创新方面赢得了很高的声誉，而数字技术正是这一方面的主要推动力。不幸的是，高威过于依赖这一家公司。在 80 年代后期，爱尔兰出现了经济衰退，Digital 也深受影响。他们决定关闭在高威的公司，这导致大量的工作机会流失。高威的人民别无选择，只能寻找新的领域就业，许多人利用他们的技能和经验开始着眼于医疗技术领域。原因是医疗产品受经济危机的影响很小，即使在经济危机中人们也会生病，并且需要医疗设备和技术来帮助他们变得更好。而且，随着人口老龄化，医疗技术领域的产品将永远有市场。这推动了高威医疗技术创新的开始。

目前，作为爱尔兰第二大医疗技术中心，高威是爱尔兰最重要的医疗技术集群所在地，被誉为爱尔兰开发下一代智能医疗设备的“超级中心”。高威拥有一个由高校、医疗技术初创企业、跨国公司和研究中心组成的充满活力的生态系统，在心血管支持设备、医院或家庭护理产品的研发制造方面实力雄厚。高威在血管技术方面拥有极其丰富的专业知识，由波士顿科学公司和美敦力公司主导。波士顿科学公司是爱尔兰最大的医疗设备雇主，在克朗梅尔、科克和高威三地拥有超过4 500名员工。其产品范围包括药物洗脱支架、结构式心脏产品、心脏起搏器和植入式心脏除颤器（ICD）。波士顿科学在高威拥有约3 000名员工。美敦力高威工厂拥有约2 000名员工，其中包括 100 多名从事研发工作的员工。高威的其他著名医疗科技公司包括 Merit Medical、Cambus Medical、Crospon 和 Zimme 等。它还是一个全球医疗技术研究中心。功能性生物材料卓越网络（The Network of Excellence for Functional Biomaterials）和再生医学研究所［Regenerative Medicine Institute（REMEDI）］

的总部也都设在高威。①

二、竞争优势

高威凭借其亲商环境、投资友好、支持研发和人才丰富的优势，创造了完善的医疗产业发展生态系统。这主要得益于政府的政策支持与良性干预、学术资源与科研机构的支撑、跨国企业的良好带动，以及产学研深度融合等方面。

（一）产业服务机构的大力支持

高威医疗科技产业的成功，与爱尔兰国内产业相关机构的大力支持是分不开的。一是政府服务机构的政策和资金支持。爱尔兰企业局侧重于投资爱尔兰初创企业，帮助爱尔兰企业与全球企业开展业务合作，拓展海外业务。爱尔兰企业局在全国建立了由15个技术门户组成的科技服务网络，为企业进入市场提供技术解决方案；它还支持企业与高校或者研究机构开展合作研发使企业获得最新的技术和知识；此外，它还为企业的研发活动提供资金帮助，如创新创业基金等。爱尔兰投资发展署则侧重于吸引外资企业到爱尔兰直接投资，强化爱尔兰国内产业发展。二是行业机构的产业生态建设支持。爱尔兰医疗技术协会是爱尔兰医疗技术行业中最有影响力的协会组织，致力于支持爱尔兰国内的跨国和中小型医疗设备和诊断公司发展，推动形成可持续发展和盈利增长的产业生态环境②。

（二）聚集众多医疗技术巨头企业

高威吸引到的这么多国际一流的医疗技术公司，也是使其成为全球领先

---

① Irish Medtech Association, Ibec, Medtech Rising 1916 – 2016 [Z].

② Irish Medtech Association, Skillnet. Future skills needs analysis for the medical technology sector in Ireland to 2020 [Z].

的医疗技术中心的原因之一。可以说，国际巨头是爱尔兰医疗技术产业发展的主导力量，这些公司包括美敦力（Medtronic）、功德医疗（Merit Medical）、波士顿科学（Boston Scientific）、齐默尔生物医学（Zimmer Biomet）和克雷干纳（Creganna）等。此外，这些大型公司的出口以及由此产生的税收也增加了当地生态系统的价值。

（三）设立基于产学研合作的研发机构

高威的高级教育机构认识到了该地区医疗技术日益重要，也意识到它们对于专业劳动力的大量需求。通过与医疗科技产业的联系，高威的大学逐步出现了支持技术转移的医疗技术孵化中心，成立了初创企业。它们形成了一个高技能的劳动力资源池，并因促进高威医疗产业成功发展而获得了良好的国际声誉。爱尔兰国立高威大学（NUIG）和高威梅努斯理工学院（GMIT）与该地区的医疗设备公司建立联系，开展研究合作，并为医疗设备行业提供技能熟练的毕业生。

自2000年以来，NUIG就将其研究重点放在了生物医学工程科学上，与行业、医疗保健和政府机构等合作伙伴紧密合作，开发了一系列跨学科的研究中心和计划，建立了世界一流的临床、研究和人员基础设施，致力于医疗器械、再生医学和干细胞研究、癌症生物学、细胞凋亡、染色体生物学、生物力学和生物材料等领域的研究。主要研究机构有CÚRAM（医疗设备研究中心）、REMEDI（再生医学研究所）、NCBES（国家生物医学工程中心）和BioInnovate（高威大学生物创新中心）（见图6－6）等①。它们具有很高的技术研发实力，并且十分注重与产业合作伙伴联合开展协同研发，大大加快了医学研究成果的转化效率。随着CÚRAM于2016年的成立，高威作为全球医

① Irish Medtech Association, Ibec, The Irish Medtech Sector Association recommendations to make Ireland a world leader for gender leadership in STEM [Z], 2018－09.

疗器械技术研究中心的地位进一步巩固。CÚRAM 的一个关键功能是培训该领域的下一代科学家、雇员和企业家。它已经吸引了许多新的研究人才来到爱尔兰。BioInnovate 汇集了研究人员、临床医生和行业代表，以合作开发新的医学技术。他们不仅与爱尔兰和国外的教学医院建立了关系，还与天使投资人和国家机构一起拥有商业化基金。他们同时也与行业专业人士合作，以汲取别人的成功经验。NUIG 还是医疗科技加速器计划 BioExel 的所在地。BioExel 为参与公司提供了为期六个月的种子资金以及合作环境。公司和个人并肩作战，互相帮助，共同开发产品或想法，进行成果转化以及产品商业化。

图 6－6　国立高威大学的 BioInnovate

资料来源：http://www.nuigalway.ie/iseh2020/gallery/.

在过去的五年中，NUIG 产生了令人难以置信的影响。它共开展了 248 项合作研究，形成了 257 个新发明、44 个受国际保护的新发明、58 个授权给工业的技术、16 个衍生公司，成功孵化 70 个项目，并且有5 000名大学生企业家被 Launchpad 聘用①。GMIT 的 Met 技术中心是另一个值得关注的地方。这个跨学科的技术中心正在为临床研究和医疗科技公司创造新颖的技术。

（四）健康的创新创业生态系统

近年来，高威发展形成了一个多元化的创业生态系统，吸引了世界各地的人才和投资。高威为医疗技术初创企业提供的一个关键优势是，当大型企业要收购初创企业或给初创企业授权许可时，初创企业将有机会与这些大型企业保持密切联系。同时，NUIG 建立的生物创新奖学金是直接隶属于美国斯坦福大学生物签名项目的奖学金，反映了高威医疗技术文化的创新特性。

高威医疗产业的雇主和提供的工作是高价值的 R&D 工作，因此获得的工资高于平均水平。这在爱尔兰西部创造了更高的价值体系，并为相关人员创造了更高的生活水平。这反过来为房地产市场和其他相关行业创造了更多机会。随着人们工资水平的不断提高，社会生态系统的整体收益也随之不断提高。它还可以推动其他领域的创新，如高科技软件公司和制造公司。

（五）搭建跨城市的投资平台

凭借其蓬勃发展的初创企业网络、高技能劳动力、主要医疗技术跨国公司基地以及临近作为爱尔兰门户的都柏林和香农的机场，高威为本土和跨国医疗技术公司提供了一个能够开启或维护全球业务强大的平台。诞生于高威并在国际上扩展的成功案例，包括从 BioInnovate 孵化出来 Embo，它融资了 300 万欧元现金，以及 Apica 和 Creganna 等被以数千万或数亿美元价格收购的公司。

高威是爱尔兰的医疗技术之都，而爱尔兰是仅次于德国的欧洲第二大医疗技术出口国。在爱尔兰等欧盟成员国开展业务具有许多优势，包括在欧元

① IDA Ireland, Medical Technology Industry in Ireland [Z].

区内的交易不用担心货币波动、CE 标志认证在整个欧洲贸易区内都有效、欧洲公民可以在欧盟内部自由选择生活和工作地、人才库持续增加并多样化等。

（六）城市文化底蕴友好深厚

最重要的是，高威被国际公认为一个随时欢迎游客和新来者的城市，被旅游和休闲杂志评为“世界上最友好的城市”。它还被授予“2020 年欧洲文化之城”，这不仅带来了来自欧洲的重大投资，还向欧洲和世界展示了高威的浓厚文化。

三、案例启示

爱尔兰及其高威的医疗科技产业的成功发展对于我国科技园区及城市发展有着以下 5 点重要启示：

（一）促进产业数字化发展

无论是制造业务、设备还是产品中，通过技术创新是医疗科技产业发展的必然趋势。目前，全球数字化进程正在逐步加快。通过前文的分析，我们已经看到了爱尔兰医疗技术行业的广度，而行业内部对推进数字化发展有着强烈的需求。因为爱尔兰要通过优化性能、实现产量最大化、减少浪费和提高人才技能来确保其在全球范围内的竞争力。值得一提的是，爱尔兰的数字化进程并非千篇一律。例如，爱尔兰投资发展局会帮助其客户在遇到挑战时选择不同的道路；除此之外，它还与爱尔兰当地有关方面开展合作，在利默里克建立了一个先进制造业中心（Advanced Manufacturing Centre），有针对性地帮助实践数字技术的公司更好地实现“软着陆”。

（二）促进跨产业的技术合作

由于医疗技术产业会产生大量数据，这会引发医疗技术公司和科技公司之间的跨领域合作。因为大型的科技公司在人工智能、大数据分析等领域具有较完备的基础设施和专业技能，可为医疗领域打造未来连接设备，创建以患者为中心的治疗方案。高威十分支持企业间友好合作，促进和发展不同业界间的伙伴关系。例如在 2018 年，它启动了一项 5 亿欧元的颠覆性创新技术基金，用以支持 B2B 协作。从高威的生命科学、跨国产业合作及数字化医疗的蓬勃发展中，我们可以看到未来产业间合作蕴含着巨大潜力，能激发多方技术与产品创新。而要想实现医疗科技与由各类学术研究中心组成的技术社区之间的密切联系，打造产业集群必不可少。

（三）集中创新资源，支持重点产业领域发展

作为一个小经济体，高威对于科技领域的创新并没有采取“广撒网”的方式，而是选择了一些对于医疗科技产业发展有重要影响的重点领域给予长期的集中支持。高威这种支持重点产业领域发展的做法，为其他像高威这样的小城市成为某领域的世界领导者指明了方向。

（四）创新人才是创新创业的根本保证

高威的成功得益于拥有大批受过良好教育的人力资源。高威政府深刻意识到，作为一个小城市，要想具有持续的竞争力，必须大力培养高素质人才，兴办高技术企业。高威一方面大力扶持本土企业，另一方面积极促成大学与其他研发机构、社会企业密切合作，注重人才的培养与引进。高威的政府、企业、大学和研究机构共同制定了一系列的优惠鼓励政策吸引大量高层次人才来此就业，这些人才为爱尔兰的科技创新与经济发展注入了新的活力。

（五）对外开放是创新创业的捷径

高威曾经是一个以农牧业为主的城市，紧紧依靠当地的创新资源很难快速实现经济的转型发展，对外开放则是成功的捷径。在过去的几十年中，对外开放始终是高威各届政府奉行的基本原则。作为欧盟成员，高威依托欧盟大市场，运用包括税收在内的各种优惠政策吸引大量外资企业。中国的城市

或园区应以集聚人才、企业、资本和技术成果等为重点，大力推进科技创新中心的全方位开放，不仅向周围开放更要向国际开放。

第四节　北京中关村科技园

一、案例背景

中关村科技园起源于20世纪80年代的“中关村电子一条街”，是我国首个国家级高新技术产业园区，后经国务院批准成立为国家自主创新示范区，并确立了一区十六园的空间格局，包括海淀园、昌平园、顺义园、大兴—亦庄园、房山园、通州园、东城园、西城园、朝阳园、丰台园、石景山园、门头沟园、平谷园、怀柔园、密云园、延庆园①。以下将针对中关村国家自主创新示范区（以下简称“中关村”）即一区十六园范围展开研究。

（一）园区概况

中关村国家自主创新示范区于2009年3月13日经国务院批复确立，以中关村海淀园为核心区，共设16个园区覆盖了北京市各区县，规划总面积488平方公里。目前中关村构建了电子信息、生物工程和新医药、新材料及应用技术、先进制造技术、航空航天技术、现代农业技术、新能源与高效节能技术、环境保护技术、海洋工程技术及核应用技术十大特色产业集群，以自主创新为动力构建“高精尖”经济结构，已成为我国创新发展的旗帜。

（二）发展历程

中关村的发展历程可概括分为四个阶段，即电子一条街时期、北京市新

---

① http://zgcgw.beijing.gov.cn.

技术产业开发试验区时期、中关村科技园区时期和中关村国家自主创新示范区时期。

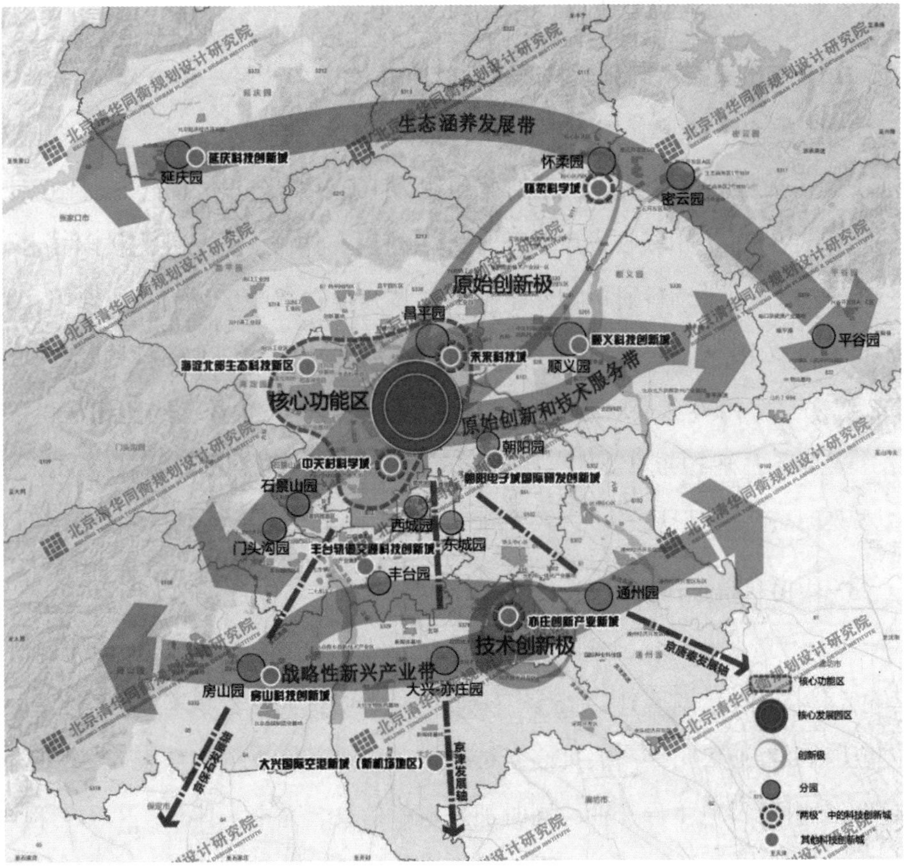

图 6－7　中关村国家自主创新示范区空间范围示意图

资料来源：http://mp3. thupdi. com/project/view? id =2192.

1. 电子一条街时期（1983 年 1 月—1988 年 4 月）

中关村科技园的前身最早可追溯至 1980 年，访美归来的陈春先与 6 名科技人员在中科院物理所的一间仓库里，成立了北京等离子体学会先进技术发展服务部，这是中关村及北京市第一家民营科技机构。1982 年中科院计算机所的王洪德在海淀区委、区政府的支持下，创办了北京京海计算机开发有限公司。自此，在中关村大街上陆续成立了京海、科海、四通、信通等公司，被后人称为“两通两海”。从1983年到1985年，共有300多人到中关村创办科技企业，形成了“中关村电子一条街”。

2. 北京市新技术产业开发试验区时期（1988年5月—1999年5月）

1988年5月10日，国务院正式批准成立“北京市高新技术产业开发试验区”，以中关村地区为核心，规划面积约为100平方公里。同年5月20日，北京市出台《北京市新技术产业开发试验区暂行条例》，提出促进科学技术与生产直接结合、鼓励科研单位和学校的科技人员在试验区内的企业兼职、减税等18条政策。时逢改革开放的第十个年头，到中关村创业的科技企业快速聚集起来，到1990年底时中关村具有独立法人的科技企业已经达到930家。自1994年4月至1999年1月，丰台园、昌平园、电子城和亦庄园先后纳入实验区政策区范围，形成了“一区五园”的空间格局。

3. 中关村科技园区时期（1999年6月—2009年2月）

1999年6月5日，国务院正式批准建立北京中关村科技园区，此时试验区内高科技企业已发展到4 525家，总收入达407亿元，汇集了联想集团、方正集团以及四通集团等一大批高新技术企业。园区确立了信息服务、信息制造业和软件等特色主导产业，同时加快电子信息、光电一体化、生物工程与新医药、新材料和环保等支柱产业的发展。随着产业集聚效应的扩大，中介服务、文化体育、教育培训等相关产业快速增长，区域内的商业和房地产等也实现了蓬勃发展。

1999年6月，中关村科技园区亦庄科技园正式设立，因其位于北京唯一的国家级经济技术开发区内，同时享有国家级经开区和中关村双重政策。随后几年内，德胜园、石景山园、通州园、大兴生物医药产业基地等相继成立，主导产业涵盖金融、文化创意、生命科学、生物医药及现代制造业等多个领域，各园区在促进区域经济增长、推动产业结构优化等方面均发挥了至关重要的作用。截至2006年，中关村科技园区总面积达到23 252.29公顷，构成了“一区十园”的空间格局。

4. 中关村国家自主创新示范区时期（2009年3月至今）

2009年，国务院发文明确了新时期对中关村科技园区的新定位，即建设我国首个国家自主创新示范区，提出打造具有全球影响力的科技创新中心的发展目标。从“电子一条街”到“自主创新示范区”经历了20余年的创新发展，此时的中关村高科技产业聚集、创新成果高速增长，被世人誉为中国的“硅谷”。2009年，全区GDP达2 460亿元，增长超过10%；高新技术产业总收入增长20%，实现技术交易总额816.5亿元，占全市2/3；全区专利申请2.3万件，6个项目获得中国标准创新贡献奖一等奖。①

随着电子批发市场陆续腾退，向高精尖产业阵地转型的时代正式开启，几年间以联想、百度为代表的高新技术企业驻扎过万，中关村实现了从引领科技创新到带动创新型城市建设的“范式变革”，一区多园的特色发展模式形成了多个优势产业集群共生共荣的局面，中关村也成为首都跨行政区域的高端产业功能区。

二、竞争优势

2020年是中关村民营科技企业创业40周年，示范区内聚集高新技术企业总数已超过3万家，2019年全年实现总收入达6.5万亿元，增长10.5%②。作为中国第一个自主创新示范区，创新驱动是中关村生生不息的核心动力。依托强大的高校科研力量，中关村不仅实现了高科技成果的集聚和产业经济的蓬勃发展，更在政策、体制机制、人才引入及产城融合建设等多方面提出

① 吴浪，任晏黎. 中关村核心区：从“科技园区”到“创新城区”转型新阶段[J]. 科技创新与品牌，2010（06）.

② 北京市统计局. 北京市2019年国民经济和社会发展统计公报[Z]，2020-03.

了“全国首个”的创新举措。

（一）推动以市场需求为导向，产学研用深度融合

中国的“产学研一体”发展模式就兴起于中关村。以清华大学、北京大学为首的数十家高校，以中科院为首的科研院所百余家，如此密集的科教资源构建了极其丰富的知识、人才和技术基础。20 世纪 80 年代起从高校和科研院所走出的精英们自主创业，以实践摸索出一条科研与市场化相互推动的创新之路。

在示范区成立之初，中关村企业与高校和科研院所的产学研合作多以项目合作开发为主，即针对某一具体项目签订技术合同，在特定期限内合作创新，产生的新技术、新产品、新工艺等科研成果根据合同约定为各方所用。高校和科研院所作为技术创新的推动主体，与科研端结合紧密，利于走在技术创新的前沿。但受困于资金不稳定、成果转化动力不足等原因，科技成果与市场应用的衔接较为薄弱，造成了高科技与实体经济的脱节。

随着合作不断深化，以企业为主体、共建实验室和产学研经济实体、建立产业技术联盟等多种模式快速发展起来，形成了更加稳定和紧密的长期合作关系。2011 年，中关村数字视频产业技术创新联盟成立，成为全国首个取得社会团体法人资格的产业联盟。高校、科研机构和企业共同成为产业链上下游的各环节，共建技术标准、联合研发创新，以市场需求为导向加速科技成果转化落地。2014 年 8 月，联合了北大、清华、中科院等 14 家学术单位和商飞、新奥等 100 多家科技企业的“北京协同创新研究院”挂牌成立。北京协同创新研究院的创建旨在推动高校、研发机构、企业和市场四方一体的“协同创新”，由政府和高校等多方出资设立了总规模 10 亿元的母基金，完全按照市场化模式运作。截至 2018 年底，北京协同创新研究院启动科研项目累计达 150 余项，其中超 70% 实现转化落地。

近年来，中关村围绕高质量发展集中力量培育高精尖产业，在关键核心

技术突破、原创技术创新和引领产业变革等方面取得了显著的成绩。2018 年示范区内科技活动经费支出总额达2 749. 4亿元，占全年总收入的 4. 67%；区内企业 R&D 投入达 912. 4 亿元，同比增长 18. 9%，连续五年保持 15% 以上的平均增速。在创新成果产出方面，2018 年区内企业发明专利申请量 5. 1 万件、授权量 2. 1 万件，均占北京市企业专利总数的六成以上；按每万人计算，发明专利授权量达 78 件，是北京市 24. 6 件/万人的 3 倍。①

（二）从中央到园区多层级协同，体制机制改革创新

作为改革开放后创新发展的试验田，体制与机制的改革创新是中关村 40 年来保持科技创新活力的基石。

2010 年底，经国务院同意，中关村出台“1 + 6”先行先试政策，以中关村科技创新和产业化促进中心（简称中关村创新平台）为执行载体，推进实施个人参与股权激励、增加税收扣除项、科研项目及经费管理改革、完善高新技术企业认定办法等共计 6 项政策。中关村创新平台下设 8 个办事机构，参与单位包括了中关村管委会的 6 个办事机构、北京市委办局近 20 家单位、中央部委的 19 个单位等，以最高级别的协同联动整合各类资源，为示范区的创新创业和企业经营提供土壤。2012 年，“1 + 6”各项政策在中关村全面落地施行，仅 2012 年示范区内新创办的科技企业就超过4 000家，与 2010 年相比增长 10. 7%。随着试点效果凸显，2014 年国务院要求将政策先试经验推向全国，武汉东湖高新区、上海张江等成为首批扩展落点，以政府权力“减法”激励创新创业“乘法”的中关村经验正式在全国范围内推广开来（见图 6 – 8）。

2013 年，由科技部联合财政、税务等部委推出中关村“新四条”，对从事文化与科技融合业务的高新技术企业提出有针对性的减税措施、对中小型

---

① 中关村国家自主创新示范区. 中关村指数 2019 分析报告［R］. 2019 – 11 – 11.

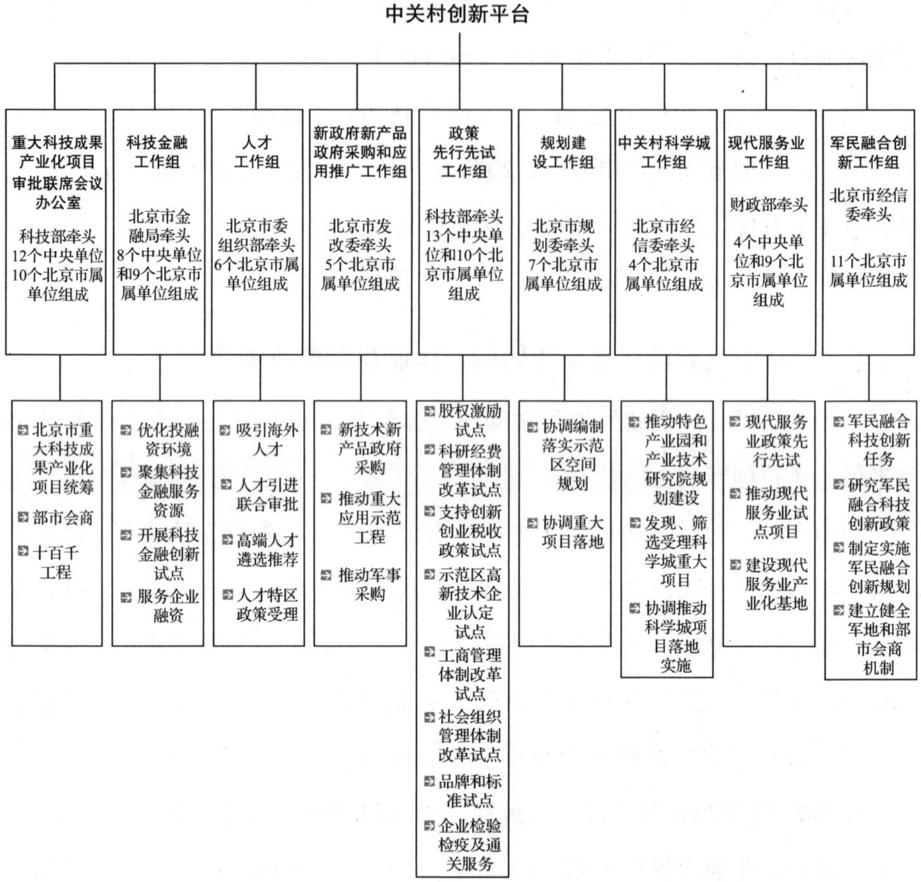

图6-8 中关村创新平台

资料来源：http://zgcgw.beijing.gov.cn/zgc/sfqgk/cxptjs/index.html.

高新技术企业扩大资本再投入给予支持等实际举措，有效帮助园区内中小企业减税减负，实现了科技体制的再次破冰。

从“1+6”“新四条”再到后来推出的新版“1+4”等，中关村先后实施了各类改革举措近百项，以支持企业发展需求、尊重市场规律为指导思想，构建了涵盖从研发、技术转移再到市场培育各阶段各环节的全链条系统性政策，尤其发挥了中央层面的统筹作用，实现了跨层级、跨领域以及多部门协同的体制机制创新。制度举措上的改革创新，极大地推动了创新创业的快速发展，示范区的创新创业服务越发向专业化、高效率、国际化发展。截至2018年底，示范区各类双创服务机构200余家，其中国家级孵化器55家，在海外设立分支机构55家，仅2018年全年示范区内新增科技企业达3.2万家，平均每天有89家新增落地。2018年底，CB Insights发布全球独角兽企业名单，示范区共有46家企业上榜，占全国1/2。在创新创业快速增长的同时，企业、高校和科研院所深度融合、产学研一体化运作，技术突破和成果转化效率获得有效提升，催化了领军企业的诞生，2019年入选财富“世界500强”的企业共9家，较2018年增加2家。

（三）坚持发展拥有技术主导权的高精尖产业

中关村自创立之初就确立了以发展高新技术产业为核心的发展目标，在数十年的探索中逐渐形成了以自主创新为生长动力的发展模式。电子信息产业一直是中关村的支柱产业，早期主要以软件研发、集成电路、计算机与互联网、光电显示为主，侧重于自主创新和技术服务等环节，形成了集群化发展的态势。2000年前后，IBM、SUN、甲骨文等一批世界500强跨国公司陆续入驻中关村，通过设立研发中心或生产基地的形式扩大中国市场，同时也带来了大量资本、技术和国际最新标准。这些世界500强企业的入驻快速带动了周边企业的聚集和上下游产业链的完善，此时清华同方、东方通、用友软件等诞生于中关村的科技企业也实现了快速成长，龙头企业聚集效应凸显。到2010年时电子信息产业年收入超过7 000亿元，占中关村当年企业总收入的46.3%，并在系统软件设计、芯片研发等领域取得了重大突破，凯思昊鹏的“女娲”软件系统、北京神州龙芯公司的“中国芯”等相继问世，实现了从“卖产品”到“卖技术”的飞跃。

除电子信息产业之外，生物医药产业、新能源和环保产业也得到了快速发展和聚集。早在2003年，中关村依托生物医药园搭建了国内专业化程度最高的生物医药孵化器，为中小企业创业、生物医药的研发中试、新药品注册和产品市场推广等提供全流程服务。2005 年，北京奥瑞金种业赴美上市，成为中关村内首个由留学人员创业并成功在纳斯达克上市的企业。2006 年，为推动产业集群式发展，中关村大兴生物医药基地正式成立，从空间布局上为产业集群扩大规模提供了优良条件，实现了新型疫苗、创新药物和医疗器械从研发到生产全流程产业链的快速聚集。在对新能源和环保产业的支持上，中关村成立了多个产业联盟，推动产业集群发展及与其他产业集群的互动。电子环保产业的诞生就是基于 ICT 产业对环保化升级换代的需求，促使 ICT 与环保产业融合互动，从节能减排、资源综合利用等方面着手催生了一批创新技术产品，也加速了相关领域企业的规模化增长。

2011 年国务院批复的《中关村国家自主创新示范区发展规划纲要(2011—2020 年)》中提出，中关村要全力打造拥有技术主导权的产业集群。为推动前沿科技的创新和落地，中关村不断更新迭代创投服务，通过举办融资对接会帮助企业融资、与重点企业沟通制定科技人才引进帮扶策略、主动跟踪挖掘人工智能等领域前沿技术和企业等一系列工作，加速创新技术和高精尖企业的聚集。近年来，中关村加速在云计算、人工智能等新兴技术领域布局。截至 2018 年，中关村拥有人工智能骨干科研单位数量占全国一半以上；国家级重点实验室 10 余个；人工智能相关企业 400 余家，占全国总数的 1/4。

中关村一区多园各有特色，围绕高精尖产业协同化发展取得了显著成绩。2018 年，区内高新技术企业总收入达到 5.9 万亿元，占全国所有高新区的 1/6，同比增长 10.9%；以电子信息、生物医药等为代表的重点领域总收入 4.7 万亿元，占总收入的 79.2%；高技术产业、现代服务业总收入分别占到总收入的 35.4% 和 68%。

(四) 优才引才多重并举，集聚海内外高端人才

人才优势是中关村能够引领科技创新的第一资源，除了拥有全国最密集

的高校和科研机构资源这一基础优势，中关村在优才引才方面不断探索，吸引了全球范围的优秀人才前来创新创业。1997 年，在中关村海淀园内成立了北京市首家留学人员创业园，以政府支持、市场运作的模式为留学来京人员提供场地和创业服务，一期7 000平方米的场地开园后仅半年内就完成满驻。2004 年起，中关村推出“三三会”为中关村留学人员企业项目进行投融资推介，为初创企业与金融、投资机构建立沟通合作平台，切实解决初创阶段融资难的问题。截至 2006 年底，中关村科技园共引进留学人员企业3 588家，平均每天就有 2 ~ 3 家注册成立。

2011 年，由中央组织部等 15 个部委联合北京市出台指导文件，支持中关村建设中国特色人才特区，通过搭建高层次人才自主创新平台、完善人才落户和出入境政策等多重举措，以“特殊政策、特殊机制、特事特办”的灵活方式聚集科技创新领军人才。2015 年，中关村从业人员中具有本科及以上学历的达 120. 2 万人，占从业人员总数的 52. 1%；留学归国人才 2. 7 万人，同比增长 26. 2%，其中外籍人士8 533人，同比增长 10%。2016 年3 月，中关村率先试行外籍人才申请永居的便利政策，时任联想集团副总裁黄莹、小米公司总裁林斌等首批 7 人顺利拿到中国绿卡，引发了外籍华人回国创业的热潮。

2018 年“中关村国际引才用才 20 条若干措施”出台，再推多项全国首创的改革新举措，从便利国际人才出入境、开放国际人才引进、支持国际人才兴业等方面提出具体实施路径。公安部在中关村设立专门服务窗口办理申请永居“直通车”服务。中关村为拓展海外渠道，在全球多个国家和地区设立海外联络机构超过 10 家。2019 年，中关村发布《中关村科学城促进人才创新创业发展支持办法》，对领军人才一次性奖励 100 万元，对引入优秀人才的机构和用人企业分别给予 100 万元、50 万元补贴。经过多年的不断探索，中关村落地实践了多项引才优才专项措施，包括“千人计划”“高聚工程”以及面向青年英才的“雏鹰计划”等。2018 年，中关村企业从业人员共计 272

万余人，其中从事科技活动的人员共78.47万人，占从业人员总数的28.8%；从业人员中拥有本科及以上学历的已超过60%，硕士及以上的占比1/8；留学归国人员总数超过4万人，同比增长14.5%。

三、案例启示

中关村起步于我国最重要的科研教育基地，丰富的人才和科研资源为知识创新和技术创新奠定了坚实的基础。经过40年的探索实践，中关村的成功离不开政策层面的支持引导和对市场经济的充分理解，政府主导、市场化运作的发展模式在极大程度上为改革创新提供了便利条件。回顾中关村40年的探路历程，在营造创新创业环境、推动技术创新和国际化人才建设等多方面提供了宝贵的经验。

（一）坚持改革创新，营造优良的创新创业环境

中关村在国家层面支持的基础上不断尝试体制机制的创新改革，突破了行政管理部门间的权属壁垒，实现了跨层级、跨部门、跨专业的多方协同服务模式，为技术成果落地、企业创办和经营、人才就业和生活等各个维度创造便利条件，极大地促进了创新创业活力长久不衰。

体制机制的创新一方面需要政府发挥主导作用，另一方面也需要充分理解并尊重市场经济规律。中关村始终坚持以市场为导向，充分发挥政府和市场两方面的作用，构建以企业为主体、产学研用深度融合的创新体系，为科技创新和大众创业营造了健康富有活力的生态环境。

（二）支持自主创新，高质量建设高精尖产业经济

科技城市的发展建设以科技创新为第一生产力，要抢占全球科技创新高地，就必须在关键核心技术上实现突破。中关村在扶持自主创新、前沿项目落地等方面做出很多切实举措，除了破除体制机制的束缚外，还落地各类创

新平台和联盟，打通从科研、技术开发到市场化应用无缝链接的创新链条，部署政策链、产业链和资金链，为企业保驾护航，降低初创阶段的成本负担和产业化落地阶段的客观障碍。

创新离不开人才、资本和市场运作的全方位保障，作为运营管理方，必须对目标产业和从业人群进行充分研究，从而提供适宜产业生长、适宜人才就业和生活的软硬件环境。中关村充分发挥并放大了自身科教和人才资源丰富的优势，帮助企业与科研机构深度融合；以国际化标准建设人才特区，通过支持国际人才落户、扶持海归人才创业等举措广聚天下英才；联合央行、金融机构等推出适宜科技型企业的差异化贷款产品，通过政府引导基金放大社会资本，切实解决企业融资难、融资贵等问题。

发展高精尖产业要紧跟市场变化，及时调整顶层设计以推出适应产业发展的相关举措，紧密跟踪科技发展动向和前沿项目，从被动发展转变为主动谋划。中关村在主动变革、鼓励创新和开放协同等方面做出了很好的示范，实现了引领区域经济融合全球创新网络的带头作用。如何通过科技创新和机制体制创新的双轮驱动，实现城市和区域的创新发展，是中关村带给我们的重要启示。

第五节　上海张江高科技园

一、案例背景

2011 年 1 月，国务院批复同意建设张江国家自主创新示范区（简称张江示范区）。张江示范区包括分布在上海市 16 个行政区的 22 个分园，120 多个片区，总面积约 531 平方公里。张江高科技园区是张江综合性国家科学中心的核心承载区，也是张江示范区的核心园；22 个分园分布在上海市各区，包括嘉定园、临港园、闵行园、漕河泾园、松江园、徐汇园等，都是科创资源的主要集聚地和科创中心的重要承载区。以下将主要针对张江高科技园区进行研究。

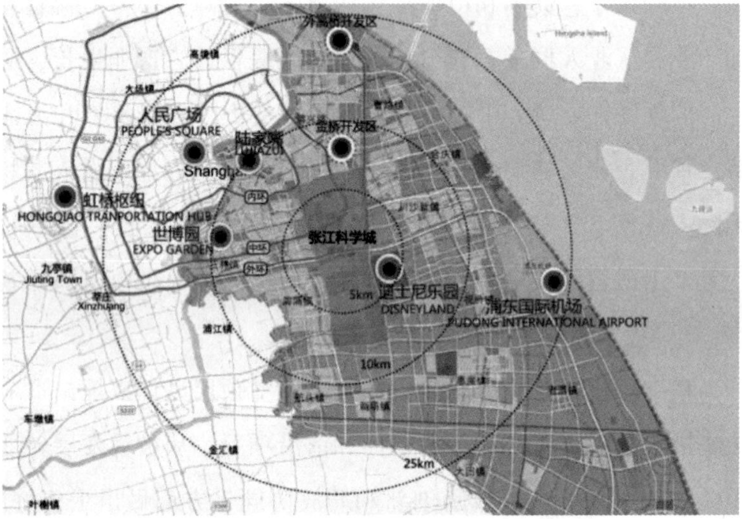

图 6-9　张江科学城空间范围示意图

资料来源：https://www.sohu.com/a/291769489_188910.

（一）园区概况

上海市张江高科技园区建立于 1992 年 7 月，是张江国家自主创新示范区的核心园（以下简称“园区”），含张江高科技园区、康桥工业区、国际医学园区，打造成为世界级高科技园区是张江园区所承载的战略任务。园区规划面积 79.7 平方公里，其中 37.2 平方公里于 2015 年 4 月经国务院批准纳入中国（上海）自由贸易试验区。2017 年 8 月，《张江科学城建设规划》提出将张江园区扩容至 94 平方公里，从高新区转型为科学城。经过近 30 年的发展，张江打造了两大核心产业集群：一是“医产业”集群，是包括了医药、医疗、医疗器械、医学的医疗健康产业；二是“E 产业”集群，是基于互联网和移动互联网的互联网产业。

（二）发展历程

张江高科技园区的崛起与上海浦东新区快速发展的时代大背景息息相关。1990 年 4 月，中共中央、国务院对外宣布了关于发展上海浦东的重大决策。当年 10 月，国务院对关于上海市设立浦东新区的申请进行了批复，张江高科与陆家嘴、金桥和外高桥是上海浦东新区的四大开发区域。1992 年 7 月，张江高科技园区开发公司挂牌成立。园区的发展，有如下几个重要的时间点：

1995 年，园区的产业发展从十几项调整为重点发展三项，即生物医药产业、微电子信息产业和光机电一体化产业。

1999 年，出台的“聚焦张江”战略中，明确园区以集成电路、软件、生物医药为主导产业，重点体现“双创”的主体功能。

2006 年，张江高科冠名上海高新区，将园区的名字改为“上海张江高新技术产业开发区”，随后“张江”成为上海科技创新的代名词，“张江模式”也开始对外输出。张江高科启动“一体两翼产业互动式”的发展战略，在房产资源运营的业务以外，还为高科技企业提供相应的配套服务，以及对优质企业进行投资。

2009 年，国务院正式批复了上海市政府“南汇撤销、并入浦东”的方案，张江高科借此机遇于 2011 年扩大园区规模为 75. 9 平方公里。

2014 年，国务院决定将上海自贸区扩大至张江片区，面积为 37. 2 平方公里。此时的“张江模式”已经辐射上海市所有行政区，张江园区经扩建形成一区二十二园外加紫竹高新区的格局。

2015 年，园区谋划新一轮转型，全力打造基于互联网和移动互联网等信息技术的“医”产业集群和“E”产业集群。

2017 年，《张江科学城建设规划》明确提出将张江园区扩容至 94 平方公里，对外衔接范围达 191 平方公里，并得到上海市政府批复。

2018 年，上海市委、市政府同意将上海张江综合性国家科学中心办公室、上海市张江高新技术产业开发区管理委员会、上海市张江高科技园区管理委员会、中国（上海）自由贸易试验区管理委员会张江管理局机构职能整合，重组为上海推进科技创新中心建设办公室（简称“上海科创办”）。张江在上海建设科创中心的关键地位越发凸显。张江从“高新区”转型为“科学城”，从发展“高新技术”到致力“科技创新”，走出了一条不断迭代升级的发展道路。

二、竞争优势

（一）始终坚持产业的迭代升级

张江园区在产业方面，一直坚持创新引领，通过国际合作，大量引入外资龙头企业、国际技术交流合作、国外技术成果落地转化等方式、不断推进产业的转型升级，在快速发展的近 30 年里，始终走在全国前列。

罗氏制药是园区内首家落户的跨国 500 强企业，对园区的产业发展起到了深远的影响。医药产业成为张江近 30 年的核心产业之一。西比曼生物科技、复星凯特等知名药企均在园区内布局了研发中心。经过多年发展，张江已经成为国内生物医药研发机构最集中、创新实力最强、新药创制成果最多的标志性区域，聚集着一批知名跨国药企以及 30 余家本土大型制药企业和 300 余家中小型创新企业。在新科技浪潮的影响下，园区做出了多种尝试，并抓住了更多的机会。

此外，在园区管委会的邀请下，国内外的网络游戏龙头企业，如盛大网络、第九城市、网星游戏、CORE 等游戏软件企业，以及矽幻科技、创新科技等影视后期剪辑及制作企业大量入驻园区，并很快形成了动漫产业、网络游戏产业的集聚效应。此后，以数字出版、网络游戏、动漫、影视制作为重点的互联网产业也相继在此扎根。截至目前，园区已经累计引进数百家互联网企业，包括阅文集团、趣头条等知名企业。

在不断创新与迭代升级的过程中，“医”产业集群和“E”产业集群成为园区的重点发展方向。“医”是过去优势产业的延续，而“E”是未来产业机会的布局。2018 年，园区“医”产业集群突破 400 亿元产业规模，为张江示范区产值贡献超过 53.1%。“E”产业集群销售规模突破1 240亿元，占张江示范区总销售规模的 65.3%。“E”产业集群重点关注的领域包括工业和服务类机器人、智能制造业、物联网技术应用等领域；在软件方面，园区重点发展互联网带来的大数据、云计算等新技术、新产业和新模式。

目前园区已集聚了大量的科技创新要素。截至 2019 年，园区已聚集了 1 万余家企业，包括 685 家高新技术企业、403 家外资研发中心、50 余家跨国公司地区总部、近 20 家高校和科研院所。园区产业升级迭代的过程中，国际的合作、交流、互动起到了举足轻重的作用，为园区和管理者提供了更加多元的国外先进管理经验和技术。

（二）坚持运作模式的转型升级

在园区的发展初期，园区的运作模式定位为“园区地产商”，即通过整合土地资源并销售或租赁给相关企业的方式实现盈利。因此，园区长期以低廉的土地出让金和土地租赁金的优势为核心竞争力，从而吸引全世界创新企业的集聚。但随着产业升级和市场的变化，土地资源已不是企业发展的核心要素，园区也失去了绝对的比较优势。因此，园区开始积极思考与探索转型之路，如何利用自身的资源禀赋，为企业提供资金、人才、政策、技术等全方位的服务，探索出一条可持续发展的运营模式。

2014 年末，张江集团以张江科投为主体，对旗下子公司进行了整合，包括小额信贷、孵化器、创业培训等，建立了“投贷孵学”平台，正式开启了“科技投行”的园区运营模式。

目前，“投贷孵学”平台管理资产规模超过 47 亿元，覆盖了张江园区主导产业的 68 家孵化器，其中包括 3 个国家级孵化器，孵化器总数占新区

60%，全市近20%，服务超过2 000家企业客户。超过10万平方米的创业空间，打造了符合产业定位的专业技术公共服务平台，传递“宽容失败，鼓励成功”的创业文化。张江园区开始缩减以销售及租赁为主的产业地产开发模式，着力打造园区内部的创新生态体系，并选择优质的科技项目，以投资入股的模式参与到创新产业的发展中，从而触及科技创新的本质。在不断的自我迭代中，园区得以伴随科技进步的浪潮持续成长，并且逐步扩大了自身的影响力。

（三）以科技人才为第一要素

人才是建设具有全球影响力科创中心的核心竞争力，因此，张江园区把人才列为园区发展的第一资源，开展了人才战略并出台了人才激励的创新政策。园区在贯彻落实上海市“人才政策30条”基础上，进行了一系列的大胆探索，包括从人才的出入境、创业环境、居住环境等各方面落实激励政策，尽可能地将人才引进来、用得好、留得住。张江还推动建设国际人才试验区。在政策实施方面，园区推进实施“张江人才评选”“张江首席科学家500计划”“著名科学家领衔发展计划”“张江精英创业人才计划”“张江境外及留学人才2000计划”等一系列重大人才计划，加快引进海内外高层次科技人才。此外，园区率先实施上海地区高校本科及以上学历外国留学生到自贸试验区直接就业等创新政策。深化国家小微企业创业创新示范基地建设，支持大企业、科研院所建设众创空间和孵化器，推动跨国企业联合孵化平台发展，推进海外高端人才基地建设。

在“十三五”期间，张江园区已集聚各类人才37万人。其中，外籍人才4 300余人；归国留学人员7 500余人；高端人才400余人，包括诺贝尔奖获得者4人、中国工程院院士和科学院院士46人、海外院士8人、国家“千人计划”96人等。

（四）多元的金融服务助力科技创新

为了更好地推动高新技术产业的集群式发展，让更多的社会资本聚焦在自主创新，张江园区不断完善金融服务体系、提升投融资环境的质量，建设了张江产权中心，并通过多种路径为企业提供投融资服务；服务包括政府出资资助、银行商业贷款、风险投资机构、知识产权质押融资、产业引导基金等。

张江产权中心创新性地建立了产权交易系统，为高新技术企业、资本投资机构提供资产委托相关服务；合理地配置资源，合法合规地组织企业的产权交易，为交易各方提供交易场所、技术手段和交易信息服务，推动和促进产权交易的市场化、公开化和规范化，促进高新技术与资本顺利对接。除此之外，张江产权中心还为对中小型企业提供建设信用评价体系服务，及为中小企业技术创新提供产权、股权、投融资相关配套服务，推进各地园区在科技领域和金融领域的高效整合与对接。

张江产权中心还通过深化张江“新三板”扩大试点运营工作，发挥“新三板”服务窗口作用。张江产权中心成立的信托产品和产业投资基金，将为高科技企业和优质项目的股权、实物资产和债权类资产提供过桥资本融资和直接投资，解决企业融资难的困境。张江产权中心下属张江产权投资基金、张江产权中心研究院、张江高新技术产权经纪公司、张江投资家俱乐部、全国高新园区投资联盟、企业投融资信用认证中心等，这些机构都将为园区金融资本和产业融合提供巨大的推动力量。

三、案例启示

从表面上看，张江园区的成功是典型的政府引导型模式，伴随着改革开放的脚步，与浦东新区的开发相生相伴，吃到了很多政策红利。近 30 年的发展历程，可以看作为上海改革开放创新发展的一个缩影。但“赢在起跑线上”

也并不是张江园区获得种种成就的全部原因。围绕着科技创新这个主题，园区从商业模式的转型、运营管理的创新、科技人才的集聚、金融服务的拓宽再到服务体系的完善，每个环节都在不断精进和迭代升级，这些细节应是每个科技城市开发运营商不容忽视的经验及启示。

（一）政府的支持是科技城市健康发展的基础

科技城市的发展与政府的大力支持是密不可分的，因此，科技创新的发展理念是否能够得到当地政府的认同和政策的支持非常关键；此外，政府是否有足够开放的思维、政策创新的能力、对外开放及外资引入的重视程度、完善与便捷的产业服务体系和服务意识等都会影响城市的开发、运营和招商等工作。例如，张江园区纳入上海自贸区后，获得了“双自联动”（上海自由贸易试验区和国家自主创新示范区联动发展）的改革先机，使园区内的很多企业受益，部分药企得益于上海自贸区药品上市许可持有人（MAH）制度试点，多款新药通过绿色通道，快速得到上海市食品药品监督管理局的批准，为创新产品解决了产业化和资金方面的难题。目前，借助“双自联动”机制试点的药品上市许可持有人制度已在园区内吸引了22家申请单位，受托生产企业达20家，涉及试点品种33个。可见，良好的政策环境大大提高了招商工作的效率与质量。

（二）人才是科技城市的核心驱动力

人才是科技城市的核心的驱动力，缺乏人才，科技的发展将无从谈起。所以，打造健全完善的人才引进体系将至关重要，从满足人才的就业需求到衣食住行的配套设施，从绿色健康的生态环境到包容多元的文化氛围，都是引进科技人才的重要支撑。张江园区不仅是中国“硅谷”和中国“药谷”，更是中国“人才之谷”，人才是张江园区最宝贵的财富，更是张江“双自联动”最关键的动力引擎。罗氏制药总经理周虹，是2017年全国第一位经自贸区管委会推荐获得永久居留身份证（俗称“中国绿卡”）的海外人才。此后，很多外籍人才进行咨询，表示想长期扎根中国发展事业。张江还积极向全球科创中心拓展布局，在美国硅谷等地设立海外人才工作站，为海外人才携带技术、项目到张江创新创业搭建“直通车”。此外，张江还发挥外资研发中心人才“溢出效应”，为外资研发中心人才携技术和项目在张江创新创业做好服务工作。

（三）完善的金融服务体系是科技城市的重要支撑

科技城市的持续健康发展，需要创新、多元的金融服务体系作为支撑，从而助力园区内企业更好地发展。科技创新意味着更多的科研探索、更大的研发投入、更高的失败概率，对资金的投入有非常高的要求，关乎科技企业的生死。因此，科技城市的建设、运营，乃至入驻企业的培育、孵化、上市，是产业运营的重要目标，而对企业的金融服务能力，是考验科技城市可持续发展的重要标准之一。科技城市可以通过运用并购、重组、股权转让、参股、控股、IPO、发债、设立产业投资基金等多种方式，实现科技企业的存活和持续发展。张江园区通过完善的金融服务体系，让更多的资本聚焦在科技创新领域，为科技企业输入了血液，让企业可以将更多的精力投入在科技本身。

第六节　郑州中原创客小镇

一、案例背景

（一）园区概况

中原创客小镇位于河南省新郑市薛店镇、郑州市东南 20 公里处，占地面积1 350亩，建设面积 123. 2 万平方米，是“产城人文”高度融合的特色小镇，被河南省发改委列入A类重点项目名单，是郑州市对外开放的新门户和科技创新的新标杆项目。创客小镇形成了以科技类产业为核心的产业体系，聚焦在智能制造、大数据、人工智能、区块链、物联网、云计算等重点领域，主要为全球创客提供创新创业的开放平台，为“双创”企业提供全方位的产业服务体系。小镇针对创客的公司规模、产业环境诉求等，量身为企业定制办公场所，使企业真正做到“拎包入住”。目前，小镇内已经集聚了数百家企业，包括有IBM、Oracle（甲骨文）、小米、腾讯等知名龙头企业。

图6-10　郑州中原创客小镇实景图

资料来源：鑫创科技。

创客小镇据守郑州航空港区以西，距京港澳高速薛店站5分钟车程，距新郑机场仅7公里，受到了航空、高铁、高速、城际铁路、地铁等立体交通网络的辐射，交通区位优势明显。

（二）发展历程

2017年，中原创客小镇成为郑州第一批市级特色小镇。

2018年，中原创客小镇荣获中国标杆特色小镇十强。小镇聚集人工智能、信息技术等前沿科技，成为中原地区创新创业的新样板、郑州经济发展的新引擎，未来将持续升级成为大郑州都市圈生产性服务业创新引擎、双创人才聚集智慧高地、中原文化时尚会客厅、生态宜居幸福小镇。

郑州作为国家中心城市，被赋予我国中部地区科技创新升级和扩大对外开放的重要使命。创新升级、国际开放是受到多重国家级战略的叠加后的核心内涵。目前，郑州呈现东进南拓的发展态势，将形成“主城区 + 航空城”的“双城”格局，东南部成为全市应用创新和国际升级的重点区域。创客小镇正位于郑州东南国际开放应用创新轴和新郑北新兴产业双创升级区的耦合点，目前正处于历史重大的发展战略机遇期。

二、竞争优势

（一）龙头引领和双创驱动，促进产业上下游集聚

创客小镇经过三年多时间的发展，已引入 IBM、Oracle 等世界 500 强企业，科大讯飞、小米、腾讯企业微信等行业领先企业和 Fablab、量子通信等多家科技型企业，起到高科技产业的引领和示范作用，充分带动了上下游相关企业的入驻，为“双创”企业提供了充足的市场空间、丰富的应用场景、创新创业产业环境和科技引领的文化氛围，极大地促进了大中小微企业融通发展。目前，创客小镇已初步形成了科技类产业集群。

入驻小镇的 Fablab、武汉大学技术转移中心等创新实验室，形成了对创业者从争取优惠政策、融资服务、孵化服务、创客培训、供需匹配等全方位的支撑服务体系。

其中，Fablab 是由美国麻省理工学院（MIT）比特与原子研究中心（CBA）发起，Fab 基金会支持协调，如今在全球广泛建立的新型微观装配实验平台，可供人们设计和加工自己创意和产品的小型工厂。2019 年，在小镇运营商的大力支持下，“Fablab 轩辕创新实验室”正式获得 MIT Fablab 官方认证，加入全球超过1 000家 Fablab 实验室网络，建立与国际前沿创新创业的连

接，促使 MIT 先进创新教育理念与内容落户中原，助力大众创业、万众创新。

Fablab 轩辕创新实验室为中原创客小镇的创客提供了最先进的开源代码软件、硬件设备及建造材料和 MIT 相关研究人员开发的程序等工具，协助创客实现、转化其创新创意；为创客创意转化提供了技术环境，包括设计、制造、测试、调试、监控、分析和文档整理等全产业过程的服务体系。此外，Fablab 在小镇不定期组织和举办创客主题活动与交流会，开设创客相关的技能课程，如 3D 打印、激光切割、CNC 铣削、电子与程序设计等，致力于将创客的开源文化与传统工艺的融合，所产生的理念转换到创新教育及创新能力中。

在龙头企业引领和创新实验室的带动下，小镇内的“双创”企业得到了快速发展，并以科技产业为核心，集聚效应逐步扩大，已形成了较为完善的产业集群。

（二）加强国际协同创新，构建全链条产业服务体系

中原创客小镇在创建之初就确立了聚焦前沿科技领域、营造创新创业生态的发展定位。依托鑫创科技在国内外的科技创新资源，搭建了“海外创新中心—国内加速器—科技城市载体”的全链条国际合作创新孵化平台，通过与国际科研机构合作，导入国际前沿技术、人才、项目，加速科技成果落地转化和市场化运作。2019 年 5 月，在郑州市政府的支持下举办了中英科技项目（郑州）合作对接大会，中英两国 100 余位企业家参加了会议，并促成近 10 家英方企业签约入驻中原创客小镇。同时，鑫创科技联合中金汇融、新郑市政府及河南省财政共同成立了航美战略新兴产业投资基金，通过股权投资优质项目及富有潜力的企业，帮助企业解决融资难的问题，加速小镇的产业生态建设。

在载体建设上，针对青年创客新潮、活跃、注重社交等特点，规划建设了开放共享、富有活力的花园式低密办公空间。已建成的示范区内包含了研

发办公、城市展厅、共享会议中心等产业空间，以及员工餐厅、创客咖啡厅、智能家居体验馆等产业综合服务配套，为小镇企业和从业人员提供一站式的综合服务。未来还将建成国际化智慧社区，配以智能家居、智能安防系统等软硬件设施，为小镇居民提供便利的城市生活配套。

（三）小镇周边科教资源丰富

中原创客小镇临近郑州南大学城，该大学城是郑州四个大学城之一，紧邻新郑航空港和华南城，是郑州高等教育资源集聚地，以及高端人才资源集聚地，具有大量的应用型人才，产学合作活跃度较高，为小镇发展创新创业提供了坚实的基础。在大学城内有中原工程学院、河南工程学院、郑州工业应用技术学院、河南机电职业学院等 15 所高等院校、近 20 万名应用型创意人才。郑州南大学城高校开设的多门应用型重点学科与中原创客小镇的产业定位高度匹配，包括工业自动化（工业机器人方向）、数控技术、信息技术（计算机及软件）、航空工程、大数据技术与应用等，为小镇发展人工智能、智能制造、信息技术服务、服务外包、大数据服务等产业提供充足的技术人才。同时，高校内的多家研究所、工程技术研究中心等科研机构已与小镇内的企业展开全面的合作。目前，在产学研方面，创客小镇与大学城高校的众多实训基地、创新科研中心、应用技术培训中心、创业空间等，加大合作力度，实现产学研一体化发展。在校企合作方面，大学城高校已通过引厂入校、合作办学、独立建厂等形式，同小镇的企业（如 IBM、Fablab 等）建立了紧密合作型、深度融合型、校企一体型的校企合作关系。

三、案例启示

（一）围绕科技创新，为企业打造完善的产业环境

要推动科技城市的发展，运营商应围绕科创产业，充分满足企业的核心诉求，不断完善产业服务体系，构建创新综合软硬环境，为科技城市的发展

提供优质的土壤。

在软服务方面，第一，应积极推动双创的孵化服务，通过联动高校，设立大学生创业服务中心，为大学生创业提供硬件载体与平台资源，并积极引入校企合作项目，进行本地转化。第二，应提供高效的技术转移服务，积极对接国内外技术转移机构，开展国际双向接力孵化、技术转移合作、科技服务企业招引，并为技术转移提供载体支持和配套服务。第三，为科技城市内的技术人才、管理人才等提供教育培训服务，如创客小镇通过协助对接Fablab和培训机构，设立Fablab创客教育、产业公共培训课程、国际人才实训基地，构建了完善的教育培训功能。第四，为企业提供产品展示体验服务，如创客小镇每年承接10场以上的科技和创客文化相关的主题活动，包括每年一场大型的国际活动。此外，小镇运营商还对接学校与Fablab开展学校社会实践、创客产品展示等一系列活动。

在硬设施层面，科技城市的建设应以人为本，科学的配比进行规划，为高端科技人才提供具有科技互动、融入自然、休憩与办公共融共生的低密度载体，打造符合科技型创作人群需求的办公居住场所。例如，中原创客小镇打造了具有智慧功能的配套载体、国际化的工作体验，吸引了大量追求品质生活与工作的新型人才与企业入驻小镇。小镇内的企业独栋采用合院式自由分割组合空间；首层4.8米挑高、8.4米柱距，300千克/平方米的承重，提供了更开放的办公空间及坚固的墙体，为多种类的科技实验与技术研究提供了更多的可能性。

（二）国际国内协同的创新体系

作为一个完全由企业主导开发建设和运营的科技产业小镇，在政策扶持和资金投入上并不占据优势，想要实现科技创新和产业规模化发展的突破必须另辟蹊径。鑫创科技充分发挥自身全球布局的业务优势，通过英国、爱尔兰、日本等国的科技创新中心，聚合国际一流的技术、人才和资本等创新要素，借助国际国内联动的创新平台实现引入—孵化—加速—产业化落地的全流程运作。针对外企进入中国水土不服的普遍特征，鑫创科技借助北京、上海的加速器和产业化平台帮助企业和项目对接市场资源，加快相关注册审批流程等，在完成预加速后再引导具备市场化运作的企业入驻小镇。

第七章 IOD模式的发展展望与建议

IOD模式是以创新为主动力的区域经济发展模式。在大数据、云计算、人工智能、量子计算等科技的作用下，科技城市的建设模式、发展模式、运营模式将发生巨大变化。IOD模式的内涵随着前沿科技的不断发展而不断丰富，特别是在新基建、科技创新、数字治理、创客文化等新动能的驱动下，科技城市将呈现新的发展趋势。

本章将对全球前沿科技和科技城市发展进行展望，分析当前IOD模式发展存在的问题，以及推进IOD模式落地的相关建议。

第一节　发展展望

一、前沿科技展望

全球经济延续复苏，科技创新空前活跃，各国纷纷加大研发投入力度，力求在新一轮科技革命和产业变革中争得先机成为共识。全球创新重点突出，创新成果层出不穷，大国竞争态势进一步加剧。各国在大数据、云计算、人工智能、量子计算、机器人、智能设备、基因科技等颠覆性技术领域，以及信息、能源、先进制造等基础性科技领域纷纷加强战略布局。①

（一）数字技术地位不断提升

未来30年以大数据、云计算、人工智能等为代表的数字技术地位将不断提升，从而促进数字经济规模快速增长。数字技术涉及的产业领域包括电子信息、软件和信息技术服务、互联网、大数据、云计算、人工智能等。数字经济是以数字技术创新为核心驱动力，将新一代信息技术与实体经济深度融合，不断提高社会经济的数字化和智能化水平，从而重构经济发展模式与政府治理模式。

1. 互联网

随着5G网络的不断发展，互联网技术也将出现重大变革。2000—2020

① https://www.passit.cn/qianyan/169482.html.

年，主要是以多媒体服务和 App 应用为主的移动互联时代。2020—2030 年，也就是 5G 时代，包括 eMBB、mMTC 和 uRLLC 三大场景，这是一个万物智联的时代。① 2030 年后，互联网技术继续发展，将产生互联网新概念、新构架、新协议、新解决方案，以及支持全息传送（如多感全息）、高精度服务（如远程医疗、工业互联网）、最佳保障服务（如 AR/VR 和自动驾驶）等新的应用服务。

未来，我们生活的方方面面将依赖于网络，由此也带来了个人隐私的安全风险。潜在的网络攻击将会非常具有破坏性，数据将要更加小心地保存，以防受到不良网络黑客的袭击。人们对个人隐私问题更加关注与担忧，个人隐私维护将带来新的市场机会，如“无监控”的居住空间。网络安全技术将变得越来越重要，网络安全和个人隐私之间的平衡将是未来争论的焦点。

2. 大数据

根据预测，2023 年人们产生的数据将会超过 100ZB，并且以每两年翻一倍的速度增长。这些大数据涵盖了消费、健康、能源、气候、经济、社会和政治等方面的信息。虽然大数据已经形成，但是大数据的价值并没有完全释放，每年仅有不到 10% 的数据会被分析利用。大数据处理是对纷繁复杂的海量数据价值的提炼，其中最有价值的地方在于预测性分析，即可以通过数据可视化、统计模式识别、数据描述等数据挖掘形式帮助数据科学家更好地理解数据，根据数据挖掘的结果得出预测性决策。大数据处理的主要工作环节包括：大数据采集—大数据预处理—大数据存储及管理—大数据分析及挖掘—大数据展现和应用（大数据检索、大数据可视化、大数据应用、大数据安全等）。② 未来，人们对大数据的处理能力将会逐渐提高，从无序的数据中

---

① http://mini. eastday. com/bdmip/180809005439397. html.

② https://www. jianshu. com/p/8236eb255318.

提取关联信息，从而扩散到商业应用领域。人们将会获得使用大数据的能力，并产生数据使用冲突，数据泄露、数据监视、数据盗窃等现象将更加普遍。大数据代表性技术有数据可视化、自然语言数据处理等，实际应用于深度学习超级计算机、国家智能平台等。

3. 云计算

云计算将硬件和软件虚拟化，企业或个人不需要在硬件和软件上进行重大的资本投资，具有业务敏捷性、可扩展性、效率和成本节约等优势。2019年，中国云计算市场是阿里巴巴、腾讯、百度展开激烈“中场争夺”的战场，在腾讯的最新架构转型中新成立了云与智慧产业事业群（CSIG），阿里巴巴和腾讯 to B 的第一个战场就是云计算。① 未来，云计算领域的竞争不再是基础设施层面，而是如何深入渗透到企业的业务层面，推动行业转型。

未来，“云计算 + 移动设备”将改变人们和信息互动的方式，云端计算服务将提供无比强悍的计算能力，移动设备将具有多功能特征。预计，到 2030 年全球 75% 的人口将拥有移动通信，云端移动计算将转变医疗、交通、教育、农业等运作方式。例如，通过手机实现在线诊断和远程医疗，通过云端软件计算最优交通路线，通过教育 App 创办网络学校等。同时，移动终端的发展以及移动网络的扩散，也会进一步推动云计算的发展。

4. 人工智能

作为引领新一轮科技革命和产业变革的战略性技术，全球各国将人工智能上升为国家级战略，抢占科技发展和国际竞争的制高点。目前，人工智能已经开始走出实验室，进入产业化阶段。随着深度学习技术在智能驾驶、智慧金融、智能制造、智慧农业、智慧医疗、智能家居等领域的逐步应用，人

---

① http://www.iprdaily. cn/article_ 20686. html.

工智能的产业化已经取得了显著效果，显示出很强的带动效应。① 人工智能深度学习已经应用于机器视觉、自然语言处理、机器翻译、路径规划等领域；算法分类精度已经达到了 95% 以上，如谷歌的 SVHN、微软的 MS COCO 等图像基础数据集，斯坦福大学的 SQuAD、卡内基梅隆大学的 Q/A Dataset、Salesforce 的 WikiText 等自然语言数据集。

未来，人工智能技术将分别沿着算法和算力两条主线向前发展，并逐步带领人类进入人机协同的新时代。AI 通过感知系统与算法来为人类提供各种数据与分析结果，而 IA 则用来辅助人类快速做出决策，进而通过各种自动化技术落地执行。英特尔、英伟达、AMD 和高通等芯片制造商将推出专门 AI 芯片，AWS、Facebook、阿里云等超级技术公司将会加大对芯片的研发投入。AI 芯片将在高性能计算基础上针对现代工作负载做出大量优化，并加快下一代数据库查询处理和预测分析的速度。

5. 量子计算

量子计算是下一代计算机的重要发展方向，是未来信息技术发展的战略制高点，是未来信息安全对抗的核心技术。量子计算是通过叠加原理和量子纠缠等次原子粒子的特性来实现对数据的编码和操纵。2019 年“量子霸权”之争让量子计算再次成为世界科技焦点，超导量子计算芯片的研究将推动超导路线和大规模量子计算的实现。

未来，量子计算将进入技术攻坚期，人类将制造出一款具有实际意义的量子计算机。量子计算机在超高速并行计算、大容量数据快速搜索、最优化问题、人工智能、密码破解、量子模拟等方面具有得天独厚的优势。量子计算机的出现将会给气候模拟、药物研究以及材料科学等其他研究方向带来巨大的进步。一台量子计算机可以破解其他任何加密方式，但其他方式将无法

① https://www.sohu.com/a/310412738_209185.

破解量子加密。[①] 量子计算的代表性技术有量子纠错、量子编程、后量子密码学，实际应用包括 MIT 量子叠加研究、IBM 云端量子计算服务、量子通信卫星等。

6. 区块链

区块链技术发展的关键点在于不断丰富的场景应用。根据区块链专利在各行业的分布数据显示，排名前三的分别是金融数字资产交易、身份认证、算法。区块链技术作为一种通用性技术，正从数字货币领域加速渗透至其他各行各业的创新融合领域。未来区块链技术的应用将是一个脱虚向实的过程，更多传统企业使用区块链技术来降低成本和提升效率，激发实体经济增长。企业级区块链应用着重关注隐私保护、权限管理、交易瓶颈、监管管控等方面。跨链技术成为区块链实现价值互联网的关键，多个区块链的互联互通将加速信息的横向流动，促进多方数字资产自由流通，如数字票据、物流追溯、医疗病历、身份验证、证券交易等。

未来，社交科技将创造出微型文化圈，出现越来越多的基于网络社区的社会契约。舆论方面，任何机构都不能主导和控制社会舆论，人们可以在网络上自由发表意见和见解。营销方面，产品质量和口碑成为关键，客户的反馈将直接通过网络公布于众。媒体方面，人人都将成为自媒体，直播将成为内容扩散的重要渠道。同时，众筹、比特币和其他加密货币的应用将越来越频繁。

（二）智能硬件应用日益广泛

预计到 2045 年将会有超过1 000亿件的智能设施与网络连接，包括智能手机、监控摄像头、智能电器、智能可穿戴设备、工业传感器、自动驾驶汽车、医疗机器人等。智能硬件设施将实现设备检测、管理和维修等工作的自动化

---

① https://tech. sina. com. cn/csj/2020 - 01 - 02/doc-iihnzhfz9815333. shtml.

和智能化，拥有全球网络的智能机器将自动处理大量的关键事务。同时，智能硬件在人体上的应用也将越来越广泛，通过智能手臂、智能假肢、智能眼镜等智能可穿戴设备增强人体能力。

1. 物联网设备

物联网设备是实现“万物互联”的关键点，通过物联网、大数据、人工智能三大技术的综合运用，实现对物体的智能化感知、识别和管控。物联网设备的使用，将大幅降低机械性的劳动力需求，将人们从枯燥重复性的工作中解脱出来，并且还能够提高经济效率和降低人员成本。未来，物联网将对人们的工作和生活带来一场新的信息革命，人们将通过物联网设备连接创造和分享数据。但是，物联网设备的使用也将引发隐私和安全之间的对抗，人们对网络安全和个人隐私的重视程度将越来越高。物联网领域的代表性技术有微电子机械系统（MEMS）、无线通信、电源管理技术等，目前已实际应用于海量数据分析、医疗实时监测。

2. 机器人与自动化系统

预计到 2045 年，机器人和自动化系统将全面普及。例如，机器人将会处理大量日常工作，如照顾老人、购买生活用品、工业生产等；自动驾驶汽车将替代司机和交警，提升交通安全和道路使用效率。但是，随着保安、导购、客服、教师等职业逐步被机器人与自动化系统替代，就业问题将导致经济与社会的不稳，自动化网络系统将会成为相互攻击的主要突破口。目前，机器人与自动化系统的代表性技术有机器深度学习、机器识别、人机交互、传感器与控制系统等，实际应用于机器人神经系统、聊天机器人、家政机器人、工业机器人等。

3. 智能可穿戴设备

未来 30 年，智能可穿戴设备将突破人类潜力极限和生物极限。例如，机器手臂通过传感器与控制系统与人体的大脑连接，能让人用意念控制机器臂，帮助身体有残疾或者老年人群恢复行动能力；面部识别智能眼镜，能够扫描人群面部信息协助抓捕犯罪嫌疑人。同时，智能可穿戴设备也会带来新的挑战，人们对智能可穿戴设备的依赖性增强，导致自身综合能力的退化，以及网络黑客对人身安全的攻击等。目前，代表性技术有脑机接口技术、源成像技术、脑电波传感技术等，实际应用于机械手臂、机械腿、智能眼镜等方面。

4. 增材制造（3D 打印）

增材制造（3D 打印）已经在工业界作为制造限量设计原型的技术而被使用。随着 3D 打印技术的快速发展，3D 打印的成本和价格相比过去已经大幅下降，这为 3D 打印的规模化使用提供了基础条件。同时，在开源工具和平台的支持下，创客群体不断创造出新模型和新技术。2019 年，以色列特拉维夫大学以患者自身的组织为原材料，3D 打印出全球首颗拥有细胞、血管、心室和心房等精细构造的心脏。尽管该心脏具有血管等精细组织和搏动功能，但是用于替代人体心脏还有很长的路要走。未来，3D 打印技术将改变世界，3D 打印人体关节骨骼、内脏器官等一系列关键技术正在被逐步突破。新一代 3D 打印技术将能够融合多种材料，打印出精细复杂的功能性物品（包括人体器官）。3D 打印的代表性技术有新型合成材料、生物打印等，实际应用于建筑、设备生产和医学等领域。

5. 混合现实设备

虚拟现实 VR 技术和增强现实 AR 技术主要应用于消费电子市场，Facebook、三星、索尼等科技公司积极布局研发新产品。未来，VR 和 AR 技术将广泛应用于生活娱乐领域，VR 能够通过视觉、听觉和触觉等感观实现深度沉浸式体验，AR 将为用户在现实中投放实时信息。混合现实设备的代表性技术有 VR 眼镜、AR 眼镜、交互技术、3D 投影技术等，实际应用于游戏设备、在线参观、艺术品展览等。

6. 先进数码产品

未来 30 年先进数码产品的运转能力和运用广泛度将进一步提升，先进数码设备将更多地融入日常用品中，如服装、电器、建筑等。人们将会使用更多的数码产品，无限扩展的计算能力和数据存储能力让数码产品渗透到生活的方方面面。例如，智能手机能够进行语音识别，让我们可以直接与手机对话；计算机能够进行动作识别，主动获取动作相关信息。代表性技术有语音识别、动作识别、脑机接口等，实际应用于人工智能机器人、智能手机、监控设备等。

（三）高科技全面渗透各个领域

世界科技革命正在向更高的阶段迈进，新的科技浪潮蓄势待发。新的科学发现、技术发明、高科技产业，将对世界发展和人类文明进步产生更加巨大而深刻的影响。目前，高科技正在向经济社会的各个领域广泛渗透，信息技术、生物技术、材料技术、能源、航空航天、海洋开发、农业、医疗保健、制造业和环境保护等方面的技术，将对人们的生产生活方式产生重大影响。

1. 医学科技

未来 30 年，医学科技将实现突破式的发展。基因药物将应用于癌症、心肺疾病、阿尔茨海默病和其他重大疾病。移植器官将通过 DNA 培养出来，解决配型以及排斥反应等棘手问题。生物假肢将直接连接到神经系统，提供真实触感的感官体验。急救机器人和肢体控制性降温技术将会大幅度延长救援的“黄金时间”。但是，医疗设施的价格将会给各国医疗系统带来更大的压力，超级细菌极高的抗药性也会给人们带来极大的危险。代表性技术有再生医学、生物医学工程等，实际应用于干细胞疗法、器官移植、癌症免疫疗法、基于 RNA 的疗法、基于 DNA 的疗法等方面。

2. 基因科技

随着对遗传学认知的加深，人们可以通过搭建新的 DNA 创造新的生物。

基因科技快速发展的背景下，生命基因将成为可以被改写的程序代码，通过基因序列的重新排布而改变其特性。基因编辑技术可以有选择地剪掉那些不需要的基因组，代之以新的 DNA 序列。目前，科学家正在利用基因技术探索研发可以分泌生物柴油的海藻，应用于珍稀野生动物的保护，修改尚未出生婴儿的 DNA 等。未来，基因科技将制造出合成生物，包括新型生物材料、新型农作物、新型动物等。但是，合成生物也会给人们带来难以控制的巨大危险。代表性技术有 DNA 重组技术、细胞核移植技术等，实际应用于编辑胚胎细胞、工业级合成生物学等方面。

3. 能源科技

预计未来 30 年全球能源需求将增长 35% 以上，全球正在面临着能源枯竭和能源使用排放污染的危机。太阳能、风能、核能等新能源的开发也将缓解能源压力，太阳能和风能的发电成本将不断降低，新一代核反应堆的设计将更加安全。同时，大量使用清洁能源将减缓全球气候变化，但是针对电池、光伏、其他元件等上游生产的稀有资源的争夺也将更加激烈。代表性技术有太阳能开发、地热能开发、核能开发、海洋能源开发等，实际体现在新能源利用比例不断提高、能源利用效率提高和环境污染下降等方面。

4. 农业科技

目前，全球约有 25% 的农地已经严重退化，主要是由过度耕作、干旱、污染等原因引起。预计到 2045 年，全球主食谷物价格将提高 100%，将有超过 40% 的人口面临缺乏水源的问题，科技将重点解决食物和淡水资源缺乏的问题。经过基因改造的农作物将会利用更少的资源生产更多的粮食。海水淡化、中水处理、污水净化等一系列技术的使用将缓解淡水需求。农业科技的代表性技术有无土培育、农业生物技术、水资源循环技术等，实际应用于垂直农业、新型农作物、农业灌溉等方面。

5. 太空科技

太空科技正进入新的发展阶段，新型推进系统、轻便新材料、增材制造等技术的发展开启了太空探险的新机会，把人类和物品送入太空的难题正在逐步攻克，成本也在不断降低。例如，SpaceX，Arianespace，Blue Origin 等太空行业的新进者，已经带来了可回收火箭等颠覆式创新技术。未来，太空科技将进入快速发展阶段，将会有更多人登陆和探索月球、火星等星球，探索其他星球上的矿物质成分和宇宙发展历程。但是，随着太空科技的发展，人们对于太空领域的控制权争夺将成为下一个爆发点，人们对天基设备和太空设施的依赖性也将进一步增强。

二、科技城市展望

到 2045 年，全球将有超过 65% 的人口居住在城市，城市将聚集大量的人口和资源，同时人口超过1 000万的超级都市将不断增加。大量的人口将会给城市的基础建设、城际交通、食物和水源、电力能源、污水处理、公共安全系统等带来极大的压力。科技城市将利用新一代信息技术，通过互联网、大数据、物联网等技术提高城市效率和保障可持续性。例如，智能监控城市能源数据、智能电网自动调整配电力、自动驾驶系统缓解交通、智能建筑减少能源消耗等。

（一）新基建塑造科技城市“智慧”底版

新基建是服务于科技城市的新型基础设施，是为科技城市智慧化发展打基础，是实现科技城市“智慧”的底版。“智慧城市”是科技城市的重要形态。根据《智慧城市技术参考模型》（GB/T 34678—2017）的规定，智慧城市可分为物联感知层、网络通信层、计算存储层、数据与服务融合层和智慧应用层。科技城市要得到高质量的发展，离不开新基建的完善。科技城市在推动社会治理、民生服务和企业发展方面需要信息化系统和智能设备的支持，而系统和设备的稳定高效运行，就离不开5G、人工智能、大数据中心等新基建的支持。

1. 新基建是科技城市必不可少的部分

2020 年 3 月，中共中央政治局常务委员会召开会议提出，加快5G网络、数据中心等新型基础设施建设进度。新基建的核心是科技，建设的目的在于为发展数字经济提供基础。新基建的“新”，指的是区别于传统基础设施的信息化基础设施建设。新基建是科技城市必不可少的一部分，科技城市建设中有相当一部分内容就是数字化和信息化的基础设施建设。

科技城市是对新兴技术需求最大的领域之一，是新基建的最大服务对象。例如，新基建中最具代表性的领域 5G，相关应用包括 AR/VR、数据高速传输、车联网等，而这所有的应用都与人们的生活与工作息息相关。AR/VR 不仅可以用于娱乐，还可以用于安防、工业生产等场景；数据高速传输能解决高清视频传输、云端应用等问题；车联网能够有效解决当前城市交通的问题；其他人工智能场景是安防、交通、政务等智慧城市的典型场景。

2. 未来 10 年是新基建大规模建设期

从 2018 年 12 月中央经济工作会议首次提出“新型基础设施建设”，到 2020 年 3 月工信部召开 5G 发展专题会以来，我国不断强调新型基础设施建设的重要性，不断丰富新型基础设施建设的内涵，新基建成为国家战略布局的重点领域之一。根据《21 世纪经济报道》统计，截至 2020 年 3 月 1 日，北京、上海、江苏、福建、河南、重庆等 13 个省市区发布了《2020 年重点项目投资计划清单》，包括10 326个项目，其中 8 个省份公布了计划总投资额，共计 33. 83 万亿元。基建投资是各地投资计划中的重要组成部分，部分地区基建计划投资额甚至占到了总投资额的 50% 以上，其中包括 5G 基站、大数据中心等新基建项目。

未来 10 ~ 20 年是新基建大规模建设期，新基建更能体现数字经济特征，能够更好地推动中国经济转型升级，更加侧重于突出产业转型升级的新方向，无论是人工智能还是物联网，都体现出加快推进产业高端化发展的大趋势。随着5G网络、大数据中心、人工智能等新基建的大规模建设和快速发展，也许不到10年“万物互联”的时代就会来临。根据测算，2020年中国新基建投资规模约1.2万亿元，未来中国在新基建上的总投资额将达到49.6万亿元。

3. 新基建七大产业领域将呈爆发式发展

新基建是新型基础设施建设的简称，是指以5G、人工智能、工业互联网、物联网为代表的新型基础设施，本质上是信息数字化的基础设施。科技端的新基建包括5G基建、特高压、城际高速铁路和城际轨道交通、充电桩、大数据中心、人工智能、工业互联网等七大板块。

一是5G基建。5G基建应用于工业互联网、车联网、物联网、企业上云、人工智能、远程医疗等。5G作为移动通信领域的重大变革点，是当前新基建的领衔领域，被定义为“经济发展的新动能”。随着5G标准的完善和技术的成熟，5G基站和网络建设将逐步提速，预测2020年全年建设基站数量或突破70万。同时，5G网络的快速扩张将会推动5G业务和应用的快速普及，从而带动数据流量高速增长，配套网络平台服务需求也会随之提升，数据中心、云计算等相关领域也将快速发展（见表7-1）。

表7-1　5G基建相关产业链

产业链	细分产业链
网络规划	—
无线主设备及传输设备	小基站、天线、铁塔，基站射频、滤波器，SDN/NFV，光纤光缆，光模块，光通信设备
终端设备	终端天线、滤波器，终端射频材料
运营商	—

资料来源：https://www.sohu.com/a/377903287_654086.

二是大数据中心。根据市场研究机构 Synergy Research 的调查数据，全球数据总量每 18 个月翻一番，届时数据中心建设将跟不上大数据爆发的步伐。同时，5G、产业互联网、人工智能等新兴领域对数据中心的需求也将大幅上升。相关数据显示，2019 年中国 IDC 市场规模达到1 560.8亿元，同比增长 27.1%，高出全球平均增长率 16 个百分点。未来几年，国内数据中心项目将快速增加，绿色大型或者超大型数据中心将不断增多。区域分布方面，北上广深地区受政策限制其增长空间有限，周边省市数据中心新建和扩建的投资需求将会显著增多；而环境适宜、电价优惠、土地资源相对充裕的西北和西南地区数据中心数量会有较大的增长潜力。投资方面，随着新基建的推进，公有云和私有云建设都将大幅提速，数据中心新建和扩容步伐将会进一步加快，相关设备及服务需求也会快速增加（见表 7－2）。

表 7－2　大数据中心相关产业链

产业链	细分产业链
基础设施	IT 设备、电源设备、制冷设备、油机、动环监控
IDC 专业服务	IDC 集成服务、IDC 运维服务
云服务商	运营商、云计算厂商、第三方服务商
应用厂商	互联网行业、金融行业、传统行业（如能源等）、软件行业

资料来源：https://www.sohu.com/a/377903287_654086.

三是工业互联网。工业互联网是智能制造发展的基础，可以提供共性基础设施和制造能力。我国已经将工业互联网作为重要基础设施为工业智能化提供支撑。2012 年“工业互联网”概念首次被提出，2017 年国家出台工业互联网顶层规划，2019 年“工业互联网”被写入《政府工作报告》，我国工业互联网建设逐渐进入实质性落地阶段。2020 年工信部公布 2019 年工业互联网试点示范项目名单，包括网络、平台、安全三个层面共 81 个项目。我国工业互联网发展将按照“三步走”战略推进，2025 年属于第一个规划期，重点是进行工业互联网基础设施和平台建设。工业互联网作为国内新基建的代表，也是近年来国家政策引导和发展的重点，未来 5G、平台、安全将是工业互联网行业最重要的三大方向（见表 7 –3）。

表 7 –3　工业互联网相关产业链

产业链	细分产业链
智能硬件	传感器、智能网关、工业机器人等
工业互联网平台	边缘层（即工业大数据采集过程）、IasS 层（主要解决的是数据存储和云计算，涉及设备如服务器、存储器等）、PasS 层（提供各种开发和分发应用的解决方案，如虚拟服务器和操作系统）、SaaS 层（主要是各种场景应用型方案，如工业 App 等）
应用场景的工业企业	高耗能设备（如炼铁高炉、工业锅炉等设备）、通用动力设备（如柴油发动机、大中型电机、大型空压机等设备）、新能源设备（如风电、光伏等设备）、高价值设备（如工程机械、数控机床、燃气轮机等设备）、仪器仪表等专用设备（如智能水表和智能燃气表等）

资料来源：https://www. sohu. com/a/377903287_ 654086.

四是人工智能。人工智能是引领新一轮科技革命、产业变革、社会变革的战略性技术，对经济发展、社会进步、国际政治经济格局等方面产生了重大深远的影响。从产业发展的角度，人工智能作为新一轮产业变革的核心驱动力，正在释放历次科技革命和产业变革积蓄的巨大能量，持续探索新一代人工智能应用场景，将重构生产、分配、交换、消费等经济活动各环节，催生新技术、新产品、新产业。目前，人工智能技术已运用于智能安防、医疗、金融和教育等领域。科技部印发《国家新一代人工智能创新发展试验区建设工作指引》提出，推进人工智能基础设施建设，到 2023 年建设 20 个左右试验区。教育部指出，要依托“双一流”建设，深化人工智能内涵，构建基础理论人才与“人工智能 + X”复合型人才并重的培养体系，探索深度融合的学科建设和人才培养新模式，着力提升人工智能领域研究生培养水平，为我国抢占世界科技前沿，实现引领性原创成果的重大突破，提供更加充分的人才支撑。科技部印发《加强“从0到1”基础研究工作方案》提出，重点支持人工智能等重大领域，推动关键核心技术突破。

表7-4 人工智能相关产业链

产业链	细分产业链
底层硬件	AI芯片：云端训练、云端推理、设备端推理； 视觉传感器：激光雷达、毫米波雷达、监控摄像头、自动驾驶摄像头、3D体感
通用AI技术及平台	计算机视觉：人脸识别、语音识别、视觉识别； 云平台/OS/大数据服务：大数据服务、云计算服务、OS、物联网平台

资料来源：https://www.sohu.com/a/377903287_654086.

五是电力能源特高压。在我国，特高压指的是±800千伏及以上的直流电和1 000千伏及以上交流电的电压等级，能大大提升电网的输送能力。我国是世界上唯一将特高压输电项目投入商业运营的国家，国家电网已经启动混改并首次向社会资本开放特高压投资，通过解决资金问题进一步增加特高压持续建设的确定性。长期看来，特高压投资将维持在4 500亿~5 000亿元；未来电网投资以效益为先，电力物联网、电力芯片、特高压、配网建设等有利于电网降本增效，长线发展的领域仍有结构性增长。特高压作为新基建重点板块，成长空间巨大。

表7-5 特高压相关产业链

产业链	细分产业链
直流特高压	换流阀、控制保护、换流变压器、互感器、直流断路器、高压电抗器、电容器、高压组合、断路器、避雷器
交流特高压	GIS、特高压变压器、特高压抗压器、550千伏组合电器、互感器、断路器额隔离开关、电容器、避雷器、变电站监控

资料来源：https://www.sohu.com/a/377903287_654086.

六是新能源汽车充电桩。充电桩是新能源汽车的“加油站”，目前充电桩的缺口依然很大。截至 2018 年 10 月，我国充电桩总量仅为 68.6 万个；截至 2019 年 10 月，全国公共充电桩和私人充电桩总计保有量为 114.4 万个，同比增长 66.7%。根据《新能源汽车产业发展规划（2021—2035 年）》，到 2025 年新能源汽车销量占汽车销量的 25% 左右，保守预计新能源汽车销量 700 万辆左右。以新能源汽车保有量2 000万辆、车桩比 1:1 估算，需要的充电桩数量约1 880万台，充电设备市场空间约2 800亿元，充电和服务市场将约 400 亿元。充电桩的加速投资将拉动充电设备需求显著增加（见表 7 –6）。

表 7 –6　充电桩相关产业链

产业链	细分产业链
设备生产商	壳体、底座、插头插座、线缆、充电模块或充电机、其他
充电运营商	充电桩、充电站、充电平台
整体解决方案商	新能源汽车整车企业

资料来源：https://www.sohu.com/a/377903287_ 654086.

七是城际高速铁路和城际轨道交通。高铁是我国技术面向世界的名片，也是我国交通的大动脉。在城市化进程中，轨道交通是关键一环，许多城市正式大力推进城市轨道交通建设，即使是轨道交通相对发达的北上广深，仍有非常大的缺口。产业方面，城际高速铁路和城际轨道交通的产业链条非常长，包括原材料、机械、电气设备、公用事业和运输服务，在推动整个社会发展和交通数字化、智能化方面起到基础性作用。

表 7 –7　城际高速铁路和城际轨道交通相关产业链

产业链	细分产业链
原材料	铁轨、铁路配件、轨道工程
基础建筑	工程机械（挖掘机、泵车等）、基础建筑、土木工程，桥、路、隧道、高架、项目承接

（续）

产业链	细分产业链
机械设备	机车车体、零部件、辅助设备
电气设备	牵引供电工程、通信、变电站、变压站
公用事业	城轨运营
运输服务	物流、客货运输
其他	航空、公路、港口

资料来源：https://www.sohu.com/a/377903287_654086.

（二）科技创新为科技城市“迭代”原动力

科技创新在城市发展历程中起着至关重要的作用，每一次科技的重大变革，都会引起城市产业活动和空间结构上的重大调整。科技正在以乘数效应推动城市迭代升级，不断改变着世界的面貌和人们的生活。在科技创新的作用下科技城市不断地更新迭代升级，科技创新是促进科技城市自我迭代升级的原动力。科技创新不断渗透到城市的硬件设施、生态环境、文化环境、产业结构、功能业态、社会心理等领域。科技城市将以科技创新破解空间载体硬约束，以科技创新激发产业发展新活力，全面提升城市生长力，开辟城市发展新境界。

1. 城市发展由要素驱动转向创新驱动

在全球新一轮技术变革和产业转移背景下，特别是第四次工业革命所带来的人工智能、大数据、物联网、云计算等新一代信息技术的快速发展，以高科技产业为主导，同时兼具生活、服务、公园等功能的科技城市正在诞生。科技城市将是科研院所、高等院校、职业学校的汇集地，并通过原创技术的开发以及科技成果的转化，最终目标是要对城市周边地区及更广泛的区域产生辐射效应。城市发展模式由过去的要素驱动转向创新驱动，城市发展将更多依赖高端人力资源、新技术、新工艺、新制度等高质量要素，以科技服务业为代表的生产性服务业将发挥主导作用。

以智能化为核心，以物联网、移动互联网、云技术、大数据、机器人及人工智能为代表的数字技术所驱动的新工业革命最主要的特征就是各项技术的融合，而融合技术的发展应用将极大地模糊传统意义上物理、数字与生物技术领域的边界，对科技城市发展将会产生深远而复杂的影响。第四次工业革命是一场驱动产业结构、城市形态、生活方式和科技格局的颠覆式变革，将通过融合技术打造一个互通互联智能化的科技城市。城市环境、交通、建筑、设备、居民等之间互通互联，收集相关信息、分析问题、预判结果，并不断进行自我调整和自主迭代升级。

2. 三大创新主体不断增加科技创新投入

随着创新驱动发展战略不断深入，企业、政府主导研发机构、高等院校三大创新主体研发投入力度进一步加大，创新资源配置不断合理优化。2017年，联合国教科文组织（UNESCO）发布的全球科技研发（R&D）投资统计数据显示，全球研发投资总额为17 875亿美元，超过 100 亿美元的有 24 个国家，占总额的 93%；排名前十的国家占总额的 80% 以上；其中，美国、中国、日本排名前三，分别为4 765亿美元、3 706亿美元、1 705亿美元。其中，企业研发投入为11 286亿美元，占总额的 70%；政府主导的研发投入为2 272亿美元，占总额的 14.1%；高校研发投入为2 298亿美元，占总额的 14.2%；其他组织机构研发投入为 272 亿美元，占总额的 1.7%。

数据显示，2018 年全国高新技术企业达到 18.1 万家，技术合同成交额超过 1.7 万亿元。高科技企业是科技创新的主体。根据 ICB 行业分类标准，全球研发投入前2 500家企业主要涉及航空航天与国防、汽车与其他交通运输设施、化学制品、健康与医药、信息与通信（ICT）生产制造、信息与通信（ICT）服务、工业等八大产业领域。从企业数量上看，ICT 生产制造、健康与医药、ICT 服务等产业领域相对较多，分别为 509 家、490 家和 300 家。从研发投入占比看，ICT 生产制造、健康与医药产业也显示出较强的投入水平，其次是汽车与其他交通运输设施、ICT 服务产业领域。其中，ICT 生产制造业研发投入占比达 23.7%；健康与医药研发投入占比达 21.0%。①

3. 高科技产业成为城市核心竞争力

城市发展由过去的追求规模体量型向追求质量效益型转变。当前城市发展主要依靠科技创新和高科技产业的迅速发展，高科技产业成为城市核心竞争力。高科技产业是培育城市发展的新动能，以及赢得未来竞争新优势的关键。高科技企业是科技创新的主体，是战略性新兴产业和高科技产业发展的主力军。根据 2018 年数据，中国主要城市高科技企业数量排名依次是北京、深圳、广州、上海、东莞、天津、杭州、佛山、武汉，国家认定的高科技企业数量北京25 000家、深圳14 400家、广州11 000家、上海9 206家、东莞5 798家、天津5 038家、杭州3 919家、佛山3 900家、武汉3 527家。

以深圳为例，深圳是中国最具科技创新力的城市，高科技产业已经成为深圳经济发展的第一增长点。2018 年，深圳国家级高科技企业有 1.44 万家，高科技产业产值超过 2 万亿元。在高科技产业细分行业，深圳涌现了一批领军企业及世界著名企业，如华为、腾讯、比亚迪、大疆等。在深圳，高科技产业经过几十年的发展，产业结构不断升级，企业不断更新、产品不断迭代，从电子视听产业、电子信息产业逐步拓展到互联网、生物工程、人工智能等产业方向。②

（三）数字治理实现科技城市“精准”运营

未来，全球将全面进入数字时代，互联网、大数据、人工智能、物联网、区块链等新技术将会给现有的数字治理体系与治理能力造成挑战。数字治理

① https://www.sohu.com/a/297506215_99949011.

② https://www.yicai.com/news/100047054.html.

体系和数字治理能力是科技城市发展的内在要求，数字治理将内嵌在城市及国家的竞争力体系之中，发挥着越来越大的作用，并以新的技术手段和运行机制为社会提供新的支撑。数字治理涉及数字国家治理、数字社会治理、数字城市治理、数字经济治理、数字文化治理与舆情治理五大关键领域。我国提出推进实施国家大数据战略，通过数字治理推动政务和社会数据资源共享，激发创新活力。

1. 形成科技城市“数字经济”协同治理格局

相对自由的互联网环境给数字经济增长创造了充分的发展空间，但其带来的风险、冲突、矛盾、问题与不确定性也在不断增加。2019 年，数字经济迎来治理热潮，各国在规则制定和调查执法等方面强化执行。例如，美国对 Google、Facebook、Amazon 等数字平台频繁开展反垄断调查，欧盟依据《通用数据保护条例》（GDPR）实施多起处罚，中国加强网络信息安全立法等。未来，各国将进一步深化对数字经济发展规律的认识，积极探索新的规制以更好地应对数字经济治理要求。

数字经济治理在国家层面需要考虑如何提高国家数字经济全球竞争力，在产业层面需要关注促进数字经济发展，在个人层面需要关注消费者权益和隐私保护。数字经济具有高度不确定性与复杂性，无论是数据治理、算法治理、数字市场竞争监管、网络生态治理等，单靠政府或者参与主体的力量，难以有效应对诸多挑战。事实上，数字经济治理从管理到治理的转变，正是强调政府、平台、行业协会、平台用户等多元主体在治理中发挥作用。未来，各方主体将共同打造权责利清晰、激励相容的协同治理格局。政府为数字经济发展提供公平竞争的市场环境；互联网平台和数字平台约束自身竞争行为，并发挥算法、数据、贴近用户等治理优势；行业协会加强行业自律，积极构建政府与平台之间的沟通渠道。

2. 运用“城市大脑”开展科技城市治理

习近平总书记在杭州考察时对杭州市运用城市大脑提升交通、文旅、卫健等系统治理能力的创新成果表示肯定。总书记说，运用大数据、云计算、区块链、人工智能等前沿技术推动城市管理手段、管理模式、管理理念创新，从数字化到智能化再到智慧化，让城市更聪明一些、更智慧一些，是推动城市治理体系和治理能力现代化的必由之路，前景广阔。

杭州提出并建设“城市大脑”，探索数字治理路径。城市大脑已成为杭州实现城市治理现代化的重要支撑。以杭州公安为例，2019 年打造的“城市大脑警务操作系统”，就是赋能城市数字治理的重要载体。在疫情防控中，从搭建指挥中枢到建设应用场景，从提供数据支撑到高效研判保障，这套系统都得到了很好的实战检验。一方面，聚焦“数得清、控得住”，利用系统实时动态掌握疫情防控关键点、社会风险突出点和复工复产关注点等情况，为政府精准决策提供科学参考；另一方面，聚焦“找得准、防得牢”，在系统上研发了多个战疫平台，多项精密“智”控指数全省第一。

3. 以“数字政府”促进社会治理智能化

数字科技在推进社会治理中发挥着越来越重要的作用，社会治理智能化是在大数据时代背景下，以网络化和网络平台为基础，运用大数据、云计算、物联网等信息技术，实现社会治理精准分析、精准服务、精准治理、精准监督、精准反馈的机制和过程。数字技术的广泛运用助力政府部门实现了更科学的决策、更高效的管理、更有力的监督、更符合需求的服务、更有预见性的风险防范，为提升社会治理体系和治理能力现代化水平提供了强大动力。

“数字政府”建设是促进政务信息资源共享协同应用和提高社会治理智能化水平的重要手段。一是推动数据互通共享。数据是“数字政府”建设的基础，也是社会治理智能化的基础，推进跨区域、跨层级、跨部门的数据平台建设，加大基础信息采集力度，制定统一的数据标准。二是深化数据广泛应用。促进大数据、云计算等新技术在推进科学决策、沟通社情民意、提供公共服务、强化市场监管、预测社会风险、解决难点问题、加强平安建设、优化城乡社区治理等工作中的广泛应用。三是服务居民多样需求。通过对医疗、教育、就业、社保、家政等社会公共资源的高效整合，打造智慧医疗、智慧教育、智慧家政、智慧社区等数字化综合民生服务平台。四是构建治安防控体系，借助电子地图、卫星定位、远程监控、人脸识别等现代信息技术手段，对管辖地域范围内的人、地、事、物、组织等要素归入单元网格进行系统化管理。

（四）创客文化赋予科技城市“创新”活力

创客是指不以利益为目的，出于兴趣与爱好，把各种创意转变为现实的人。创客善于挖掘新技术和鼓励创新，注重在实践中学习新东西，并加以创造性地使用。创客的兴趣主要集中在电子、机器人、3D 打印、木工及艺术创作、手工艺品等方面。

1. 创客文化推动新一轮的创新创业热潮

创客将为科技城市带来潜力无穷的产品、致力创新的精神、开放共享的态度，创客文化为科技城市带来了新一轮的创新创业热潮。创客是特指把属于自己独创的创意设想变现为文创成果的个人或团队，具有好幻想、爱折腾、有激情等性格特质，擅长灵活运用时下流行的思维方式、技术手段和专业技能。

创客文化起源于美国的车库文化，人们将车库和地下室改造成了家庭制造车间，惠普、苹果、谷歌等知名企业都经历过“车库创业期”。创客文化的特点是创造和分享，以创客为主体的社区是创客文化的载体。2014 年 6 月，美国举办了首次“白宫 Maker Faire”，同时发布了“创客国家”计划（Nation of Makers）：让美国学生和企业家拥有创新的力量，成为未来的发明创造者。2015 年，国务院总理李克强参观了深圳柴火创客空间，并提出了“大众创业、万众创新”的理念，正式将创客写入《政府工作报告》中。随着“大众创业、万众创新”时代的来临，创新创业成为推动社会进步的重要力量。

2. 创客空间是线下线上融合的创新实践场

创客空间是线上与线下融合的创新实践场，面向拥有共同兴趣或利益的创客群体，能为各种创意创新创业活动提供软硬件工具、跨界师资、开放资源等支持性条件，助力创客们实现创意想法、创新设计或者创业项目。创客空间源自英文 Makerspace，是指那些开放的设计和制作场所。创客空间不只是提供场地和设备，还要和当地社区居民互动、分享创意和技能。创客空间并不是某种正式的组织结构，而是一系列开源软件、硬件与数据等要素相关的共享技术、治理过程和价值观。创客空间是人们可以通过创客行为来探索他们热爱的东西，并且能得到社区成员支持的实体空间，创客行为意味着最大限度上提升自己的能力并且愿意分享。

3. 创客教育是培养未来创客的重要方式

创客教育主要是鼓励学生参与创客活动，探索世界的问题并提出创造性的解决方案。创客教育强调行动、分享与合作，并注重与新科技手段相结合，逐渐发展为跨学科创新力培养的新途径。目前，开展创客活动的创客空间有清华大学 i. Center 众创空间、英特尔—西南交通大学大学生创客活动中心、温州中学 DF 创客空间、北京丰台第八中学创客空间等校园创客空间，以及深圳柴火创客空间、天津青橙 · 北方创客体验中心、郑州中原创客小镇 Fablab 等社会创客空间。

Fablab 是创客教育的引领者。Fablab 即微观装配实验室（Fabrication Laboratory），是美国麻省理工学院（MIT）比特与原子研究中心发起的一项新颖的实验，是可以制造任何产品和工具的小型工厂。截至目前，全球已经建立了超过1 000家的 Fablab 实验室网络。例如，郑州中原创客小镇 Fablab 轩辕创新实验室拥有支持不同材料的各种 3D 打印机、三维扫描仪、激光切割机、

CNC 等中大型智能制造工具，为智能研发、模拟、教学提供优秀的硬件支持平台。这些工具和平台全部开放给创客项目，同时也组织各类创客技能培训活动和主题活动，支持来自院校、社会团体及个人的创客项目在这里开展办公、研发、市场化等各个环节。

第二节　存在问题

一、新基建面临资金、模式和技术等困难

我国经济动能正在向下一阶段转换，新基建能够适应中国社会主要矛盾转化和中国经济迈向高质量发展要求，能更好地支持创新、绿色环保和消费升级，在补短板的同时为新引擎助力，这是新时代对新基建的本质要求。但是，发展新基建面临资金、模式、技术、体制等方面的困难和挑战。

新基建建设资金缺乏，5G 基站、物联网设备、城际高速铁路和城市轨道交通、新能源汽车充电桩等建设成本较高，资金来源成为制约基础设施推进的关键“瓶颈”。根据测算，2020 年中国新基建投资规模约 1.2 万亿元，未来中国在新基建上的总投资额将达到 49.6 万亿元。考虑到当下经济环境和地方政府债务问题，新基建的投入方式、资金成本和效率将被更严格地核算。同时，土地财政降温，隐性债务严控，财政压力的加大和去杠杆都将影响新基建的投入资金。

新基建模式尚未成熟，新基建项目运营成本高，而部分地区的人口密度较低，市场体量较小，回报空间有限，政府和企业的合作模式及商业模式尚处于探索阶段。部分地区新基建建成后，可能存在 5G 网络使用率低，城际高速铁路和城市轨道交通客座率较低、新能源汽车保有量较低等问题。

新基建推进缺乏技术和政策指导，新基建作为当前科技前沿的应用，基

层缺乏对其的学习了解，缺乏权威的技术及政策支持方面的指导，对新基建推进造成一定影响。如果对新基建认知不足，或将导致建设成效得不到充分发挥。与此同时，我国对新基建相关的核心技术掌握不够深入，基础软件、工业软件等关键领域对外依存度较大，产业发展失衡问题较为突出，核心领域软件研发及应用成为短板。

二、科技创新周期长、投入大、风险高

科技创新是一项巨大的系统工程，需要国家政策的支持，企业的研发投入，以及大量的创新人才支撑。企业是科技创新的主体，但科技创新投资巨大，若要达到世界领先水平，更加需要研发资金的投入。企业研发投入大、见效慢、周期长、风险高。美国硅谷之所以能成为世界科技中心，是因为硅谷的大多企业投入巨资研发新技术和开发新领域。世界科技巨头苹果、英特尔等均出自硅谷。

高科技的创新从研究到开发，再到技术转让和产品上市，需要一段很长的过程，绝大部分发明创造在早期就已经“死亡”，部分高科技艰难地发展到产品阶段，却因不被市场或消费者接受而“死亡”。在高科技创新领域，“死亡谷”是常见的现象，特别是在基础研究领域，让企业承担更多的基础研究是提升社会创新能力的重要因素。然而，基础研究的周期更长、投入更大、风险更高，参与的企业少之又少。但想要全面提升科技创新水平，就需要行业领先企业从事具有探路性质的基础研究。例如，华为、谷歌、三星等行业领先企业积极开展芯片基础研究工作，因为芯片研发周期长、投入大、风险高的特点，使得中小企业望而却步。

三、数字治理体系和政策法规尚不完善

数字治理是对政府治理框架的全方位变革和政府治理模式的技术升级。

在持续推进的过程中，数字治理面临着体系化与法制化建设不完善，多元参与机制效能尚未充分发挥，以及专业化优秀人才缺口明显等现实困境。当前，数字管理的体系化建构与法制化建设亟须加强，完备的治理体制和完善的规范性文件法规是推进数字治理的基本保障。总体规划与顶层设计的体系与政策法规的缺失，将导致数字治理的纵深发展无从实现。

我国数据总量全球占比接近 20%，数字治理整体上处于从交互阶段走向事务处理阶段的过程中，面临着复杂的社会结构与网络环境，以及不同人群之间的利益冲突。现有数字治理相关的管理体制与法律体系尚不完善，规范性文件与政策法规相对较少，对我国数字治理形成了一定的阻碍。特别是在数字经济治理领域，数据相关规则体系严重缺失，数据开发与保护的平衡成全球难题。随着万物互联时代的到来，数据资源将呈几何级数爆发式增长，保护数据资源安全，平衡数据本地化政策与企业发展需要，保护政府部门、企业、个人数据免遭窃取、滥用成为监管难题。

四、创客教育资源不足，质量参差不齐

我国现阶段还处于创客教育初期探索阶段，存在创客教育认知、创客课程、创客教育装备、创客师资等方面资源不足的问题。

创客教育资源不足。创客教育本质是“基于创造的学习”，将创造和实践活动与基础教学相结合，支持学生进行探索和创新。但是，根据《中小学创客教育资源调研报告》显示，现有创客课程多基于一线教师教学经验的总结或企业对创客课程的探索，尚未深入探究“基于创造的学习”的本质及其教学方法。主要体现在创客教材建设不完善、网络学习资源不足等方面。现有创客课程体系缺少项目创新能力训练，使工具从应用层面去发挥，大部分课程只是一个创客教育的产品目录。

创客教育装备缺乏有效监管。创客教育装备是创客教育开展的条件基础。

但在实际创客教学中，教师对企业提供的教具或套件依赖性强，对教育装备未有深入理解，并未将教学与学生实践相结合。同时，创客教学中所需的木工、金工、电工等加工工具有一定的危险性，稍有不慎即对学生造成人身伤害，而相应的工具标准及监管机制不完善。创客教育设备的不够开放，以致创客的结果是封闭的，用创客教育的工具做了应试教育的事情，导致学生用应试教育的观念去从事了创客教育的学习。

创客教育水平参差不齐，主要表现为缺乏创客教学意识、创客知识和技能不足，不能有效开展创客教学和科研工作。学校对创客教师不重视，没有具体的发展规划和培训。奖惩、晋升制度不完善等问题也导致教师的参与积极性不高。创客教育空间的配置方面，不同学校的场地和经费有不同的需求，受经费跟场地限制影响创客教育水平。

第三节　落地建议

IOD 模式是顺应我国由要素驱动转向创新驱动的发展趋势，实现新旧动能转换和经济高质量发展的重要途径。高新区和经开区作为我国探索创新发展路径的前沿阵地，在过去以制造业为主导产业的发展模式下取得了巨大成功。当前高新区和经开区正处于转型的关键时期，制造业规模不再是衡量区域发展的唯一标准，高科技产业和城市创新能力的重要性不断凸显。通过本书的研究，我们建议 IOD 模式可以考虑率先在我国高新区和经开区创新运用落地，通过加强新基建、科技创新、数字治理、创客文化、创新载体等方面的建设，将互联网、大数据、人工智能等数字技术渗透到城市生产生活的方方面面，从而将高新区和经开区打造成为以创新为主动力的科技城市。

一、快速推进新基建项目落地

加速新基建项目落地，通过公共服务基础设施的升级迭代来优化社会资源配置和多元社会主体行动上的协同，提升数字经济普惠性。新基建的要素、功能、成本结构、质量控制、运维要求等与传统基建有很大不同，甚至存在根本性差别。既要防止打着新基建的名义做传统基建，也要防止用传统基建的套路去做新基建。新基建与传统基建有着本质的不同，新基建实施将更偏重于“稳”，乘数效应更大，在推动投资和生产的同时可促进消费和内需，参与主体也更加多元化。

（一）引进新基建新观念和创新人才

加快新基建项目落地需要新观念和新人才。政府部门和企业要从战略高度认识新基建的必要性、紧迫性，新基建既是经济高质量发展的重要驱动力，也是提升全球竞争力的重要手段。因此必须着眼长远、谋长久功效。同时，新基建领域的创新人才是保障新基建工程落实的关键，要积极培养新基建领域创新人才，为未来发展储备更多的创新人才。

（二）完善新基建建设标准规范

加快完善新基建规划，明确各类建设标准和规范问题。不同于传统基建，新型基础设施承载着海量数据，数据呈现类型多样化、来源多元化特点。因此，数据交换、数据接口、开放模式、数据安全、网络安全、数据及产权归属等不同环节都亟须一个较为明确、统一的标准和规范指导。要围绕解决数据融合、数据共享、数据安全等重点问题，强化标准体系建设和发展路线研究，用标准的规范引领作用保障新基建项目的顺利推进。

（三）加强新基建软硬件环境建设

由于新基建既包含硬件设备也包含软件服务，既聚焦科技创新也带动其他产业，因此在顶层设计上，要高度重视5G、云计算、人工智能、工业互联网等新技术软硬件环境的建设，制定适应新基建相关能耗、环保等审批和监督政策，并在电力、土地、税收等政策层面给予相应支持和激励。

（四）加大新基建资金支持力度

加大对新基建的资金支持力度，让更多的社会资本参与建设。进一步放开新基建领域的市场准入条件，扩大投资主体，拓宽融资来源。新基建项目的融资必须依靠多元化的融资体系，对新基建给予有针对性的财政、金融和政策支持，通过引导基金、担保基金等方式不断吸引市场资本参与到新基建项目的建设中来。

（五）调动民营企业参与新基建

新基建与传统基础设施同样具备较强的公共产品特性，但其建设和发展的核心在于技术创新。相比政府部门和国企，很多民营企业已经探索出了不错的解决方案。因此，在扩大新基建过程中，要激发民营企业参与的积极性，充分调动民营龙头企业的专业能力、创新能力和市场应变力，形成“共建、共商、共赢”的合作生态。

二、注重城市科技创新能力培育

科技创新需要政策的支持。以创新为引领，以需求为纽带，以企业为主体，充分发挥政府的主导作用及市场在资源配置中的基础性作用，不断推进科技体制改革。在核心技术研发结构、应用领域拓展等方面给予政策支持，出台奖励机制，鼓励核心技术研发，鼓励核心技术自主化，建立完善的知识产权保护体系，建立透明、公开的科研体系，有力保障企业的研发成果。

（一）对研发和创新实施税收优惠政策

提高税收优惠政策的有效性、使用的便利性是目前发达国家刺激创新的政策趋势。法国早在 2008 年、澳大利亚在 2009 年时就开始用简单的税收优惠政策代替了烦冗的其他刺激政策。美国近几年也开始用税收优惠政策来刺激研发活动。在 36 个 OECD 国家中有 26 个国家以及其他一些非 OECD 国家实施研发投资的税收刺激政策。普遍的做法是在研发合同中给予直接的政府补助、补贴。例如，税收优惠政策是加拿大和韩国政府扶持商业研发的主要手段，日本利用税收政策帮助公司应急处理资金危机。但是，税收优惠政策的持续刺激作用受到了一些国家的质疑，墨西哥和新西兰在 2009 年直接废除了研发税收优惠，开始探索其他更为直接的支持方式。

（二）支持商业研发创新，发展服务创新和非技术创新

支持商业研发创新。面临经济和债务危机的发达国家吸引社会投资的普遍做法是制定天使投资政策，实施优惠的税收政策。为了加大力度支持商业研发和创新，在政府资金持续投入有限的情况下，积极引导公众和私人资本投入商业研发和创新，主要吸引机构投资者、主权财富基金和公司风险投资。

发展服务创新和非技术创新。许多发达国家制定了特殊的政策刺激服务创新，主要包括：①在创新政策中植入服务创新的内容，如研发税收抵免或补贴。②采用以需求为导向的创新政策和工具，如政府采购。③在应对社会挑战的创新和研发活动中植入服务创新的内容，如服务老龄人口、促进城市可持续发展等。④整合政策中的创新服务，加快产业和公众的研发合作，促进政策商业化。

（三）推动数字技术和实体经济深度融合

数字技术与传统实体经济深度融合，将对实体经济进行数字化变革，通过大数据等技术，更准确地把握消费者的需求动向，提供更加符合市场需求的产品和服务，有效地刺激创新的产生。云计算已经成为最重要的创新服务的平台。它降低了中小企业的数字技术壁垒，激发了它们的成长与创新。

2015年7月，OECD发布的《数字经济展望（2015）》报告指出：接受调查的34个国家中，有27个国家编制了数字化战略，各国家战略主要关注电信基础设施、网络的带宽和速度、互联网治理等内容。例如，日本宣布到2020年要成为全球最发达的IT国家，澳大利亚宣布到2020年要成为世界领先的数字经济国家，英国则聚焦优势领域希望通过数字经济重构英国的全球竞争力，等等。2017年11月OECD发布的《2018年东南亚、中国和印度经济展望——通过数字化促进增长》报告提出：数字化将能促进东盟十国、中国和印度等新兴亚洲国家中期经济持续增长。

（四）推动公共部门创新和研究发展

发达国家普遍重视加快公共部门的管理和服务创新。政府通过各种方法激励公共部门的创新，在公共服务领域制定明确的战略和行动计划，包括建立全政府体系的创新战略（把公共部门作为创新者），创建单个组织的创新支持方案。具体包括如下6项举措：

1. 采用信息技术

利用ICT技术提供更多在线服务，提高服务供给能力。

2. 与群众和社会机构建立伙伴关系

把单个群众和社会组织作为输送公共服务需求，降低交流成本过程中的参与者和伙伴，有效提高使用者的满意度。

3. 与私人部门建立伙伴关系

与私人部门的合作交流不仅能够降低服务传送过程中的成本，而且政府从中可以学习创新服务的方法，如提高危机管理能力，提升设计和采购公共服务效率等。另外，良好的合作关系能够为政府提供更多的资源，如澳大利亚、法国、德国等都依靠公私部门的伙伴关系为建设和维护基础设施项目提供资本支持。

4. 提升服务的可获得性

提升服务的可获得性的具体做法包括：一是通过改变公共服务的提供地点，增加民众享受服务的便利性。二是建立多元服务中心，为有不同需求、采用不同途径获取服务的群众提供更多的选择。例如，加拿大成立了包括 43 个部门和机构在内的数字网络服务中心。

5. 促进公共研究发展

公共研究在国家创新体系里承担着重要角色，确保了新知识和新技术的产生。近年来，西方发达国家意识到公共研究在教育、医疗、老龄化方面的重要性，开始加大对公共研究的支持力度。一是提高公共研究的研发投入占 GDP 的比重。二是在公共研究研发投入的分配上引入竞争机制，刺激各领域的创新。三是加快公共研究部门改革，一方面使其更加的独立以适应当代多变的、复杂的创新模式需要，另一方面改变公共研究部门冗杂的现状，通过兼并与改制增强公共研究部门的系统功能。

6. 促进公共研究商业化

近年来，许多国家加大力量拓宽公共研究的商业化渠道，如建立公共部门与私人部门的合作关系，联合研究所、大学和企业共同申请专业等。促进研究成果转化的主要做法有：一是国家专利部门降低了成长期企业和中小企业专业申请难度，加快中小企业的研发成果转化。二是为企业申请专利提供资金支持、指导和技术培训。三是拓宽政府在技术转移管理方面的职能，提高知识产品管理能力，通过培训提高技术转移管理人员素质，更好地为技术成果转化提供服务。四是降低国际技术商业化壁垒，逐步清除国家间技术标准和专利制度不同的障碍，促进技术成果的国际化。

（五）发挥集群优势和开放科研成果

许多 OECD 国家希望通过集群的竞争优势帮助集群内的企业经过创新和

专业化提升产业链能级。通过灵活的专业化战略帮助企业增强已有的科技优势和专业化能力，提倡形成具有互补性的专业化分工格局。目前 OECD 国家实现集群和灵活专业化战略的方法有：一是加快基础设施建设，提供以知识为基础的投资，加快集群内的知识流动；二是促进区域间的集群合作。例如，德国的柏林和勃兰登堡实施了联合集群战略，集中公共力量加快区域内 5 个集群的资源流动和共享。这种区域间的集群战略能够有效促进“创新发现”，通过集群内部合作为集群内企业提供更多的市场机会，加快创新技术的产生。

研究成果的开放能够有效地促进数据共享，降低研究成本。大多数 OECD 国家已经开始制定规章制度、投入技术和人力来鼓励数据共享与合作。具体的做法有：一是加快数字化建设。大多数 OECD 国家都在建设信息技术基础设施，用来收集、储存、归档、使用公共数据及由国家支持的研究成果。二是制定政策，加快研究数据公开。例如，要求研究成果必须用数字化的形式归档，以便于共享。三是鼓励跨界合作，如加快产业部门和政府部门的合作、研究机构与企业的合作等，实现不同部门间的研发资源共享。

（六）优化专利政策和加快知识产权营销

专利政策优化有利于更好地保护发明人的权益并激发其创新的热情，专利制度的统一为技术成果的国际化应用打下了基础。美国于 2011 年通过了《美国发明法案》，彻底改革了其从 1952 年建立的专利体系。该法案遵循了发明人先申请原则，取代了以往的先发明原则。设立审后异议制度，允许公众对专利的有效性提出质疑。目前，美国采取“减税 + 基础设施建设 + 宽松财政政策”，在税收优惠等产业促进政策的刺激下，结合美国技术转化率高的优势，知识产权将进一步活化，有助于技术创新与美国知识产权密集型企业更快、更好地成长，这对于美国保持既有的技术领先地位，并在未来的人工智能、智能制造、无人驾驶汽车、智能机器人等新兴产业继续领跑，奠定了坚实的基础。

欧盟提出的单一专利制度，覆盖欧盟所有的签约国，施行统一的专利制度。2017 年 10 月 1 日，在欧盟商标第二阶段立法改革的背景之下，欧盟知识产权局的一系列新规定正式生效。2017 年度的审查指南第二部分修订工作（WP2）已完成。2020 年 2 月 1 日起欧盟知识产权局新的审查指南正式生效。更新后的审查指南依然有英文、法文、德文、西班牙文和意大利文五种官方语言版本。欧洲单一专利制度是基于《欧洲联盟条约》第 20 条的“加强合作”机制，仅适用于欧盟成员国，英国正式退出欧盟后将不再获得单一专利的保护。

增强专利市场化对创新的影响。一是重新制定税收规则，支持专利市场化，降低专利购买成本。二是发挥政府和公共组织专利市场化方面的主导作用，包括成立专门的促进专利市场化机构、建设专利数据网络、加快专利交流等。三是汇聚专利资源。例如，韩国政府发动“发现智慧”行动，设立了防御资金，用于购买可能危害国内企业的专利技术；日本设立半公共性质的基金帮助公共研究机构成果的商业化。

（七）建立国际科学技术创新联系

制定通用的科技合作政策。为了提升科学技术方面的国际合作，通常采用签订双边或多边政府之间国际技术合作协定的方式推进。科技方面的国际合作已经成为外交的重要内容。例如，日本开展了发展中国家应对全球变化的国际联合研究项目；部分国家的政府开展了多边合作机制，包括基于国际农业合作的咨询团、国际自动化协会、国际能源协会等。

开展应对全球化挑战的国际公共研究合作。近年来，为了应对全球化挑战，一些国家开始让国外的研究机构共同参与本国的研究项目。同时推动高等教育的国际化。例如，加拿大、法国、德国、爱尔兰已经制定国际教育战略，推动本国大学到国外建设学院。

加快国际商业研究和地区政策合作。通过国际贸易和国际投资推动中小企业的国际科技联系。一是设立专门机构。例如，比利时、哥伦比亚等国设立专业公共机构为中小企业国际创新活动提供咨询和技术支持。二是采用多种方法吸引国际研发和创新集聚。例如，澳大利亚、比利时等国采用税收激励方式，日本、土耳其制定研发机构开办成本补贴机制，爱尔兰、瑞士致力于提高外国研发机构投资的商务环境，比利时、日本、匈牙利、巴西等国为外国投资者提供一站式服务。

推动高技术人才的国际流动。OECD 国家和非 OECD 国家都非常重视高技术人才的国际移动，采用多种手段支持人才环流。一是设立奖学金和财政支持政策，促进人才国内外流动，如中国、加拿大、澳大利亚、韩国、新西兰等都制定了类似的政策。二是简化签证手续，如澳大利亚、比利时、加拿大、荷兰等国采用了这种政策。三是修改移民法案，立法承认国外专家资格，给予外国专家、研究者国民待遇。

三、加快构建数字治理管理体系

（一）加快构建数字政府治理体系

数字政府是指政府部门利用大数据等信息技术，通过数据驱动为创新和治理赋能。数字政府的新型治理模式不只是一种数字化变革，也是社会变革和管理方式创新。数字政府治理主要是利用数字化思维，为公民提供优质公共服务，增强人们对政府服务满意度的过程。构建数字政府治理体系，就是构建以数据驱动为主的新运行机制，从而实现打造高效运行管理的目的。构建数字政府治理体系，一方面要加快新一代信息技术与政府工作的全面深度融合，不断挖掘和提升数据应用创新能力。另一方面要逐步开放政府部门的相关数据，增加社会对政府部门数据的利用，从而依托大数据激发群体的创新活力。构建数字政府治理体系的首要任务就是，加强数字政府顶层设计，从上至下和从上至上全面提高大数据应用水平，为政府部门的融合创新和治理能力现代化赋能。

（二）着力推动政府数据向社会开放

政府数据的开放程度是反映社会数字化程度和开放性的重要指标。政府部门通过对外向社会个体实施数据开放和推动社会数据流通，来促进公共数据的共享利用。政府要主动牵头向公众免费开放公共原始数据，增强公众参与社会管理的主动性和能力，从而进一步提升政府的治理现代化水平。2018年中央网信办等联合发布的《公共信息资源开放试点工作方案》中提出，确定在北京、上海、浙江、福建、贵州五省市开展公共信息资源开放试点。在此背景下，政府公共数据向社会开放的建设由探索期进入推动发展期。

（三）建立健全政策法规和标准规范体系

数字政府是以数据为依据和重要资源的管理模式，建立健全数字管理政策法规和数据标准规范体系是数字政府建设的重要基础。完善的数字管理政策法规和标准规范体系，为政府数据开放和数据应用提供了政策支持与安全保障。一是在国家标准的指导下，根据实际情况完成各自统一的数据开放平台建设，营造数据标准、开放、可靠的环境，同时也要鼓励和引导有数据挖掘、数据开发、数据安全维护等能力的企业率先参与到政府数据开放工作中。二是重视和强化政府部门数字安全与个人隐私保护体系建设，切实保障各方主体的数据安全性。三是开展相关数据资源梳理、编目和注册工作，通过政府数据开放平台，统筹政府相关部门的数据资源、政府内部的数据资源管理系统、企业相关公共数据资源等。尽量避免数据平台的重复建设，实现全社会数据的安全开放、动态更新和真实可靠。

（四）推动大数据的融合应用和创新政策

大数据是近几年发展起来的新生事物，数字治理也是大数据在政府管理领域的创新应用。因此，推动大数据的融合应用和创新政策是帮助数字治理顺利推进和落地的关键。大数据的融合应用和创新政策的制定，首要任务就是加强相关政策、监管部门、法律法规等层面的统筹协调。在标准统一的数字管理体系和数字治理体系之下，明确数据确权、数据质量、数据安全、数据交易等具体环节的管理规范。根据国务院办公厅印发的《关于运用大数据加强对市场主体服务和监管的若干意见》，要求在政府层面推动大数据应用，从服务、监管等方面加快大数据融合。政府部门作为数据资源的重要拥有者和规则制定的主导方，通过鼓励大数据的融合应用和创新政策的制定，进一步提升数据资源的开发利用效率效果，将为大数据发展和数字治理管理体系建设起到积极引领和推动作用。

四、重视人才体系建设和创客教育

（一）重视科技创新人才培养

科技创新需要科技人才支撑。充分发挥科研机构人才的引领作用，不断培养大学生的基础和生力军作用，坚定不移地实施科技兴国、人才强国战略。加大力度培养人才，不断高薪引进人才，想方设法留住人才，“按才分配，人尽其才”。只有拥有自己的核心技术，国家才能真正强大，“科技兴国，科技强国”更多体现在人才的培养上，人才是基础更是重中之重。

（二）加强创新人才政策制定

加强创新人才政策制定以吸引和留住更多的科技人才。首先，迎合科学和技术领域年轻人的兴趣，感知未来不足，制订高技术人才的更新知识计划。其次，给予科技人才更多的职业发展机会，提倡终生教育。为应对经济危机带来的失业问题，政府加强了对已有的和潜在的劳工的职业能力培训。再次，给予高技术人才国内外流动的便利性，提高高技术人才的流动性。最后，降低进入壁垒，提供更具吸引力的条件，吸引更多的外来高技术人才。

（三）培养年轻人创新精神

培养创新精神的意识近年来越来越浓烈，许多国家采取了一系列文化营造措施。一是创新宣传形式，积极吸引年轻人的参与，如波兰的科学野餐、欧洲的大型户外晚会等。二是针对特定人群制定特别的政策措施，如针对女性群体、高智商群体和年轻人群体等，设置生命科学、生物学、太空学等特定的科学团体，并制定相对应的鼓励创新的政策措施。三是在大学和研究机构营造创业氛围，包括为年轻的研究者开办强制性创业课程，鼓励学生接受基本的创业训练等。四是通过媒体宣传知识产权，在高等院校开展知识产权教育，向中学生和小学生介绍知识产权知识，提升公众的知识产权意识。

五、推动校区、园区、社区三区融合发展

从国内外主要创新活动产生和成长的空间可以看到，创新活动主要集中在大学及其周边、各类高新技术园区，还有些初创企业刚开始主要选择居住社区（如苹果公司就是诞生在车库）。因此，创新主要从校区、园区和社区三种空间开始。目前，校区、园区和社区的功能内涵也在发生着变化。从创新阶段来看，校区是创新发生的起点，社区是培育创新的场所，园区是创新成长与扩散的空间。同时创造出除了自身功能外还兼具其他功能的混合空间，形成了校区空间的创业化、园区生产空间的创新化，以及社区居住空间的创客化等不同于传统特征的新类型空间。

（一）校区：转变为创业型校区

大学功能的显著变化是从教学型大学逐渐转变为研究型大学，现在随着各国对创新的重视，部分大学强调创业的重要性。目前，大学都着重强调教学与科研之间的关系，大学的作用越加多元和开放，进一步强调大学的知识

资本化和技术产业化功能。① 但是，经济的发展要求大学从教育拓展到科研，再从科研拓展到商业应用。研究型大学主要培养硕士和博士研究生等研究人才，从事理论和学术研究。创业型大学鼓励学生更多地参与到社会实践与经济发展当中去，为社会不断输入创新人才资源。

大学作为区域创新发动机的作用日益强化。美国《专利法》和《商标法》的修正和《贝耶—多尔法案》的发布使美国技术转移模式更正规，从制度上完善了知识产权问题。同时超过 200 所美国大学设置技术转移办公室，便于学校将知识资本化。我国实施科教兴国战略大力发展高新区，强调实验室与企业的结合、高新区与大专院校的结合以促进高新技术成果转化，也推动了中国高校走向知识资本化和技术产业化的进程。

（二）园区：转变为创新型园区

我国的各类开发区主要是一种生产型园区，集聚着各类生产型企业，现在高科技园区开始注重产业转型，特别强调研发对产业园区的推动作用。早期的开发园区主要是作为一种政策区，享受各类税收优惠，把一些特定类型的企业集中在一起形成产业集群。国家提出要以创新驱动经济发展，园区作为经济发展的前沿阵地也正在经历着转型升级发展，由过去的生产型园区逐渐转向创新型园区。生产型园区主要聚集生产型企业，进行生产、制造、加工等环节。创新型园区主要聚集高科技企业，通过企业的研发创新、产学研合作等实现发展。

（三）社区：转变为创客型社区

随着“大众创新、万众创业”的不断兴起，越来越多的创新创业人员把车库、住宅等社区空间作为创新创业的空间。创新创业企业员工数量少，一

---

① 郑德高，袁海琴. 校区、园区、社区：三区融合的城市创新空间研究［J］. 国际城市规划，2017，32（04）.

般规模在 10 人以下，为了节省办公成本选择在住宅区办公。虽然目前我国法律上并不鼓励在住宅内办公，但是现在这种模式在北京、上海等大城市已经非常常见。事实上，社区为创新创业人员提供了一种低成本的创新空间。根据城市规划的要求，居住、商业、办公、工业等功能分区要适当隔离，但是随着城市规模的不断扩大，城市交通拥挤程度越来越高，产城融合和混合发展的模式开始受到重视。与此同时，创新创业企业在住宅、商业、厂房办公的这种模式，对城市规划的土地性质分类提出了新的挑战。

特别是在大学周边，将居住空间转变为创新创业空间的现象较多，居住空间成为众多小微企业和初创企业的首选。除了居住空间向创新空间的转变，咖啡厅也逐渐向创客空间转变。咖啡厅成为创新创业人员聚集和交流的场所。例如，中关村的车库咖啡，只需要消费一杯咖啡就可以在这里办公，并且与投资机构对接，这里发展成了一种新的创新孵化空间。更大规模的就是集镇转创客小镇。保留或延续小镇风貌，叠合创新、创业要素，形成创客集聚的低成本创新小镇。例如在杭州，结合本地草根创业的特点，规划建设了一系列创新创业小镇，其中的梦想小镇由互联网创业小镇和天使小镇构成，目前已经建设有湾西加速器、极客创业营等 10 余个孵化平台和网络、商业、居住、生活等配套设施，为创业者提供低成本的创业环境。

（四）三区融合推动城市创新

从城市发展的历程看，校区、园区、社区经历了“分离—聚集—融合”的过程。城市规划强调功能分区，三区在空间上的分布相对较散，没有直接的联系。随着大学生创业潮的兴起，三区之间的联系越来越紧密，空间上也趋于集聚的发展趋势。因此，三区能够更方便、更紧密地相互合作，更好地推动城市创新发展，三区融合成为一种新的创新空间模式。三区在创新过程中相互作用，各项资源要素紧密结合，不仅是空间上的集聚，更是通过制度的紧密联系形成合力并发挥各自优势，通过三区融合推动经济社会全面发展

（见图7－1）。

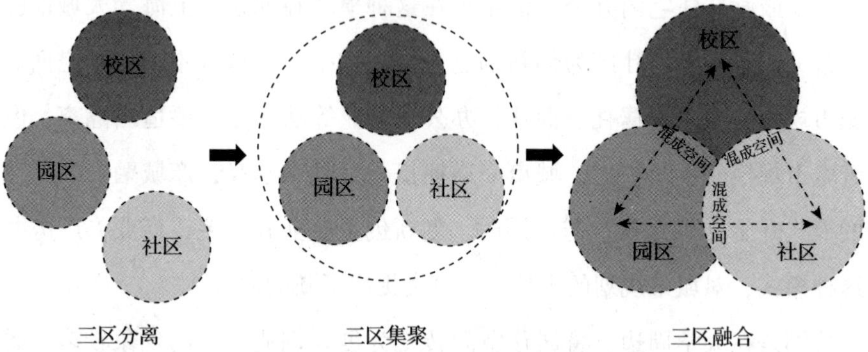

图7－1　三区融合空间的演变

资料来源：鑫创科技产业研究院整理。

六、加强科技城市创新载体建设

科技城市创新载体的主要作用是吸引大型科技企业，同时为中小型科技创新企业提供发展和服务的空间。因此，创新载体应包含孵化器、研发与产业区、管理与服务支撑设施等内容，另外根据不同的规模还包含居住空间和配套生活服务设施。

（一）创新综合体

创新综合体在当代城市发展中已经成为一种趋势。创新载体就功能形态而言首先是一个多功能综合体，而非单功能的科研建筑组群。创新综合体就是通过设置研发、孵化、生产、配套、休闲等功能，来激发个体之间相互作用与发展的能动性。例如，中关村科学城的设计就充分考虑了创新综合体各要素间的相互激发作用。中关村科学城作为主要的交流中心、培训区、孵化器以及国内外公司总部的所在地，该设计体现了“科技园”的理念：在一个中心的花园空间中实现科学思想、科学表达和科学交流的发展与完善；特别是结合已有的中科院图书馆和信息中心，使创新综合体中的各要素能够相互激发，协同工作。

（二）创新孵化器

孵化器为创业者提供优质的发展环境，帮助创业企业快速成长，形成规模化发展。孵化器是创新载体的重要构成部分，为创业企业提供指导性的管理建议和综合服务。科技型创业企业是孵化器孵化的重点企业。孵化器提供的服务内容包括：为创业企业提供灵活的办公场所，并且促进科研、金融、法律咨询服务等机构和创业企业之间的联系。孵化器的形态一般在创新载体组群中选取用地来专项建设，在空间上成为“园中之园”。

孵化器中的企业规模小、发展快、流动强。一开始进入孵化器中的创业企业一般只有 10 人以下的团队，随着技术和市场的不断发展，企业规模迅速扩大。随着企业规模的迅速扩大，孵化器将不能满足企业发展的空间需要，企业就会离开孵化器去寻找更适合未来发展的空间。孵化器的空间规模并不是很大，一般在2 000～3 000平方米，但是孵化器往往能为创业企业提供完善的创新服务内容，吸引高质量的科技型创业入驻发展。

（三）研发及产业载体

研发类载体，特别是高技术研发与新产品研发实验室所占用的空间规模并不大，但是对配套服务设施的要求比较高。例如，计算机中心、信息中心、会议中心等要求建筑必须要紧凑。同时，创新载体内部研发空间所占比重应该高于其他空间。一般情况下，研发类建筑都位于园区中相对安静和稳定的区域，有着良好的生态环境和景观设置，有利于脑力工作者发挥其创新才能。针对大学周边的园区，研发建筑要尽量靠近学校，以促进学校和研发单位之间的互动发展。

生产类载体大部分以标准厂房为主，部分生产类建筑需要达到特殊的环境要求。创新载体中生产类建筑一般较少，主要是一些小规模的样品生产和中试车间，并且要求完全没有污染。科技城市创新空间的创新载体可以考虑不设生产类建筑。

（四）产业配套服务载体

商业类载体对土地的要求很灵活，要求方便连接科研和生产，同时还需要形成一定的市场规模。例如，建立具有一定区域影响力的科技交易中心、商业信息中心、产品展示中心等。商业建筑比较适合布局在各种科研、生产组群与城市道路交叉的区域，这样一方面可以方便联系科研和生产，另一方面也能更好地展示商业信息，起到品牌宣传的作用。

管理与服务类载体是科技城市创新空间创新载体的主体，主要入驻管理机构和服务支撑机构，如政府相关管理部门（管委会相关职能部门）、大型的公共服务平台与公共服务机构（信息平台、交易平台、产业平台）、专业服务机构（银行、金融、保险、中介、咨询、法律、会计）等。管理与服务类建筑要尽量布局在科技城市创新空间的中心位置，以便于开展企业管理工作。管理与服务类建筑还可以与商业类建筑相结合，共同建设良好的创新环境和商业配套，成为科技城市创新空间的形象工程。

（五）生活配套服务载体

科技城市创新空间里的工作人员具有年轻化、高收入、脑力劳动为主、交流需求大等特点。所以，科技城市创新空间在设置生活配套服务载体的时候，需要更多地考虑这些年轻人的需求，如更多的体育、休闲、娱乐设施。生活配套设施也可以依靠城市功能，设置少量的能够满足居民和工作人员的配套服务设施载体。但是一般情况下，科技城市创新空间的生活配套服务设施都比较完善。

配套设施中交流空间是最为重要的，也是科技城市最具创新活力的空间，交流空间可以包括公园、咖啡厅、酒吧、餐馆等。在硅谷发展的早期阶段，咖啡厅、酒吧、餐馆充当了公共交流空间，大量的年轻人愿意在咖啡厅、酒吧、餐馆里交流想法，相当部分的科技成果在这些地方转化为商业计划书。咖啡厅和酒吧在硅谷的发展中起到了极大的推动作用，对新知识、新技术、新产品的推广与扩散起到了积极的作用。所以，科技城市创新空间的生活配套服务载体在规划和设计阶段，要更多地考虑交流空间，方便创新创业人员随时交流。

参考文献

[1] 鑫苑集团. 品味匠鑫：鑫苑集团品质地产方法论 [M]. 北京：中信出版社，2019.

[2] 鑫苑集团. 技术信任创造价值：区块链技术的应用及监管 [M]. 北京：中国经济出版社，2018.

[3] 鑫创科技. IOD·创新引领 科技城市发展模式研究 [M]. 北京：中国经济出版社，2018.

[4] 李艳. 金融支持科技创新的国际经验与政策建议 [J]. 西南金融，2017 (04).

[5] 李艳. 企业创新，仅研发新技术还远远不够 [N]. 科技日报，2018-7-9.

[6] 杨冬梅. 创新型城市的理论与实证研究 [D]. 天津：天津大学，2006.

[7] 孙红兵. 城市创新系统的动力、能力和绩效研究 [D]. 昆明：昆明理工大学，2011.

[8] 张仁开，刘效红. 上海建设国际创新中心战略研究 [J]. 科学发展，2012 (11).

[9] 代明. 自主创新型城市的四大功能标志 [J]. 特区经济，2005 (12).

[10] M. 卡斯特尔，P. 霍尔. 世界的高技术园区：21 世纪产业综合体的形成 [M]. 李鹏飞，范琼英，译. 北京：北京理工大学出版社，1998.

[11] 任海峰，宋亮. 国家制造业创新中心建设政策分析 [J]. 工业科技研究，2018 (3).

[12] 李万，王敏杰. 构建企业创新生态　助推城市转型升级 [J]. 科技发展研究，2014 (19).

[13] 常旭华，陈强，刘笑. 开展全流程管理　推进高校科技成果转化应用 [J]. 科技发展研究，2017 (10).

[14] 朱焕焕，陈志. 从“国家制造业创新网络”到“美国制造” [J]. 全球科技

经济瞭望，2019（2）.
［15］曾鹏．当代城市创新空间理论与发展模式研究［D］．天津：天津大学，2007.
［16］高丽娟．论创新空间的特征及分类［J］．决策与信息（下旬刊），2016（10）.
［17］上海科创中心．创新区的崛起：美国创新的新地理［Z］，2014.
［18］工科所．主要发达国家创新载体运营研究［J］．工业科技研究，2017（4）.
［19］工业和信息化部．制造业创新中心建设工程实施指南［Z］．2016.
［20］国家制造强国建设战略咨询委员会．中国制造2025蓝皮书（2017）［M］．北京：电子工业出版社，2017.
［21］工业和信息化部．关于完善制造业创新体系，推进制造业创新中心建设的指导意见［Z］．2016.
［22］和群咨询朱文奇团队．新区域经济协调发展战略解读［J］．城市开发，2019（20）.
［23］唐少清，陈俊荣，谢茜．基于开放经济新体系的自贸试验区创新发展研究［C］//中国软科学研究会2019年中国软科学文集，2020.
［24］贾宝勤．国家（地区）层面的产学研合作发展模式比较［J］．陕西国防工业职业技术学院学报，2011（01）.
［25］尚学峰，刘小青．建设科技小镇的广东路径［J］．广东科技，2017（09）.
［26］廖振峰．“产城融合”新路径：“科技小镇”的大布局［J］．房地产导刊，2018（09）.
［27］中国电子信息产业发展研究院．中国工业发展质量蓝皮书（2012）［M］．北京：中央文献出版社，2013.
［28］罗文，徐光瑞．中国工业发展质量研究［J］．中国软科学，2013（01）.
［29］金元浦谈全球城市发展的创意指数——当代城市竞争的评价与测度指数研究之二［EB/OL］．（2018－09－12）．https://www.sohu.com/a/169208330_179557.
［30］中国科学技术信息研究所．国家创新型城市创新能力评价报告2019［M］．北京：科学技术文献出版社，2019.
［31］中国科技发展战略研究小组，中国科学院大学中国创新创业管理研究中心．中国区域创新能力评价报告2019［M］．北京：科学技术文献出版

社，2019.
[32] 中国科学技术发展战略研究院. 中国区域科技创新评价报告 2019 [M]. 北京：科学技术文献出版社，2019.
[33] 顾震宇. 2019 国际大都市科技创新能力评价研究发现 [J]. 竞争情报，2019 (5).
[34] 全球科技创新中心评估报告编制课题组. 2020 全球科技创新中心评估报告 [R]. 上海：上海市经济信息中心，2020.
[35] 科学技术部火炬高技术产业开发中心，中国科学院科技战略咨询研究院. 国家高新区创新能力评价报告（2019）[M]. 北京：科学技术文献出版社，2019.
[36] 北京立言创新科技咨询中心. 2019 中国创新城市评价报告 [R]. 北京：北京立言创新科技咨询中心，2019.
[37] 国家统计局. 2018 年中国创新指数为 212.0，科技创新能力再上新台阶 [EB/OL]. (2019 - 10 - 24). http://www.stats.gov.cn/tjsj/zxfb/201910/t20191024_1704985.html.
[38] 朱祖平，欧忠辉，李美娟，等. 区域自主创新实力动态评价：基于改进二次加权法 [J]. 北京理工大学学报（社会科学版），2014 (01)：70 - 75.
[39] 周天勇，赵滑濮，刘正山，等. 中国城市创新报告 2019 [M]. 北京：社会科学文献出版社，2019.
[40] 喻金田，黄燕婷. 创新型城市评价指标体系研究：基于国内理论与实践的对比分析 [J]. 科技管理研究，2012 (14).
[41] 吕拉昌，谢媛媛，黄茹. 我国三大都市圈城市创新能级体系比较 [J]. 人文地理，2013 (03).
[42] 喻焱文，彭华涛. 创新型区域三维评价标准与指标体系研究 [J]. 科技进步与对策，2014 (14).
[43] 刘大山. 凝聚各方智慧的新型智慧城市评价指标 [J]. 认证技术，2017，(10).
[44]《新型智慧城市发展报告 2018—2019》发布. [EB/OL]. (2020 - 01 - 14). http://www.msweekly.com/show.html? id = 115848.
[45] 德勤. 超级智能城市 2.0：人工智能引领新风尚 [R]. 北京：德勤，2019.

[46] 吴希. 三种权重赋权法的比较分析 [J]. 中国集体经济, 2016 (34).
[47] 康奈尔大学, 欧洲工商管理学院, 世界知识产权组织. 2018 年全球创新指数: 世界能源, 创新为要 [R]. 2018 - 07 - 10.
[48] 康奈尔大学, 欧洲工商管理学院, 世界知识产权组织. 2019 年全球创新指数: 世界能源, 创新为要 [R]. 2018 - 07 - 24.
[49] https://wenku. baidu. com/view/839e45574ad7c1c708a1284ac850ad02df80077d. html.
[50] World Economic Forum. The Global Competitiveness Report 2019 [R], 2019 - 10.
[51] 程如烟, 姜桂兴, 蔡凯. 欧洲创新评价指标体系变化趋势: 基于对《欧洲创新记分牌》的分析 [J]. 中国科技论坛, 2018 (5).
[52] European Commission. European Innovation Scoreboard 2019 [R]. 2019 - 06.
[53] 欧盟发布《2017 欧洲创新记分牌》报告 [J]. 石河子科技, 2017 (4).
[54] 中国科技创新景气指数 (深圳南山指数) 研究报告. 中国科技开发院, 2012 - 12.
[55] Huggins R, Izushi H, Davies W, et al. World Knowledge Competitiveness Index 2008 [R]. United Kingdom: Centre for International Competitiveness, 2008.
[56] 罗守贵, 罗津, 张珺涵, 等. 2018 亚太知识竞争力指数报告 [J]. 华东科技, 2018 (11).
[57] 中国科学技术发展战略研究院研究员武夷山, 2 Think Now 的创新型城市评价指标体系. 2015 - 12 - 25, 链接 http: //blog. sciencenet. cn/blog - 1557 - 945710. html
[58] Joint Venture Silicon Valley, Silicon Valley Community Foundation. 2019 Silicon Valley Index [R]. 2019 - 02.
[59] https://www. sohu. com/a/169208330_ 179557.
[60] Measuring the Performance in Creative Cities: Proposal of a Multidimensional Model. Margarida Rodrigues and Mário Franco *. Sustainability 2018, 10, 4023; doi: 10. 3390/su10114023.
[61] 杜雅萍. 国内外创新能力评价体系研究 [J]. 科技风, 2018, 356 (24).
[62] Franz-Xaver, Kaufman, Giandomenic, etal. Guidance, Control, and Evaluation in the Public Sector [M] . New York: Walter de Cruyter, 1996.
[63] 徐国祥. 统计指数理论及应用 [M]. 北京: 中国统计出版社, 2005.

[64] 曾五一，庄赟. 中国现代化进程的统计考察 [J]. 中国统计，2003 (1).

[65] 马兰，郭胜伟. 英国硅沼：剑桥科技园的发展与启示 [J]. 科技进步与对策，2004 (04).

[66] 张碧晖. 剑桥科技园的"真经" [J]. 中国高校科技与产业化，2002 (08).

[67] 王伟，吴东兴，朱青. 剑桥科技园的投融资环境与模式研究 [J]. 科技管理研究，2013，33 (06).

[68] https://www.cambridgesciencepark.co.uk/news/? loadMore = 1&page = 3&q = million.

[69] 安宁，王宏起. 国际典型大学科技园发展模式的比较研究 [J]. 科技管理研究，2008 (01).

[70] 汪安佑，高沫丽，郭琳. 产业集群创新IO要素模型与案例分析 [J]. 经济与管理研究，2008 (04).

[71] https://wenku.baidu.com/view/5c8dab84c0c708a1284ac850ad02de80d5d8066e.html.

[72] 陈晴. 美国硅谷孵化器的发展经验对我国的启示 [J]. 中国科技产业，2014，000 (008).

[73] 张原，任海峰. 2018年全球创新指数报告 [J]. 互联网经济，2019，000 (001).

[74] 祝学华，蒋玉宏，朱庆平. 硅谷地区创新竞争力面临的挑战和启示 [J]. 全球科技经济瞭望，2018，33 (08).

[75] Irish Medtech Association, Ibec, The Global Medtech Hub, Irish Medtech Association Statement of Strategy 2016 – 2020.

[76] Skillnet, Future skills needs analysis for the medical technology sector in Ireland to 2020, Irish Medtech Association.

[77] Irish Medtech Association, Ibec, The Irish Medtech Sector Association recommendations to make Ireland a world leader for gender leadership in STEM, 2018 – 09.

[78] Irish Medtech Association, Ibec, Medtech Rising 1916 – 2016.

[79] http://finance.ifeng.com/c/7m8blwPmu9K.

[80] https://www.sohu.com/a/115630634_160337.

[81] http://www.zta.org.cn/a/zjzgc/zhongguancunjiazhi/2020/0319/3213.html.

[82] https://www.sohu.com/a/336915573_504377.

[83] 吴浪，任晏黎. 中关村核心区：从“科技园区”到“创新城区”转型新阶段［J］. 科技创新与品牌，2010（06）.

[84] 中关村科技园区管理委员会. 2019 年 1—11 月中关村示范区创新发展情况［EB/OL］.（2020－01－03）. http:zgcgw. beijing. gov. cn/zgc/tixx/jdsi/190747/666280/index. html.

[85] 北京市统计局. 北京市 2019 年国民经济和社会发展统计公报［Z］. 2020－03.

[86] 中关村国家自主创新示范区.《中关村指数 2019 分析报告》，2019－11－11.

[87] http://zyk. bjhd. gov. cn/zmhd/zxft/201810/t20181014_ 3789562. shtml.

[88] http://www. bbtnews. com. cn/2011/0106/81855. shtml.

[89] https://www. sohu. com/a/333514917_ 176572.

[90] http://www. chinadaily. com. cn/hqcj/2011－03/20/content_ 12198345. htm.

[91] http://www. oushinet. com/news/qs/qsnews/20160523/231359. html.

[92] http://finance. sina. com. cn/chanjing/b/20081109/01175484223. shtml.

[93] http://zgcgw. beijing. gov. cn/zgc/zwgk/sfqgk/sfqjs/index. html.

[94] https://www. sohu. com/a/230164051_ 100098411.

[95] https://www. zjpark. com/guanyu. html.

[96] https://baijiahao. baidu. com/s? id=1648993048784859245&wfr=spider&for=pc.

[97] http://www. shanghai. gov. cn/nw2/nw2314/nw24651/nw43437/nw43448/u21aw1311552. html.

[98] https://www. sohu. com/a/162932188_ 815543.

[99] https://f. qianzhan. com/yuanqu/detail/181108－267aa1e8. html.

[100] https://baijiahao. baidu. com/s? id=1613309545470167013&wfr=spider&for=pc.

[101] https://www. sohu. com/a/291769489_ 188910.

[102] http://www. zhaoshang-sh. com/kfqzs/zhangjiang/.

[103] http://www. 360doc. com/content/19/0112/14/33479191_ 808369866. shtml.

[104] http://www. kaocha. org/newsshow/1082. html.

[105] https://xueqiu. com/4700703871/136880194.

[106] https://www. huxiu. com/article/197179. html.

[107] http://www. 199it. com/archives/554626. html.

[108] https://mp. weixin. qq. com/s/xRfOS4QGL7ppR7UXW8_ _ Bg.

[109] http://www. gdatacenter. com/newsDetail/liyxxmJkq/liizymJPk.

[110] https://www. sohu. com/a/377903287_ 654086.

[111] http://blog. sina. com. cn/s/blog_ 1459fdfec0102yfrl. html.

[112] https://www. docin. com/p - 1692510217. html.

[113] http://vip. stock. finance. sina. com. cn/q/go. php/vReport _ Show/kind/lastest/rptid/637226305100/index. phtml.

[114] 美国《2016—2045 年新兴科技趋势》报告［J］. 西南汽车信息，2018（09）.

[115] 李麟. 欧盟非个人数据流通规则研究［D］. 湘潭：湘潭大学，2019.

[116] 章嘉懿. 去蜂窝大规模 MIMO 系统研究进展与发展趋势［J］. 重庆邮电大学学报（自然科学版），2019（03）.

[117] 何宝宏，徐贵宝. 人工智能前沿技术应用趋势与发展展望［J］. 中国工业和信息化，2019（04）.

[118] 祝嫣然. 新基建新消费上马　双轮驱动稳增长［N］. 第一财经日报，2020 - 03 - 06.

[119] 吴晓芳. “新基建”版图囊括七大领域　轮动上涨点燃春季行情［N］. 通信信息报，2019 - 01 - 23.

[120] 李媛. 青少年科技创客意识的培养［J］. 天津科技，2017（04）.

[121] 宋述强，钟晓流，焦丽珍，等. 创客教育及其空间生态建设［J］. 现代教育技术，2016（01）.

[122] 中美创新创业教育对比［DB］. 学术论文联合比对库 2018 - 08 - 26.

[123] 刘树林. 基于创客教育的职业技术院校课程设计与应用研究［DB］. 学术论文联合比对库，2018 - 05 - 04.

[124] 欧阳日辉，刘健. 数字经济治理是国家治理体系重要内容［J］. 新重庆，2018（03）.

[125] 忻超. 以“数字治理”推动政务资源共享［J］. 群众 2019（07）.

后　记

呈现在读者面前的是国内第二部关于科技城市发展模式的研究专著。历时近一年的研究，经形成研究思路、大量收集资料、多次调研访谈，数次讨论、计算、优化和完善，到顺利出版，本书凝结了鑫创科技产业研究院课题组的辛勤劳动和集体智慧，最终得到了颇为有益的结论。这些结论给我们带来启示、引发思考。

第一，科技城市发展模式（Innovation Oriented Development，IOD）是以创新为主动力的区域经济发展模式，是解决城市群和都市圈产业、城市、人才和资本融合发展的有效路径。作为一种新型城市形态，科技城市具有创新性、系统性、内生性、可持续性、集聚性和开放性六大特征。全球协同创新驱动的科技城市的创新系统由主体要素和环境要素组成，前者由企业、高校和科研机构、政府、金融机构以及中介机构等跟创新相关的要素组成，后者由宏观经济、市场、政策和基础设施等构成。

第二，影响科技城市创新能力的要素有创新源头、创新转化、创新产出和创新环境四类。利用主客观综合赋权法，我们对全国 33 个城市的创新能力进行评价，结果显示出明显的地区差异。在排名前 20 的城市中，有 11 个位于东部地区，数量占比达到 55%，位居总指数前三的北京、深圳和上海均为东部城市和综合性国家科学中心所在地；中部六省的省会城市中有 5 个进入前 20，西部地区仅西安、成都和重庆 3 个城市进入前 20，而东北地区仅大连 1 个城市排在第 19 位，东北三省的省会城市全部未能进入前 20。

第三，通过研究英国剑桥科技园、美国旧金山硅谷、爱尔兰高威市、北京中关村科技园、上海张江高科技园、郑州中原创客小镇等国内外典型案例，我们发现创新能力较强的区域普遍具有良好的人才基础、雄厚的资金储备、较强的政策支持、完善的产业生态等特点，并且给予创新最大的包容。在科技城市建设过程中，应当坚持自主创新、对外开放、采取符合城市特点以及现发展阶段的策略，促使社会各界广泛参与科技城市建设，实现科学、和谐、可持续的良性发展。

第四，IOD 模式在实践中持续得到检验，我们建议可以在区域层面加大力度，推动与国家经开区、高新区乃至国家级新区等深度融合。在此过程中，快速推进新基建项目落地和创新载体建设以保证科技城市的基础设施，加快构建符合当下发展的数字治理管理体系，高度重视人才体系建设和创客教育，推动校区、园区和社区三区融合发展，持续培育科技城市的创新生态。

未来，鑫创科技产业研究院将从以下三个方面不断完善对科技城市创新能力评价的研究工作：一是完善指标体系和权重。通过持续跟踪研究，建立更加符合现阶段我国城市发展和区域增长的评价体系，吸纳更具代表性的评价指标和更有效的评价方法。二是扩展研究样本范围。我国各地的发展基础和创新环境差异很大，受限于数据来源等因素，本书的研究样本为 33 个城市，下一步应扩展研究范围并建立城市监测数据库，深度挖掘不同城市的发展特征和创新潜力。三是增加核心区域的研究成果。创新的萌发往往具有较强的规律性，良好的教育资源、较高的资本投入、优越的区位条件等都是必要的基础要素，因此，有必要在我国创新资源密集的区域进行深度研究，更好地助力创新型城市的打造。

本书的出版得到了中国经济出版社葛晶编辑的支持，在此表示感谢；同时，还要特别感谢中咨高技术中心、清华五道口、中国国际贸易学会以及鑫苑集团董事长、总裁等领导的悉心指导和亲切关怀，你们的支持是本书付梓的根本保证。

鑫创科技

二〇二〇年六月